THREE
YEARS
2009-
2012

谨以此书纪念

国家林业局信息化管理办公室成立三周年

（2009年1月至2012年1月）

中国林业信息化丛书

CONSTRUCTION ACHIEVEMENTS OF CHINA FORESTRY INFORMATIZATION

中国林业信息化建设成果

李世东 ▣ 主编

中国林业出版社

图书在版编目(CIP)数据

中国林业信息化建设成果／李世东主编. —北京：中国林业出版社，2012.2

(中国林业信息化丛书／贾治邦主编)

ISBN 978-7-5038-6555-8

Ⅰ. ①中… Ⅱ. ①李… Ⅲ. ①林业－信息化－建设－概况－中国 Ⅳ. ①F326.2－39

中国版本图书馆 CIP 数据核字(2012)第 079352 号

中国林业出版社·自然保护图书出版中心

策划编辑：刘家玲

责任编辑：李　敏

出　版：中国林业出版社(100009 北京西城刘海胡同 7 号)

E-mail：wildlife_ cfph@163. com　　电话：83225836

发　行：新华书店北京发行所

印　刷：北京中科印刷有限公司

版　次：2012 年 2 月第 1 版

印　次：2012 年 2 月第 1 次

开　本：787mm×1092mm　1/16

字　数：515 千字

印　张：24.25

定　价：76.00 元

《中国林业信息化》丛书编辑委员会

《中国林业信息化建设成果》编辑委员会

序

Proface

“十一五”以来，特别是2009年首届全国林业信息化工作会议以来，各地各单位认真落实“加快林业信息化，带动林业现代化”的重要部署，掀起了全面加快林业信息化的新高潮，呈现出持续快速发展、全面健康推进的良好态势，为全面推进现代林业建设做出了重大贡献。

一、首抓顶层设计，科学谋划了林业信息化发展蓝图。适应当今信息时代新变化和现代林业发展新要求，顺应广大林农更多更快更好信息服务新期待，我们首先组织开展了全国林业信息化顶层设计：制定了《全国林业信息化建设纲要》及《全国林业信息化建设技术指南》，形成了全国林业信息化的纲领性文献；组织召开了两届全国林业信息化工作会议，确立了“加快林业信息化，带动林业现代化”的发展思路；精心编制了《全国林业信息化发展“十二五”规划》，绘就了今后5年的发展蓝图；超前开展了中国林业信息化发展战略研究，提出了中长期发展的科学方略。

二、加强基础建设，建成了全国林业信息高速公路。全国林业专网联通了全国各省级林业主管部门和国家林业局京内外直属单位，建成了传输各类信息数据的高标准信息高速公路。各级林业主管部门加快办公内网建设，国家林业局建成了集工作、信息、学习、生活和交流五大平台于一体的内网大平台。各地各单位加大了机房标准化建设力度，明显改善了运行环境和发展条件。

三、强化政务应用，林业开始迈入无纸化办公时代。2010年6月1日，国家林业局正式启用综合办公系统，实现了办文、办会、办事等政府机关主要工作的在线办理。2011年初，国家林业局移动办公系统正式上线运行，彻底打破了传统办公方式的时空界限，实现了随时随地办公新模式，获得“电子政务管理效能提升奖”等。各级林业主管部门加快推进办公自动化进程，显著提高了工作效率，降低了行政成本。

四、狠抓网站整合，打造了中国林业统一服务窗口。国家林业局对原有各司局各单位、各省级林业主管部门网站进行了有机整合，新建了森林公园等网站群，形成了以中国林业网主站为龙头，以数百个子站为主体的大规模网站群，打造了中国林业“网上航空母舰”，科学构建了信息发布、在线办事、互动交流、林业展示四大版块，增建了繁体版和英文版，开办了中国林业网络电视台，建设了中国林业网络博物馆、中国林业网络博览会，全面提升了信息服务功能。2011年国家林业局信息公开在中央部委中名列第二，国家林业局政府网进入中央部委前10名，荣获“中国政府网站领先奖”。

五、优化资源配置，基本建成共建共享统一平台。实施了国家自然资源和地理空间数据库、国家林业局内外网整合改造等重点项目，新建了科技成果、林业专家、电子图书馆等一批重点数据库，整合改造了100多个重点数据库，初步实现了省级以上林业专业数据集中管理和跨部门数据共享。启动实施林业资源监管体系建设项目，新建了森林、湿地、荒漠、生物多样性资源监管等重点应用系统。建设了国家林业局内外网统一平台。

六、积极争取支持，取得了"金林工程"立项等重大突破。认真谋划推进"金林工程"这一林业信息化的龙头工程、全局工程，必将有力带动现代林业大踏步向前迈进。我们紧紧抓住信息化从"互联时代"到"物联时代"的良好契机，成为"国家物联网应用示范工程"首批6个试点部委之一。确定了辽宁、福建、湖南和吉林森工等为全国林业信息化示范省。

七、完善保障体系，形成了林业信息化良好运行机制。组织机构取得突破，经中央机构编制委员会办公室批准成立了国家林业局信息中心，负责组织、协调、指导、监督、管理全国林业信息化建设和电子政务工作，与信息化管理办公室两块牌子一套人马；2/3的省级林业主管部门设立了独立信息化机构。资金投入得到加强，各级林业主管部门5年共投入林业信息化建设资金12.6亿元。制度标准不断健全，制定了《全国林业信息化工作管理办法》等10多项制度，成立了全国林业信息化标准委员会，认真梳理了300多个现行标准，研究制定了20多个急需的基础性标准。信息安全保障不断完善。合作交流进一步加强。管理方法不断创新，发布了首部《中国林业信息化发展报告》，开展了全国林业信息化发展水平评测和网站绩效评估，组织了年度10件大事评选，征集评选了林业信息化标识。

总的来看，林业信息化建设实现了大步跨越，发生了翻天覆地的变化，已成为现代林业建设的一大亮点，成为展现林业部门良好形象的一张名片，有力提升了林业的地位和社会影响力，大大改变了过去林业落后保守的形象。当前，林业已逐渐成为一个信息林业，信息技术正在成为促进现代林业发展最强劲的驱动力量。

"十二五"时期林业信息化建设的总体要求是：围绕"发展现代林业、建设生态文明、推动科学发展"这个中心，按照"加快林业信息化，带动林业现代化"的总体思路，坚持工程带动，强化应用服务，推进资源整合，拓展工作领域，完善体制机制，努力形成"五个统一"的建设格局，大力提升林业信息化水平，为加快转变林业发展方式、全面推动现代林业发展做出新贡献。

林业信息化是推进林业科学发展的重要手段，是关系林业工作全局的战略举措和当务之急。我们一定要高度重视，认真对待，积极行动，狠抓落实，确保林业信息化建设各项任务全面完成。

贾治邦

2012年2月26日

我们有一个梦想
（代前言）

在新年钟声刚刚敲响、新春佳节即将到来的特殊时刻，我们欢聚一堂，举行林业信息化工作座谈会暨国家林业局信息化管理办公室成立三周年总结会，共同回顾过去，展望未来，感到十分高兴和无比激动。

三年前，一群有志于林业信息化事业的同仁，顺应全球信息化浪潮，响应国家林业局党组的英明决策，怀揣着一个美好梦想从四面八方走到一起。我们有一个梦想，就像一棵棵幼苗梦想着长成参天大树！我们有一个梦想，犹如一片片砖瓦梦想着变成摩天大厦！我们有一个梦想，即是通过加快林业信息化早日实现林业现代化！

三年来，我们克服重重困难，冲破重重阻力，启动了中国林业信息化的腾飞之旅，铸就了中国林业信息化的“航空母舰”，取得了几十项第一，获得了几十项突破，创造了林业信息化发展最快、收获最丰、成效最好的光荣历史，书写了一段精彩纷呈、灿烂辉煌的华美篇章！

三年来，林业信息化顶层设计首先推出，发布了《全国林业信息化建设纲要》及《全国林业信息化建设技术指南》，制定了首个全国林业信息化发展五年规划，首次将林业信息化在全国林业发展五年规划中单独列章，科学谋划了林业信息化全面加快发展的新蓝图。

三年来，林业信息化全面加快发展的冲锋号角响彻全国，召开了第一届和第二届全国林业信息化工作会议，确立了“加快林业信息化，带动林业现代化”的发展思路和“五个统一”的基本原则，把林业信息化建设推向新的阶段。

三年来，我们狠抓工程建设，打造了首个中国林业网站群、首个集五大平台于一体的国家林业局办公网，建设了覆盖各地各单位的国家林业专网，建成了高标准的国家林业中心机房，实现了无纸化办公和移动办公，开启了打破时空界限的电子办公新时代。

三年来，国家林业局信息化管理办公室和国家林业局信息中心正式成立，24 个省区市成立了独立的林业信息化管理机构，确立了两批全国林业信息化建设示范省，出台了一系列制度标准，连续发布了林业信息化年度发展报告，为林业信息化又好又快发展打下了坚实基础。

三年来，各地各单位信息化建设取得了重要进展。湖南实施了“测土配方”工程，辽宁实现了省、市、县三级网上协同办公，福建开发了综合营造林管理系统，吉林森工研发了经济运行系统，江西开发了林权交易系统，广东建设了林权管理系统，北京建设了网格化管理系统，河南建设了森林资源数据库，内蒙古开展了盟市信息化示范建设，浙江、山西建设了林权一卡通管理系统，山东启动了市县林政资源管理系统，陕西实现了无纸化办公，沈阳市建设了林农服务平台……各地各单位的积极举措，如繁星一般点亮神州大地，形成了全国林业信息化蓬勃发展的绚丽景象。

短短三年，全国林业信息化建设实现了大步跨越，发生了翻天覆地的变化。林业信息化已成为现代林业建设的一大突出亮点，成为展现林业部门良好形象的一张亮丽名片。

回首三年，我们走过了一条充满荆棘、异常艰辛、极其曲折的发展之路。大家付出了太多的汗水，承受了太大的压力，饱尝了酸甜苦辣，体会了人间冷暖。困难面前见真情，坎坷面前显英雄。我们没有退缩，没有言败，我们成功地顶了过来，站了起来，冲了上去！

三年来，林业信息化得到了中央有关部门和国家林业局党组的充分肯定。在2011年中国政府透明度报告中，国家林业局信息公开在中央部委中名列第二。国家林业局政府网在中央部委排名中，由2006年的第23名跃升至2011年的第10名，荣获中央部委“优秀政府网站奖”、“中国政府网站领先奖”、“品牌栏目奖”、“精品栏目奖”等十几项奖励。各地各单位先后获得“全国林业信息化十佳单位”、“全国林业十佳网站”、“国家林业局十佳网站”等数十项荣誉。

三年来所取得的每一个成绩，每一点进步，归功于国家林业局党组的亲切关怀，归功于各部门的大力支持，归功于各地各单位的高度重视，归功于有关高等院校、科研单位、IT企业的积极参与，归功于社会各界朋友的关心鼓励，更归功于全体林业信息化同行的艰辛付出！在这里，请允许我代表国家林业局信息化管理办公室，真诚地向大家道一声谢谢：衷心感谢在座各位的辛勤汗水和共同努力，衷心感谢所有同行的同舟共济和真情奉献！

各位同仁，朋友们：

回顾过去，路途艰辛；放眼未来，任重道远！虽然林业信息化建设硕果累累，但这只是万里长征的第一步，我们美好梦想的实现之旅才刚刚开始。我们清醒地认识到，林业信息化的发展，与国家林业局党组的要求还有很大差距，与林业改革发展的需求还有很大距离，一些制约林业信息化发展的关键问题还没有得到根本解决，一些积极因素还没有全部调动起来。我们不能有丝毫的松懈，不能有任何的犹豫，必须奋起直追、不懈努力。当前，实现林业信息化的美好梦想，我们既面临着宝贵的机遇，也面临着严峻的挑战。

就机遇而言：一是历史时代之机遇。当今时代是信息时代，信息化发展潮流浩浩荡荡一路奔流，信息技术发展日新月异一日千里，信息化战略已成为全球共识，时代给我们提供了实现梦想的最佳舞台。二是林业发展之机遇。绿色增长成为时代强音，绿色新政成为世界共鸣，林业正处于大有作为的战略机遇期和黄金发展期，形势给我们提供了实现梦想的良好平台。三是领导重视之机遇。以两届全国林业信息化工作会议的成功召开为标志，“加快林业信息化，带动林业现代化”已成为整个林业行业的共同意志，内因给我们提供了实现梦想的决胜擂台。

就挑战而言：一是资源整合之挑战。由于种种原因，导致林业信息资源分散，思想认识保守滞后，资源整合阻力很大，有些地方甚至举步维艰。二是基础薄弱之挑战。基实才能筑厦，根深才能茂冠。林业信息化起步早，但不少地方体制机制运行不畅，复合人才十分短缺，基础设施非常薄弱，难以支撑林业信息化持续快速发展。三是深化应用之挑战。信息化应用的领域越来越广，要求越来越高，数量越来越大，时间越来越迫切。恰如逆水行舟，不进则退。

机遇稍纵即逝，时光千载难逢。我们要牢牢把握机遇，积极应对挑战。一张白纸能画最新最美的图画，我们要把挑战转化为机遇，把压力转化为动力，把劣势转化为优势，发挥自身特点，努力赶超跨越，实现美好梦想，不辜负大家的期待，不辜负领导的重托，不辜负时代的使命。

各位同仁，朋友们：

今后三年，是我国林业信息化大有作为充满希望的三年。林业信息化“十二五”规划已经印发，未来几年林业信息化发展的美好蓝图已经绘就。我们要紧紧围绕“发展现代林业，建设生态文明，推动科学发展”这个中心，突出建设、应用、运维三个重点，坚持强化基础、提升水平、拓展领域、深化合作、规范管理，推动林业信息化发展阶段由互联网向物联网推进，建设领域由电子政务向电子商务拓展，技术手段由现代信息技术向下一代信息技术提升，应用服务由局部向整体延伸，努力使林业信息化实现新的突破。再用一个三年，力争到2014年，提前实现“十二五”目标，在新一轮信息化浪潮中冲向各行业前列，引领林业加快实现现代化。

下一个三年，发展阶段要由互联网向物联网推进。紧紧抓住信息化从“互联时代”向“物联时代”发展的良好契机，组织实施好智能林业物联网应用示范项目，科学制定林业物联网发展规划，积极推进物联网建设，从“数字林业”到“智慧林业”，使林业尽快实现物联世界。

下一个三年，建设领域要由电子政务向电子商务拓展。在强化林业电子政务建设的同时，积极向林业电子商务、电子社区等领域拓展，建设中国林业电子商务大平台、大基地、大产业，促进信息化与林业生产服务全面深度融合，充分发挥信息化的引领、带动和支撑保障作用。

下一个三年，技术手段要由现代信息技术向下一代信息技术提升。积极建设中国林业云、中国林业物联网，大力推动发射中国林业星，努力做好北斗卫星应用示范等工程建设，促进物联网、云计算、IPv6、新一代移动通信等信息技术在林业行业的普及应用，大幅提升林业信息化的建设和应用水平。

下一个三年，应用服务要由局部向整体延伸。以提高服务保障能力为目标，加快林业信息化八大行动计划进程，在广度上推动信息化应用从点向面延伸，在深度上推动信息化应用由公共办公向核心业务推进。

各位同仁，朋友们：

我们是时代弄潮儿，我们是时尚领跑者。我们共同选择了这一最具时代特征、最具开创精神的事业，尽管前进的道路上布满荆棘、曲折艰难，尽管奋斗的历程会异常艰辛、充满挑战，但我们满怀信心，胸有成竹，一定能战胜各种挑战，这正是我们信息化事业所有同仁的价值所在。

三年来，走过的是岁月，留下的是足迹，带来的是希望，送到的是祝福，我们相信，在国家林业局党组的正确领导下，在大家的共同努力下，我们一定会再创新的辉煌，续写新的篇章！我们的梦想一定要实现！我们的梦想一定能够实现！

李世东

2012 年 1 月 9 日

林业信息化
Forestry Informatization

目　　录

CONTENTS

应用系统建设

标准规范建设

安全运维建设

354　附　录

我们三岁了(代后记)

THREE YEARS 2009-2012

网站建设

WANGZHAN JIANSHE

中国林业网

随着信息化的快速发展，政府门户网站已成为政府应用信息技术、履行职能的重要形式。政府门户网站是我国电子政务建设的重要组成部分，对促进政务公开，改进行政管理，提高行政效能具有重要意义。国家林业局政府网按照政府网站群建设的技术规范和年度绩效评估指标体系，结合现代林业建设需要，坚持统一架构、突出重点、整合资源、促进共享的原则，实现了国家林业局网站资源的有效整合，突出了林业“三个系统”和“一个多样性”的主体业务布局，推进了政府信息公开、在线服务和互动交流。2010 年 2 月，国家林业局新版政府网站开通，在原有政府网站基础上，整合了 50 多个司局网站和直属单位网站，新建设了森林公园网站群、国有林场网站群、种苗基地网站群、自然保护区网站群等，各省(自治区、直辖市)网站群纳入了中国林业网统一门户网站。在网站建设工程的带动下，各地各单位对网站内容更新高度重视，加强了网站信息报送和互动交流。

中国林业网网站群充分发挥了政府网站信息发布、在线办事、互动交流、林业展示等四大功能，树立了林业系统良好的社会形象，大大提升了对公众服务的能力(图 1)。

网站群管理系统按照统一标准、统一规划、分步实施的原则，解决了国家林业局网站群之间信息不能共享、不能统一管理等问题。站群管理系统采用主站与子站垂直管理方式，国家林业局网站为主站，各司局网站等为子站。同时为各司局提供快速搭建网站的工具及运行环境，满足了各司局快速、统一建设各自网站的需求。各子站运行在统一标准的网站群管理平台上，实现了统一管理、数据跨域共享、管理智能化，解决了以前网站群维护困难且成本高的问题。

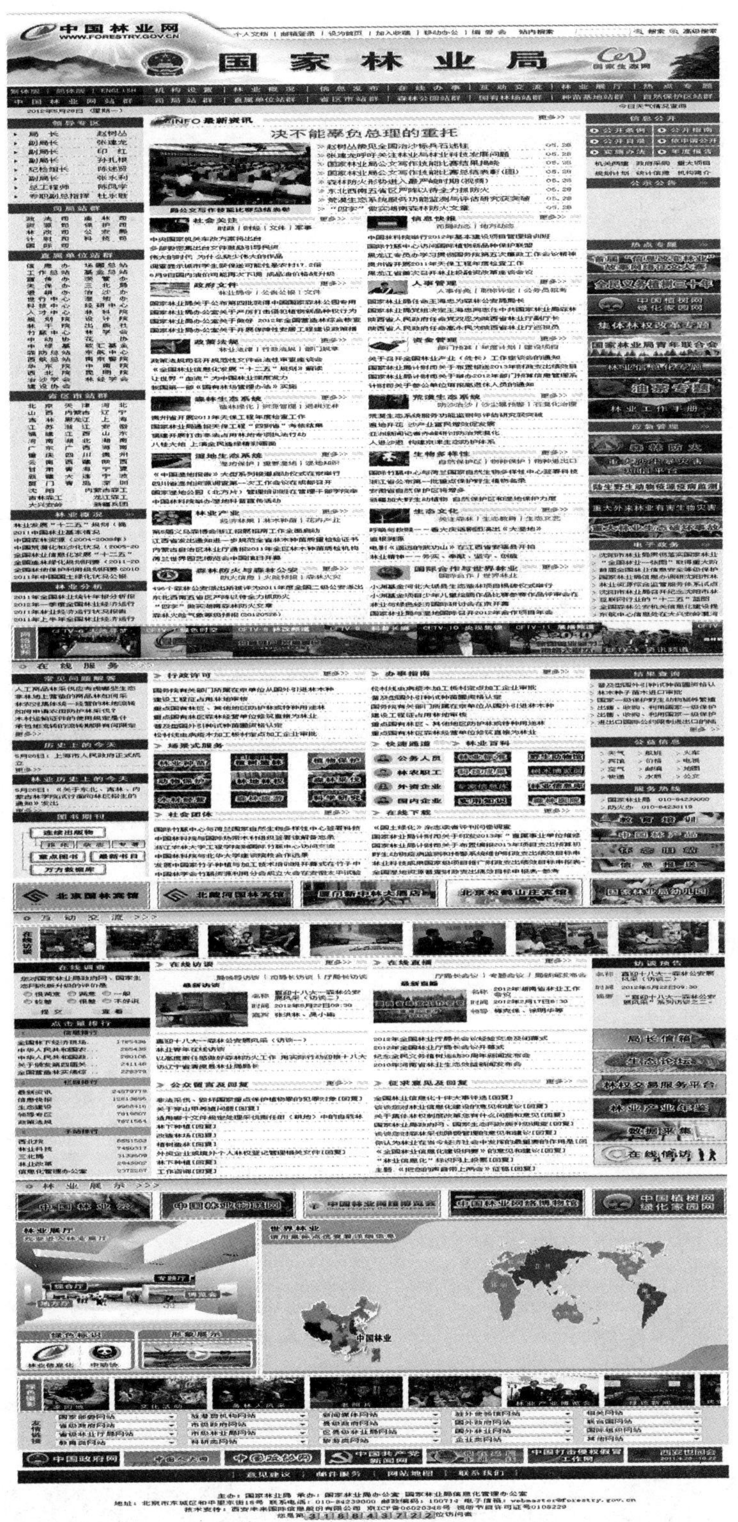

图1　中国林业网首页面

一、信息发布

信息发布栏目包括最新资讯、社会关注、信息快报、政府文件、人事管理、政策法规、资金管理、森林生态系统、荒漠生态系统、湿地生态系统、生物多样性、林业产业、生态文化、领导专区、信息公开、公示公告、热点专题、应急管理、电子政务、国际合作、世界林业、林业分析等(图2)。

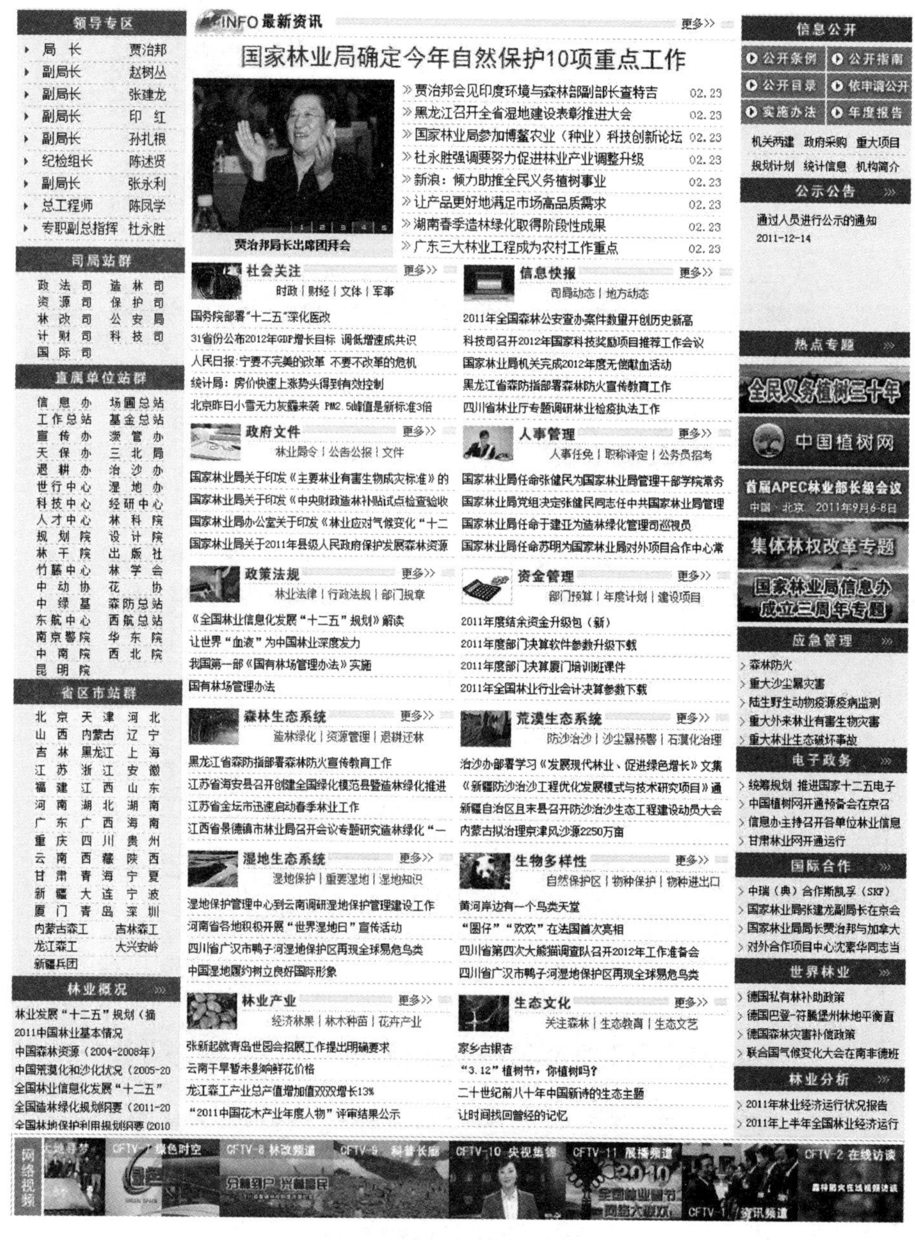

图2 信息发布页面

最新资讯。最新资讯栏目包含每日头条、最新信息和图片信息三部分，该部分发布全国林业每天最新信息。

社会关注。社会关注栏目包含时政、财经、文体、军事、综合、图片信息。

信息快报。信息快报栏目包含司局动态、地方动态两个栏目。

政府文件。政府文件栏目主要公开国家林业局局机关发布的文件。

人事管理。人事管理栏目包含人事任免、职称评定、公务员招考、先进表彰和人事教育。

政策法规。政策法规栏目包含林业法律、行政法规、部门规章、相关法律法规、司法解释、名录、政策解读和政策法规动态。

资金管理。资金管理栏目包含工作动态、财税政策、部门预算、年度计划、工程资金、专项资金、预算执行、资产管理、建设项目、发展规划、林业涉外经济、统计与信息、农业综合开发、援疆援藏、对口支援扶贫、贵州浙江联系点、环境保护和林业会计学会。

森林生态系统。森林生态系统栏目包含造林绿化、资源管理、退耕还林、公安防火和天然林保护。

荒漠生态系统。荒漠生态系统栏目包含工作动态、沙尘暴预警、石漠化治理、国际履约、政策规定、经验交流和京津风沙源。

湿地生态系统。湿地生态系统栏目包含湿地保护、重要湿地和湿地知识。

生物多样性。生物多样性栏目包含自然保护区、物种保护、物种进出口和疫源疫病。

林业产业。林业产业栏目包含经济林果、林木种苗、花卉产业、竹藤产业、森林旅游、生物质能源、林业碳汇、木材加工、特色产品、龙头企业、产业组织和展览交易。

领导专区。领导专区栏目包含局领导的简历、主要活动和重要论述。

信息公开。信息公开栏目主要功能是公示林业局能够公开的相关信息。

公示公告。公示公告栏目发布每天最新的通知和公告信息。

热点专题。热点专题栏目包含全国林业所有的热点专题，也是所有专题的快速入口。

应急管理。应急管理栏目包含森林火灾、重大沙尘暴灾害、陆生野生动物疫源疫病监测、重大外来林业有害生物灾害、重大林业生态破坏事故和野生动植物疫源疫病。

电子政务。电子政务栏目包含工作动态、应用培训、林业信息化简报、相关政策、发展历程、地方实践、国外借鉴等。

国际合作。国际合作栏目包含合作动态、国际项目、公约履约、重要国际会议和重要外事活动。

世界林业。世界林业栏目包含亚洲林业、非洲林业、欧洲林业、欧亚地区、西亚北非地区、北美大洋洲地区、拉丁美洲地区和综合资讯。

林业分析。林业分析栏目公开林业产业以及各类林业资源的分析报告。

二、在线服务

在线服务板块栏目主要包括行政许可、办事指南、场景式服务、快速通道、林业百科、社会团体、在线下载、常见问题解答、历史上的今天、图书期刊、结果查询、公益信息等。

在线服务加强了对各单位行政审批事项的梳理，建立了国家林业局在线审批系统，梳理了37项行政审批事项，并在网上公布了办事指南、在线审批、表格下载和办结事项的结果查询等，为广大网友提供了9项场景式服务和8项应用服务系统(图3)。

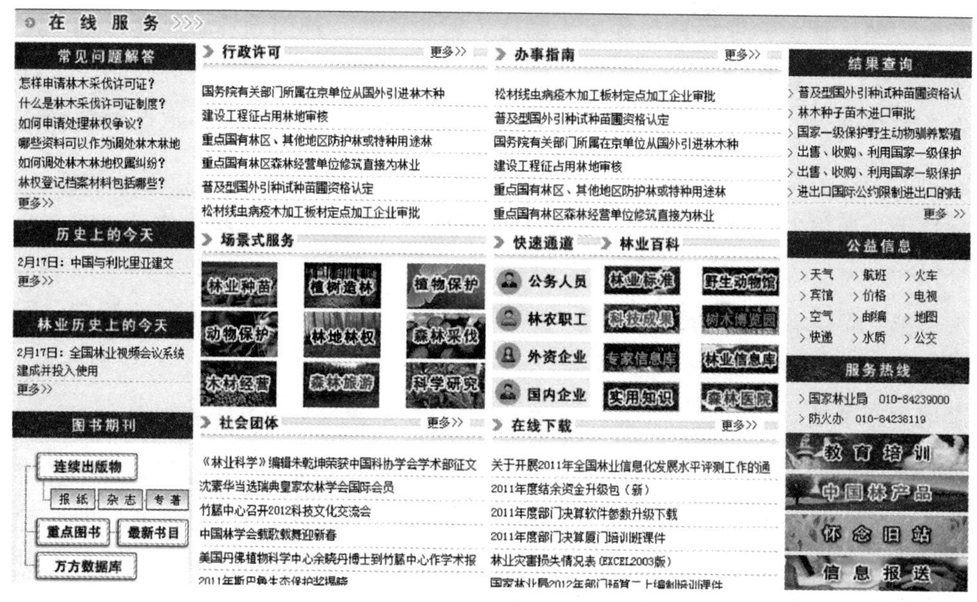

图3　在线服务页面

行政许可。行政许可栏目包含申报中心、申报管理、结果公示和信息公告。

办事指南。办事指南栏目公开林业松材线虫病疫木加工板材定点加工企业审批等36项行政许可事项的办事指南。

社会团体。社会团体栏目包含通知公告、社团风采、重大活动和经验交流。

在线下载。在线下载栏目包含公文下载、软件下载和图表下载。

常见问题解答。常见问题解答栏目发布的是林业常见问题以及解答内容。

历史上的今天。历史上的今天栏目公开中国历史上当天的信息。

图书期刊。图书期刊栏目包含连续出版物、重点图书和最新书目。

结果查询。结果查询栏目公开行政许可事项的办理结果。

公益信息。公益信息栏目包含天气、航班、火车、宾馆、价格、电视、空气、邮编、地图、快递、水质和公交。

三、互动交流

互动交流板块栏目主要包含在线访谈、在线直播、公众留言及回复、征求意见及回复、在线调查、点击量排行、直播预告、局长信箱、生态论坛等。

互动交流栏目积极开展在线访谈和在线直播活动。以本网站为平台，建立了林权交易服务平台，满足了社会公众的林业信息查询需求。林业产权交易服务平台包括中国林业产权交易所、南方林业产权交易所、华东林业产权交易所、福建省永安林业要素市场、中国绿色融资担保网、贵州黔东南州林业要素市场(图4)。

图4　互动交流页面

公众留言及回复。公众留言及回复栏目给林业工作者和广大群众提供了互动平台，群众可填写留言内容，林业工作者回复，且可以根据标题和姓名查询提出的各类问题。

征求意见及回复。征求意见及回复栏目可以以某个主题征求意见，且可查询意见反馈内容。

在线调查。在线调查栏目是调查对国家林业局政府网改版升级等的评价。

点击量排行。点击量排行栏目包含信息排行、栏目排行及子站排行，是按照点击量进行排列的。

局长信箱。局长信箱栏目包含来信须知、我要写信、邮件查询，这给民众与局长之间互动提供了交流平台。

生态论坛。生态论坛栏目包含生态文化、产业发展、生态建设、林区稳定、林业发展、林业改革、生态文明大讨论、解放思想大讨论、集体林权改革和综合等10个板块。

四、林业展示

林业展示平台展示了中国林业云、中国林业物联网、中国林业网络博览会、中国林业网络博物馆、中国植树网的相关内容，林业展厅的内容充实加载了综合厅、专题厅、地方厅和博览会的有关材料，共计约500余幅展示内容。加载了"中动协"(中国野生动物保护协会)、"国家种苗"等绿色标识及"绿色摄影"等形象展示内容，采集制作了美国、英国等100多个国家的林业展示资料(图5)。

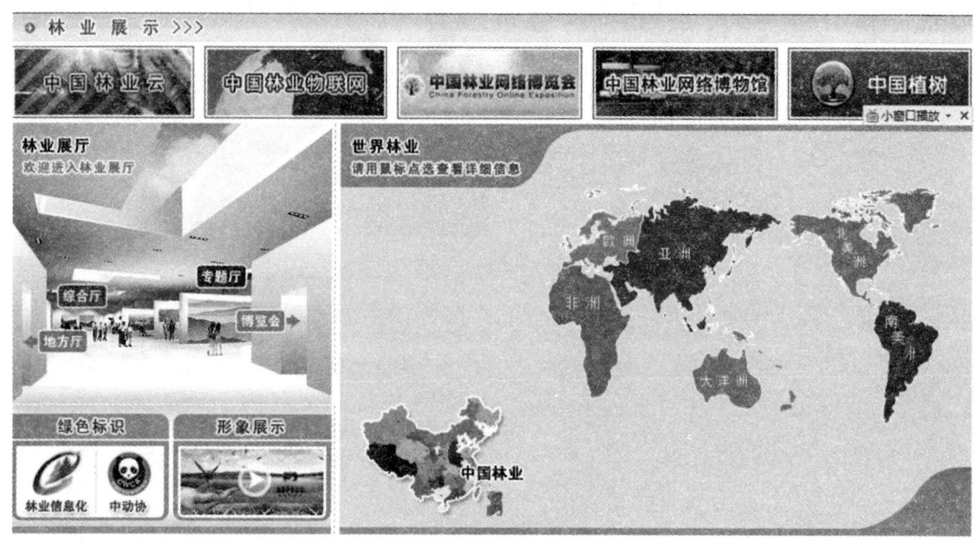

图5 林业展示页面

林业展厅。林业展厅栏目包含综合厅、专题厅、地方厅、博览会，对林业各类信息进行了充分展示。

绿色标志。绿色标志栏目汇集了16个林业标志。

形象展示。形象展示栏目展示了林业有代表性的形象。

绿色摄影。绿色摄影栏目包含绿色新闻、森林万象、植物千姿、动物百态、湿地掠影、花卉写真、竹藤倩影、秀美山川、大漠风情、绿色产业、专家园地、文化活动、务林人风采、老照片、林改改变生活、林业产业博览会、绿化博览、塞罕坝风采、摄影知识等。

五、搜索引擎

搜索引擎提供对中国林业网站内信息的快速检索和自定义搜索(图6)。

图6 搜索页面

六、主要特点

1. 实现了一网三名

建立了国家林业局首个政府网站群，实现了中国林业网、国家林业局政府网和国家生态网一网三名，打造了林业系统第一门户和统一信息发布平台。

2. 建立了“3+1”板块

中国林业网保持信息发布功能，强化了网站在线办事、互动交流，在原三大功能的基础上，增设了网上林业展示功能，构成了“信息发布、在线办事、互动交流、林业展厅展示”四大功能区，全面体现了政府网站建设的主体功能和目标定位。

3. 建设了3种语言版本

新版网站具有简体版、繁体版、英文版3种文字形式，展现了现代林业建设的概貌，扩大了网站浏览群体，加载了100多个国外林业信息，全世界每天约有1万多境外人员访问中国林业网。增强了世界各国对中国在濒危物种保护、湿地保护、森林碳汇、防治荒漠化、应对气候变化等方面政策规定和履约行动的了解与支持，推动中国林业建设成就跨国界展示。

4. 突出了3种表现形式

利用文字、图片和视频3种展现形式，加强了网站图片信息和网络视频信息的加载，提供快速浏览和查询办事，提高了网站的应用性，丰富了网站信息展现形式。

5. 整合了“1+n”网站群

新版网站在国家林业局原网站的基础上，整合了50多个司局网站和直属单位网站，新建了森林公园网站群等子站；整合了林业种苗、植树造林、森林采伐等37个林业行政审批事项的网上办理，对全部省厅级林业网站、地县级林业网站以及相关林业网站进行了友情链接。构建了互联网林业信息查询的统一平台。

国家林业局办公网

国家林业局办公网是国家林业局内部行政办公、信息发布、在线学习和互动交流的统一网络平台。内网门户包括五大平台，分别是办公平台、信息平台、学习平台、生活平台、交流平台，可以满足国家林业局院内全体职工、院外直属单位及36个省级林业部门的用户按权限登录内网系统进行工作、学习和交流的需要。学习平台包括政治理论、业务学习、经验交流、综合知识、电子大讲堂、电子图书馆、电子阅览室等12个栏目，各个栏目中还有许多二级栏目，加载了很多有价值的学习资料、专家视点、专题研究报告等，学习内容极为丰富。生活平台包括时尚生活、生活情趣、理财之道、用餐信息、数字电影院、数字电视剧场、数字音乐厅等12个栏目。交流平台包括林业论坛和司局专区2个板块，为内部相互交流搭建了平台，每个人都可以随意表达自己的意见与建议。各个司局可以将本司局的总结、汇报、内部材料等放在司局专区中，供本司局人员交流学习。

在内网平台上，整合了综合办公、即时通讯、电子档案管理、电子公文传输等17个应用系统及其数据库。其中，综合办公系统构建了领导专区、公文办理、会议办理、事务办理、综合管理五大功能模块。自2010年4月1日起开始试运行，其间的文件流程与签批等实行纸质文件和电子文档双轨制。2个月后，于2010年6月1日起正式运行，开始进入无纸化办公时代。内网门户界面见图7。

内网门户的总体设计思想是利用标准规范的内网门户内容管理系统，按照统一规划、分步实施的原则，整合国家林业局内部办公部门之间存在的信息不能共享、不能统一管理等缺陷。国家林业局内网门户不但要提供外网门户网站所具备的内容管理、栏目管理、信息发布等功能，更重要的是实现国家林业局各单位之间信息资源的共享和对内部应用的集成，并利用单点登录、Portal等技术为每一位工作人员在授权的前提下提供安全、可靠、个性化的信息服务和应用访问服务。国家林业局内网系统结构示意如图8所示。

图7　国家林业局办公网首页

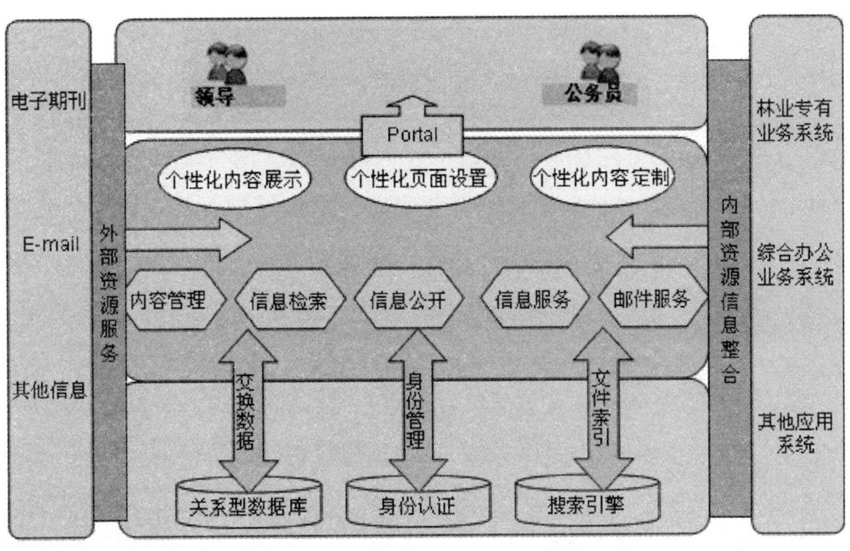

图 8　国家林业局内网系统结构示意

一、办公平台

办公平台主要包括：待办事宜、最新收文、最新发文、个性化服务、内部通知、公示公告、已建应用系统集成、信息检索等栏目(图 9)。

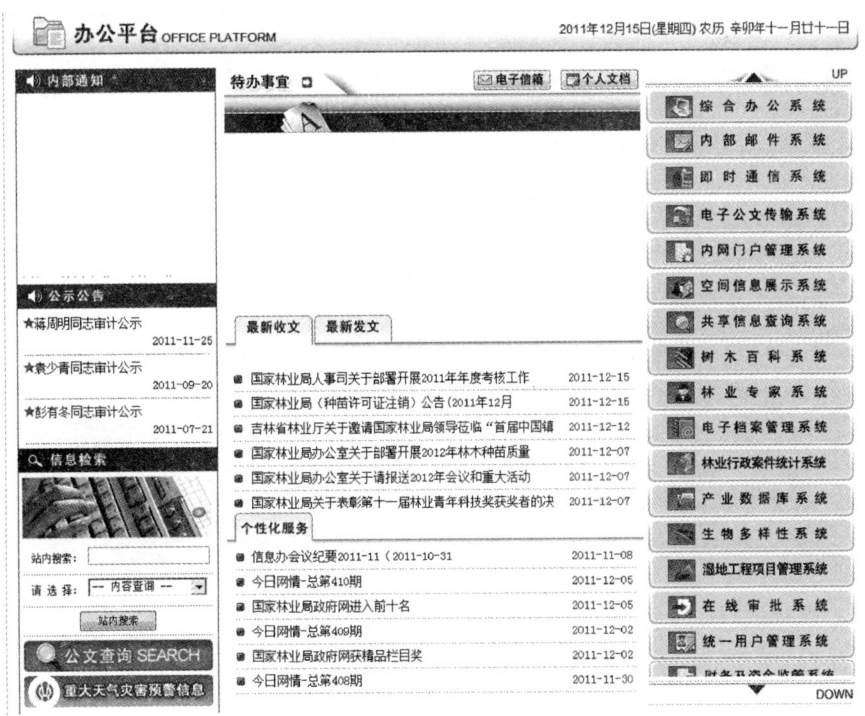

图 9　办公平台页面

二、信息平台

信息平台主要包括15个栏目：领导讲话、内部要闻、内部文件、内部简报、内部会议、内部材料、人事管理、林业信息化、林业要情、统计分析、林业标准、共享数据、网络民意动态、国研视点、内参报告，内容几乎涵盖了所有适宜在内部公开的信息(图10)。

图10 信息平台页面

三、学习平台

学习平台为工作人员搭建起一个学习、沟通的桥梁。工作人员可以通过这个平台查看电子图书、林业业务相关学习资料、培训教程、视频资料。同时，还可以在平台上建立学习论坛，大家可交流业务、培训心得。学习平台内容包括时政分析、业务学习、经验交流、网络新知、金融观察、文学天地、热点追踪、区域发展、英语天地等，学习内容十分丰富(图11)。

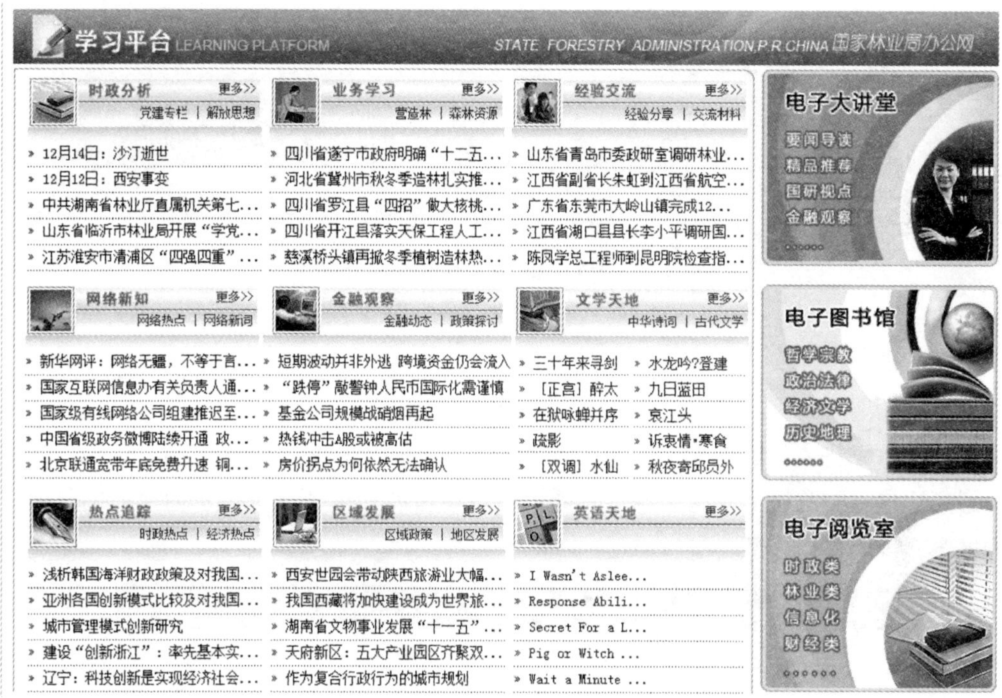

图11　学习平台页面

四、生活平台

生活平台主要包括：生活时尚、理财之道、情趣爱好、文体活动、旅游风情、我爱收藏、安全提示、气象服务、用餐信息等(图12)。

图 12　生活平台页面

五、交流平台

交流平台包括林业论坛和司局专区等板块，为内部相互交流搭建了平台，每个人都可以随意表达自己的意见与建议。各个司局可以将本司局的总结、汇报、内部材料等放在司局专区中，供本司局人员交流学习(图 13)。

图 13　交流平台页面

六、主要特点

1. 门户功能强大

按照“小外网、大内网”的建设思路，局内网建设成效明显，内网门户由工作平台、信息平台、学习平台、生活平台和交流平台组成五大板块，综合办公系统由公文办理、会议办理、事务办理、领导办公和综合管理组成五大功能模块，使信息资源得到有效整合，提升了信息资源共建共享水平。

2. 服务细致全面

内网提供了辅助领导决策、针对领导服务的个性化信息服务系统，为工作人员提供学习交流的专享信息服务，方便查询内外网同时部署的林业专家查询系统和树木百科系统，提供电子邮件服务的通信服务电子处理系统及提供20多种各类应用管理系统，利用文字、图片、视频等多种方式提供全面信息化、人性化服务。

3. 检索统计方便

提供全文检索、关键字检索、日期检索、标题列表及分类检索等多种检索和服务，实现了所有页面的浏览情况都有详细的数据记录，并能够对用户和行为进行跟踪和分析，提供站内基于部门、栏目等多种条件的统计功能。

4. 信息报送快捷

各政务信息报送单位可向国家林业局报送政务信息，并实时反馈报送接收情况。政务信息可附带Word文档、图片、声音等多种格式的附件。系统还面向政务信息报送机构提供统一的信息共享平台，通过公告栏、论坛、信息点评、信息约稿通知等手段提供服务，不同用户登录系统后，根据权限的不同，可浏览阅读授权的信息。

林业专网

国家林业局林业信息专网连接国家林业局各司局及在京直属单位、京外直属单位，在此基础上扩展并完善覆盖全国的林业综合办公电子传输系统及视频会议系统，通过综合办公电子传输系统传输电子公文、信息、简报、值班信息以及会议报名等，节省了公文传递时间和纸张；搭载的全国林业视频会议系统，可以很方便地召开各类视频会议。同时，林业信息专网还承担各专题应用系统的数据传输、交换、查询等功能需求，逐步实现林业信息共建共享，全面提升林业信息化管理水平。

专网网络拓扑结构见图 14。

一、国家林业局信息中心节点

利用国家林业局信息中心路由器的升级，把国家林业局机关各司局及京内直属单位接入内网。网络安全系统主要由防病毒网关、网络防病毒、流量整形、网络系统审计等组成。

二、京内直属单位节点

国家林业局院外直属单位中国林业科学研究院、管理干部学院、林产工业设计院、国际竹藤网络中心、中国林业出版社租用北京联通的 2M 光纤，直接连接到国家林业局信息中心路由器上。

中国林学会在中国林业科学研究院院内，林学会与中国林业科学研究院采用 10M 双绞线相连，通过中国林业科学研究院连接国家林业局信息中心。

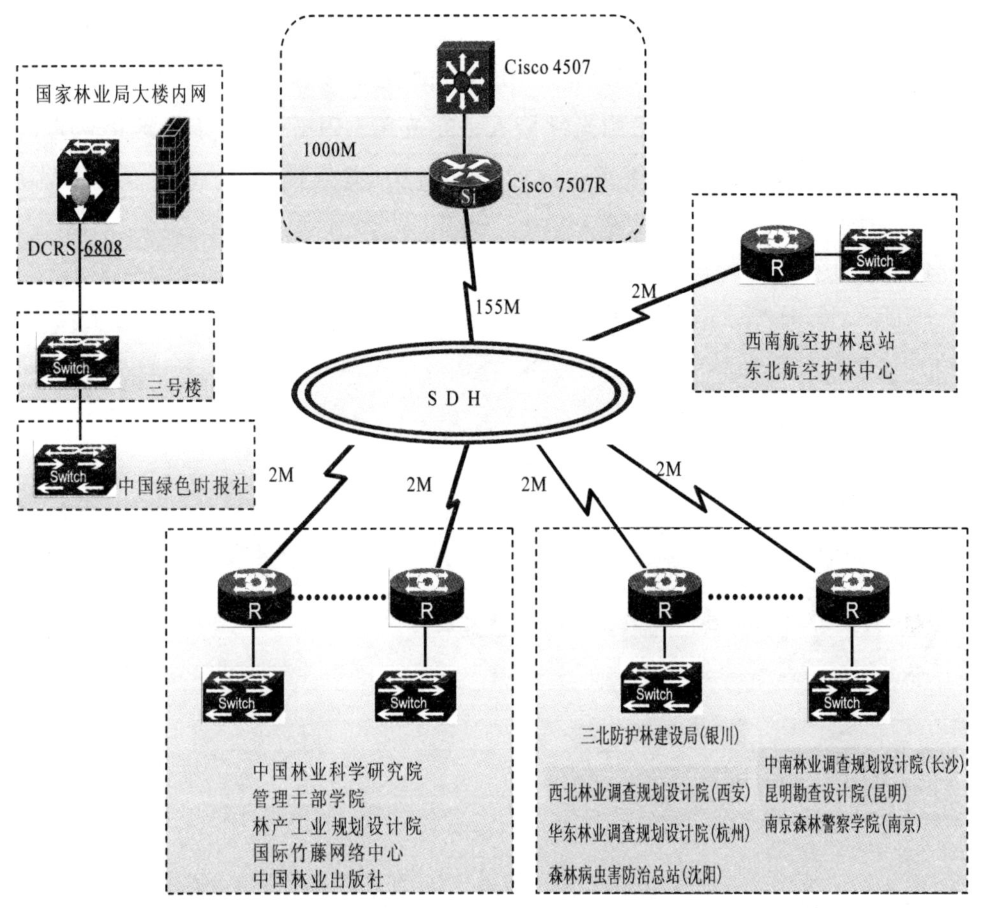

图14　专网网络拓扑结构

三、京外直属单位节点

京外直属单位长春、福建、成都、西安、武汉、贵阳、海口、合肥、新疆、昆明、上海、内蒙古、黑龙江、大兴安岭专员办，三北防护林建设局(银川)、森林病虫害防治总站(沈阳)、南京森林警察学院(南京)、昆明勘查设计院(昆明)租用联通或电信的2M SDH长途线路连接到国家林业局信息中心，各专员办原未配置E1直通电缆，现各增加1套，为建成专员办独立的视频会议系统提供网络基础。

西南航空护林总站、东北航空护林中心租用联通或电信的2M SDH长途线路连接到国家林业局信息中心。

四、各地节点

各省(自治区、直辖市)林业厅局、四大森工集团、新疆生产建设兵团、各计划单列市林业局，通过2M的数字电路与中心节点连接，组成以中心节点为核心的星型网络。各地可以采用HDSL MODEM作为接入设备。HDSL MODEM与各地的路由器之间的接口为G. 703。各地如果与当地电话局采用光纤接入，配备光MODEM。对于各地接入来讲，采用HDSL接入方便、简单，便于维护、管理。而且HDSL提供标准V. 35或G. 703接口，无需任何转换设备，符合组网的要求。

网络拓扑见图15。

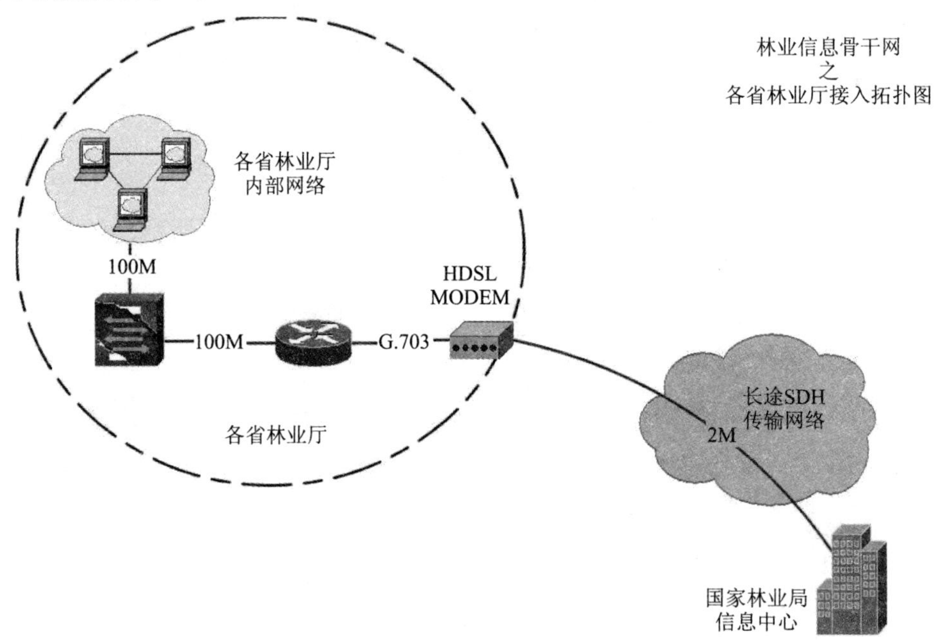

图15　专网网络拓扑图

司局网站群

国家林业局司局网站群，包括政法司、造林司、资源司、保护司、林改司、公安局、计财司、科技司、国际司等子站。

一、政法司

政法司即国家林业局政策法规司子站，名称为全国林业行政执法人员管理网，其主要栏目有工作动态、法律、行政法规、地方性法规、地方政府规章及司法解释，展现了国家林业局政策法规司的主要工作情况并进行了信息公开，子站还与全国林业行政执法人员管理系统及审批系统无缝连接，可通过子站直接进入这两个系统(图 16)。

图 16　全国林业行政执法人员管理网首页

二、造林司

造林司即国家林业局植树造林司子站，涵盖中国营造林质量网、中国经济林信息网、中国碳汇网、中国林业生物质能源网、中国森林健康网、中国绿化网。

1. 中国营造林质量网

中国营造林质量网的栏目包括信息动态、通知公告、规章制度、学术交流、视频点播、在线服务等。并可在线办理行政审批等业务(图 17)。

图 17　中国营造林质量网首页

2. 中国经济林信息网

中国经济林信息网主要栏目有行业动态、热点专题、政府文件、植物种类、生产基地、供求信息、专家学者、中国经济林之乡、新技术新产品等，通过这些栏目可方便查找各类有关经济林的信息(图 18)。

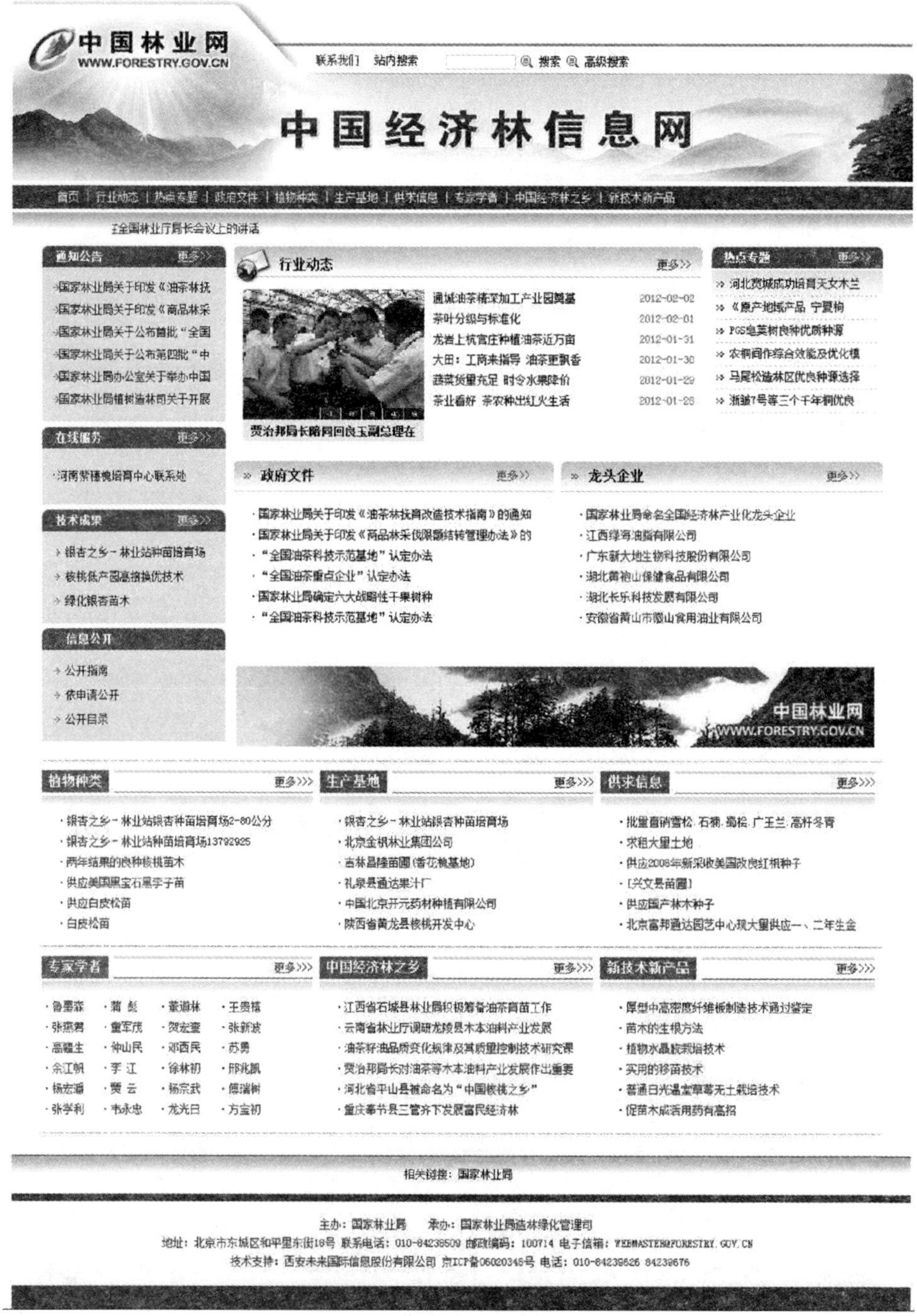

图 18 中国经济林信息网首页

3. 中国碳汇网

中国碳汇网的主要栏目有信息动态、热点专题、碳汇项目、碳汇计量、绿色碳汇基金会、政策规则、碳汇书籍、基础知识、国际碳市场等，汇集了大量碳汇知识及碳汇动态（图 19）。

图 19 中国碳汇网首页

4. 中国林业生物质能源网

中国林业生物质能源网的主要栏目有行业信息、行业管理、行业动态、市场信息、试点示范、资源培育、国际合作、苗木信息、科研科普等，展现了各种生物质能源的动态信息及法律法规(图20)。

图20 中国林业生物质能源网首页

5. 中国森林健康网

中国森林健康网的主要栏目有信息动态、热点专题、研究进展等(图 21)。

图 21　中国森林健康网首页

6. 中国绿化网

中国绿化网的主要栏目有绿色资讯、热点专题、政策法规、领导题词、绿化光荣榜、植树活动等(图 22)。

图 22 中国绿化网首页

三、资源司

资源司即国家林业局森林资源管理司子站，其主要栏目有信息动态、热点专题、资源监测、林地林权、采伐利用、林政执法等，并可以在线行政审批，还可在线查询木材运输证的真伪。具体见图 23。

图 23　国家林业局森林资源管理司子站首页

四、保护司

保护司即国家林业局野生动植物保护与自然保护区管理司子站，其主要栏目有重要信息、地方快讯、合作交流、野生动植物、自然保护区、大熊猫、简报丛林、科研科普、标识查询、联系我们等(图 24)。

图 24　国家林业局野生动植物保护与自然保护区管理司子站首页

五、林改司

林改司即国家林业局农村林业改革发展司子站，主要栏目有信息资讯、热点专题、高层关注、林权保护管理、集体林权流转、农民权益维护、林业专业合作、林下经济发展、政策咨询等(图 25)。

图 25 国家林业局农村林业改革发展司子站首页

六、公安局

公安局即国家林业局森林公安局子站，主要栏目有标题新闻、热点专题、防火信息、公安信息、科技园地、装备机具、政策法规、国际交流、防火常识、协会工作(图26)。

图26　国家林业局森林公安局子站首页

七、计财司

计财司即国家林业局发展规划与资金管理司子站，分为发展规划与资金管理司和现代林业产业网。

1. 发展规划与资金管理司

发展规划与资金管理司主要栏目为信息资讯、财税政策、资产管理、部门预算、资金管理、预算执行、林业涉外经济、统计与信息、地方支援、环境保护、综合开发、林业会计学会(图 27)。

图 27　国家林业局发展规划与资金管理司子站首页

2. 现代林业产业网

现代林业产业网主要栏目有产业动态、行政通知、政策法规、行业标准、产业报告等，并开展了网上展厅、网上交易，方便了产业信息的及时公开(图28)。

首页 论坛 联系我们 用户名： 密 码： 登录 注册 管理员入口

中国林业网
WWW.FORESTRY.GOV.CN

现代林业产业网

产业动态 行政通知 政策法规 行业标准 实用技术 市场价格 林业企业 名优产品 产业报告 林业统计 进出口统计
分析预测 行业协会 科研单位 示范区 木材市场 供求热线 网上展厅 森林旅游 展会动态 意见征询 网上交易

木材市场 价格
- 上海东华环球木业建材交易城
- 上海福人林产品批发市场
- 东坝名贵木材大卖场
- 东莞兴业木材市场
- 东莞吉龙木材市场
- 广东鱼珠木材市场
- 广州富林木材城交易市场
- 徐州木材市场有限公司
- 德州山东木材交易市场

产业动态 / NEWS CENTER 更多新闻...
- 山东省博兴县近五年林业实现跨越式发展 2012-01-20
- 涟水推进高效林业产业实现跨越式发展 2012-01-20
- 大竹县林业局强力推进香椿特色产业发展 2012-01-18
- 河北省廊坊市林业产业蓬勃发展 2012-01-17
- 滦平林业生态建设和产业发展实现双跨越 2012-01-17

五届中国国际木业博览会新闻发布会

第2届中国国际林业博览会
THE 2ND CHINA INTERNATIONAL FOREST INDUSTRY FAIR
第4届中国义乌国际森林产品博览会
THE 4TH CHINA YIWU FOREST PRODUCTS FAIR
2011·林博会 FORESTRY EXPO CHINA

数据上报
最新供求信息
[供]The actua..
[供]Twenty fi..
更多>>

企业库
示范区
科研单位
行业协会

进出口统计
- 2011年10月木制品进出口
- 2011年5月木制品进出口
- 2011年3月木制品进出口
- 2011年2月木制品进出口
- 2011年1月木制品进出口

关键字： 全站搜索 查询

龙头企业
- 吉阳食品（广水）有限公司
- 中外合资湖北中兴食品有限公司
- 湖北裕国菇业有限公司
- 湖北瑞发生物工程股份有限公司
- 湖北神鹿阻燃板有限公司

重点企业
- 湖北九方圆特殊板材有限公司
- 隐龙山绿色食品开发有限责任公司
- 宜昌水布垭银杏开发有限公司
- 高唐县金兴人造板有限公司
- 日照市华大投资发展有限公司

实用技术
- 中纤板生产中节约木质原...
- 木皮贴面工艺
- 无胶人造板生产技术研发...
- 新型脲醛树脂降低成本添...
- 木皮的旋切与刨切的区别...

展会动态
- 第五届中国国际木业博览会新闻发布会
- 第二届世界地板大会在上海召开
- 2011西安世园会推荐绿色生活十条理念
- 第3届中国义乌森博会圆满成功
- 2010全国胶合板制造技术与装备研讨会

分析预测
- 谁想成为中国“世界工厂”的接班人
- 河北正定恒山板材市场7月份行情点评
- 2011年7月东莞兴业木材市场行情点评
- 国内木材市场原木锯材8月上旬行情分析
- 近两年广东市场形势看木材供应格局之变化

名优产品 更多>>
宏发-家具
圣象及图-地板
掌上明珠PEARL-PALM及图-家具
旗舰FLAGSHIP-复印纸
谭木匠-木梳
福人FUREN及图-半成品木材

森林旅游 森林公园 湿地 自然保护区 极地探险 更多...
- 木兰围场森林公园简介
- 内蒙古阿尔山——柴河旅游区
- 莫尔道嘎国家森林公园
- 东明山森林公园
- 流溪河国家森林公园
- 五岳寨国家森林公园
- 蒙山国家森林公园
- 东平国家森林公园
- 日月峡国家森林公园
- 日照海滨国家森林公园

网上展厅
专题厅 地方厅 博览会

友情链接 国内各部委网站 国际组织网站 新闻媒体网站 相关网站链接

主办：国家林业局发展规划与资金管理司（全国木材行业管理办公室） 承办：国家林业局信息中心
地址：北京市东城区和平里东街18号 邮政编码：100714

访问人数：28579 人

图28 现代林业产业网首页

八、科技司

科技司即国家林业局科学技术司子站，名称为中国林业科技网，主要栏目有信息动态、热点专题、科学研究、科技推广、标准质量、条件能力、林业成果、林业科技工作动态、科技期刊(图 29)。

图 29　中国林业科技网首页

九、国际司

国际司即国家林业局国际合作司、对外合作项目中心子站，主要栏目有信息动态、热点专题、合作动态、国际项目、公约履约、重要国际会议(图 30)。

图 30 国家林业局国际合作司、对外合作项目中心子站首页

直属单位网站群

国家林业局直属单位网站群，包括信息办、场圃总站、工作总站、基金总站、宣传办、濒管办、天保办、三北局、退耕办、治沙办、世行中心、湿地办、科技中心、经研中心、人才中心、林科院、规划院、设计院、林干院、出版社、竹藤中心、林学会、中动协、花协、中绿基、森防总站、东航中心、西航总站、南京警院、华东院、中南院、西北院、昆明院子站等30多个子站。

一、信息办

林业信息化建设是现代林业建设的重要组成部分，是促进林业科学发展的重要手段，是关系林业工作全局的战略举措和当务之急。加快推进林业信息化，逐步建立起覆盖各级林业部门、功能齐备、互通共享、高效便捷、稳定安全的林业信息化体系，主要目的是促进林业决策科学化、办公规范化、监督透明化、服务便捷化。国家林业局信息化管理办公室肩负着林业信息化建设的重要使命。信息办子站的主要栏目有最新要闻、互联网热点、信息快递、厅局长论坛、现场直播、政策发布、会议报道、法律规章、地方实践、标准建设、信息化简报、工作调研、国外借鉴、前沿技术、应用培训、成就展览、大事记、信息文化、通知公告、热点专题、信息资料等。信息办子站不仅展示了信息办的职能、机构设置、工作动态、相关法律规章，而且对一些重要会议进行现场直播，并及时展现前沿技术等(图31)。

图 31　国家林业局信息化管理办公室子站首页

二、场圃总站

国有林场和林木种苗工作总站共有 3 个子站，为国家种苗网、中国林场信息网、中国森林公园网。

1. 国家种苗网

国家种苗网分为政务版和商务版，集合了种苗各种信息，极大方便了良种种苗的供与求(图 32)。

图 32　国家种苗网首页

2. 中国林场信息网

中国林场信息网的主要栏目有最新要闻、地方快报、政策法规、林场协会、供求招商、下载专区、专题报道、关于我们(图 33)。

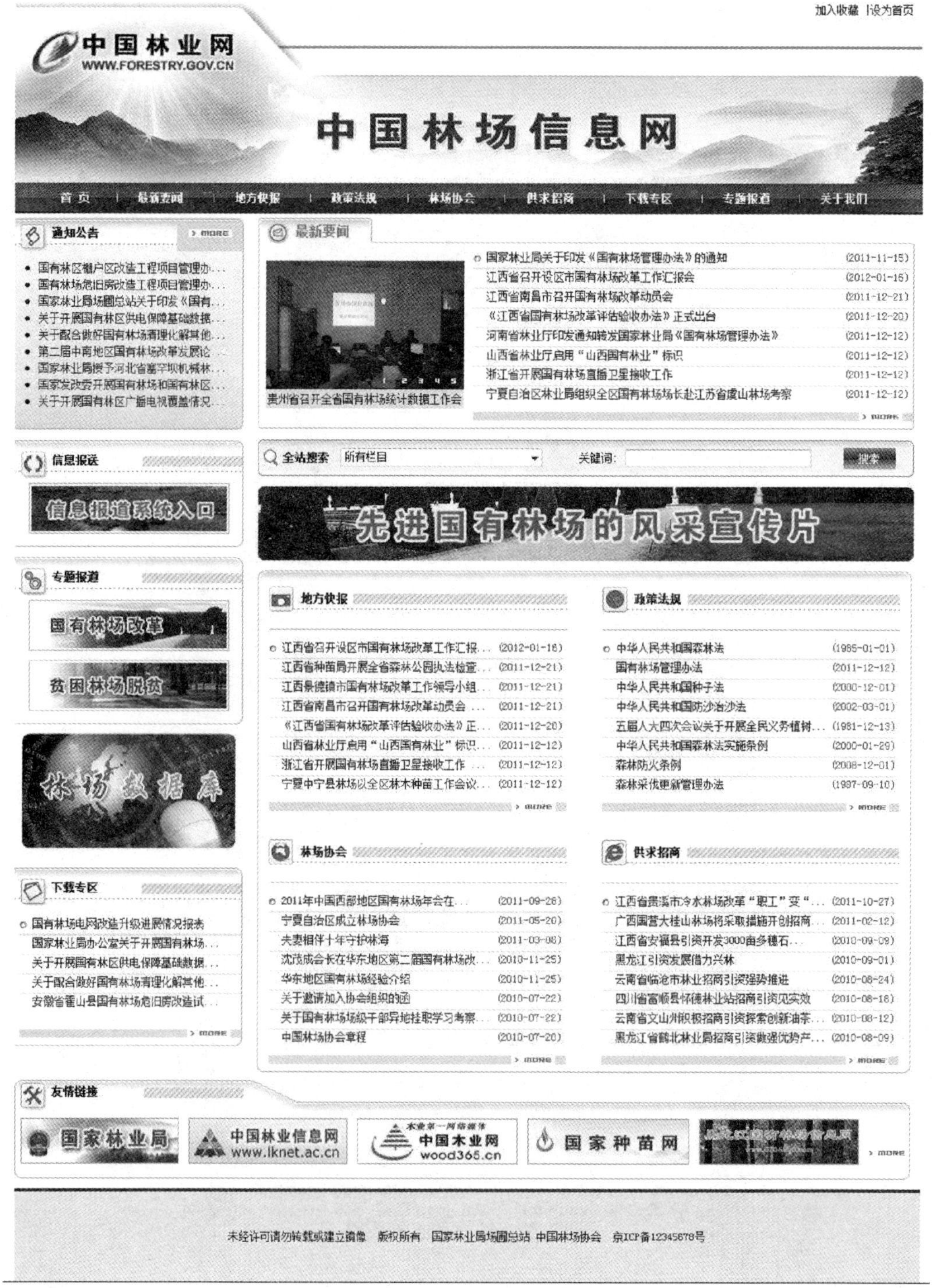

加入收藏 | 设为首页

中国林业网
WWW.FORESTRY.GOV.CN

中国林场信息网

首页 | 最新要闻 | 地方快报 | 政策法规 | 林场协会 | 供求招商 | 下载专区 | 专题报道 | 关于我们

通知公告 > more
- 国有林区棚户区改造工程项目管理办...
- 国有林场危旧房改造工程项目管理办...
- 国家林业局场圃总站关于印发《国有...
- 关于开展国有林区供电保障基础数据...
- 关于配合做好国有林场清理化解其他...
- 第二届中南地区国有林场改革发展论...
- 国家林业局授予河北省塞罕坝机械林...
- 国家发改委开展国有林场和国有林区...
- 关于开展国有林区广播电视覆盖情况...

最新要闻
贵州省召开全省国有林场统计数据工作会

国家林业局关于印发《国有林场管理办法》的通知	(2011-11-15)
江西省召开设区市国有林场改革工作汇报会	(2012-01-16)
江西省南昌市召开国有林场改革动员会	(2011-12-21)
《江西省国有林场改革评估验收办法》正式出台	(2011-12-20)
河南省林业厅印发通知转发国家林业局《国有林场管理办法》	(2011-12-12)
山西省林业厅启用"山西国有林业"标识	(2011-12-12)
浙江省开展国有林场直播卫星接收工作	(2011-12-12)
宁夏自治区林业局组织全区国有林场场长赴江苏省虞山林场考察	(2011-12-12)

> more

信息报送
信息报道系统入口

全站搜索 所有栏目 关键词: 搜索

先进国有林场的风采宣传片

专题报道
国有林场改革
贫困林场脱贫

林场数据库

地方快报

江西省召开设区市国有林场改革工作汇报...	(2012-01-16)
江西省种苗局开展全省森林公园执法检查...	(2011-12-21)
江西景德镇市国有林场改革工作领导小组...	(2011-12-21)
江西省南昌市召开国有林场改革动员会 ...	(2011-12-21)
《江西省国有林场改革评估验收办法》正...	(2011-12-20)
山西省林业厅启用"山西国有林业"标识...	(2011-12-12)
浙江省开展国有林场直播卫星接收工作 ...	(2011-12-12)
宁夏中宁县林场以全区林木种苗工作会议...	(2011-12-12)

> more

政策法规

中华人民共和国森林法	(1985-01-01)
国有林场管理办法	(2011-12-12)
中华人民共和国种子法	(2000-12-01)
中华人民共和国防沙治沙法	(2002-03-01)
五届人大四次会议关于开展全民义务植树...	(1981-12-13)
中华人民共和国森林法实施条例	(2000-01-29)
森林防火条例	(2008-12-01)
森林采伐更新管理办法	(1987-09-10)

> more

下载专区
- 国有林场电网改造升级进展情况报表
- 国家林业局办公室关于开展国有林场...
- 关于开展国有林区供电保障基础数据...
- 关于配合做好国有林场清理化解其他...
- 安徽省霍山县国有林场危旧房改造试...

> more

林场协会

2011年中国西部地区国有林场年会在...	(2011-09-28)
宁夏自治区成立林场协会	(2011-05-20)
夫妻相伴十年守护林海	(2011-03-08)
沈茂成会长在华东地区第二届国有林场改...	(2010-11-25)
华东地区国有林场经验介绍	(2010-11-25)
关于邀请加入协会组织的函	(2010-07-22)
关于国有林场场级干部异地挂职学习考察...	(2010-07-22)
中国林场协会章程	(2010-07-20)

> more

供求招商

江西省贵溪市冷水林场改革"职工"变"...	(2011-10-27)
广西国营大桂山林场将采取措施开创招商...	(2011-02-12)
江西省安福县引资开发3000亩多穗石...	(2010-09-09)
黑龙江引资发展借力兴林	(2010-09-01)
云南省临沧市林业招商引资强势推进	(2010-08-24)
四川省富顺县怀德林业站招商引资见实效	(2010-08-16)
云南省文山州积极招商引资探索创新油茶...	(2010-08-12)
黑龙江省鹤北林业局招商引资做强优势产...	(2010-08-09)

> more

友情链接
国家林业局 | 中国林业信息网 www.lknet.ac.cn | 中国木业网 wood365.cn | 国家种苗网 | > more

未经许可请勿转载或建立镜像 版权所有 国家林业局场圃总站 中国林场协会 京ICP备12345678号

图 33　中国林场信息网首页

3. 中国森林公园网

中国森林公园网主要栏目有信息动态、公示公告、生态文化、森林旅游、地方专栏、他山之石、互动交流、统计数据、视频展示(图 34)。

图 34　中国森林公园网首页

三、工作总站

工作总站即国家林业局林业工作站管理总站子站，主要栏目有信息动态、热点专题、工作动态、机构队伍、经验交流、林农专业合作社、林权争议处理、林权案件稽查（图35）。

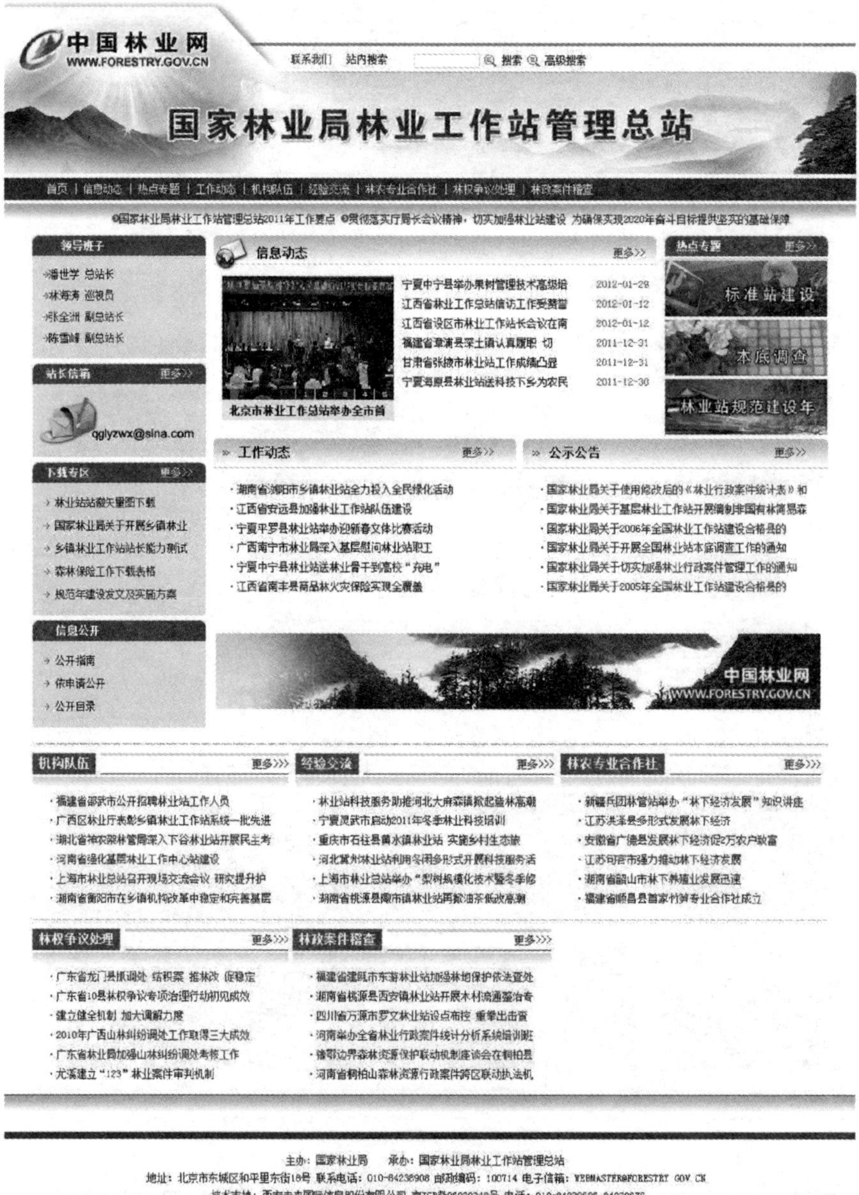

图35　国家林业局林业工作站管理总站子站首页

四、基金总站

基金总站即国家林业局林业基金管理总站子站，主要栏目有信息动态、基金站网讯、资金稽查、林业基金、内部审计、林业要闻(图 36)。

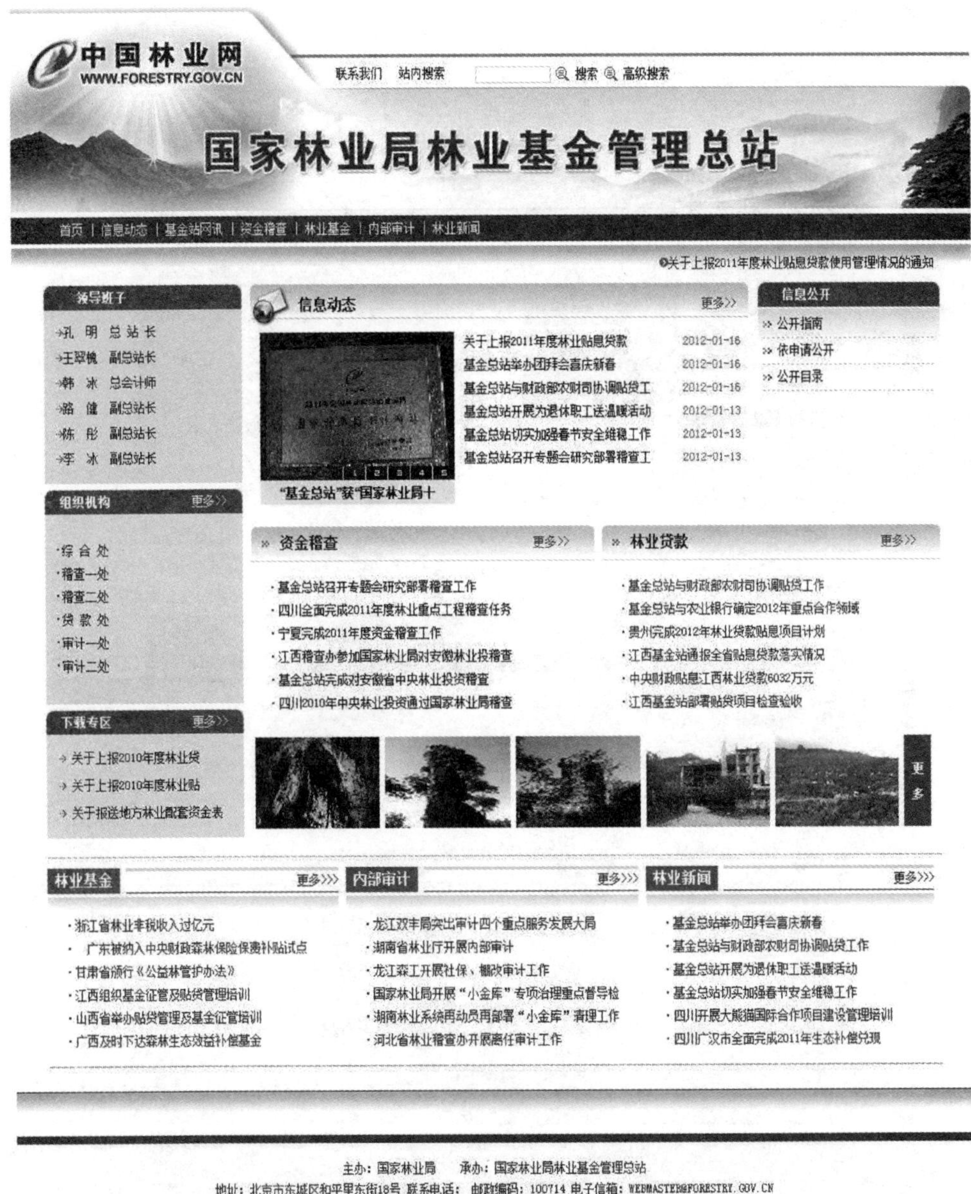

图 36 国家林业局林业基金管理总站子站首页

五、宣传办

宣传办即国家林业局宣传办公室子站，为关注森林网，主要栏目有信息动态、热点专题、宣传中心、森林档案、森林聚焦、森林动态、湿地动态、森林美文、森林美图、我看森林、森林剧场、森林文化(图 37)。

图 37　关注森林网首页

六、濒管办

濒管办即国家濒危物种进出口管理办公室子站，名称为中国濒危物种进出口信息网，主要栏目有信息动态、热点专题、公告公示、进出口管理、法律法规、关爱园地(图 38)。

图 38　中国濒危物种进出口信息网首页

七、天保办

天保办即国家林业局天然林保护工程管理中心子站，主要栏目有信息动态、天保工程区、政策法规、工程动态、国际合作、森林管护、经验交流、试点示范、领导讲话（图39）。

图 39　国家林业局天然林保护工程管理中心子站首页

八、三北局

三北局即国家林业局三北防护林工程建设局子站，名称为中国三北防护林体系建设网，主要栏目有最新要闻、热点专题、工程动态、防沙治沙、水土保持、农田防护林、林业产业、科技推广、工程管理、国际合作、机关两建、领导讲话(图 40)。

图 40　中国三北防护林体系建设网首页

九、退耕办

退耕办即国家林业局退耕还林工程管理办公室子站，名称为中国退耕还林网，主要栏目有工程动态、信息动态、政策法规、领导讲话、工程简报、经验交流(图 41)。

图 41　中国退耕还林网首页

十、治沙办

治沙办即国家林业局防治荒漠化管理中心(环京津地区防沙治沙工程管理办公室)子站，名称为中国荒漠化防治网，主要栏目有信息动态、专题栏目、沙化监测、工作动态、应急管理、政策法规、工程管理、公约事务、中国沙产业、德援项目(图42)。

图42 中国荒漠化防治网首页

十一、世行中心

世行中心即国家林业局世界银行贷款项目管理中心子站，主要栏目有信息动态、木材战略储备基地、政策法规、速丰林工程、世行项目、亚行项目、欧投行项目、血防林工程、特殊林木培育、团队建设、两建工作、经验交流(图43)。

图43　国家林业局世界银行贷款项目管理中心子站首页

十二、湿地办

湿地办即国家林业局湿地保护管理中心子站，名称为湿地中国，主要栏目有湿地新闻、湿地观察、湿地文化、湿地日记、湿地百科、湿地水鸟、湿地旅游、湿地活动、湿地管理(图 44)。

图 44　湿地中国网首页

十三、科技中心

科技中心即国家林业局科技发展中心子站，主要栏目有信息动态、热点专题、政策法规、法制天地、保护名录、最新消息、公报、知识问答、品种权判决书(图 45)。

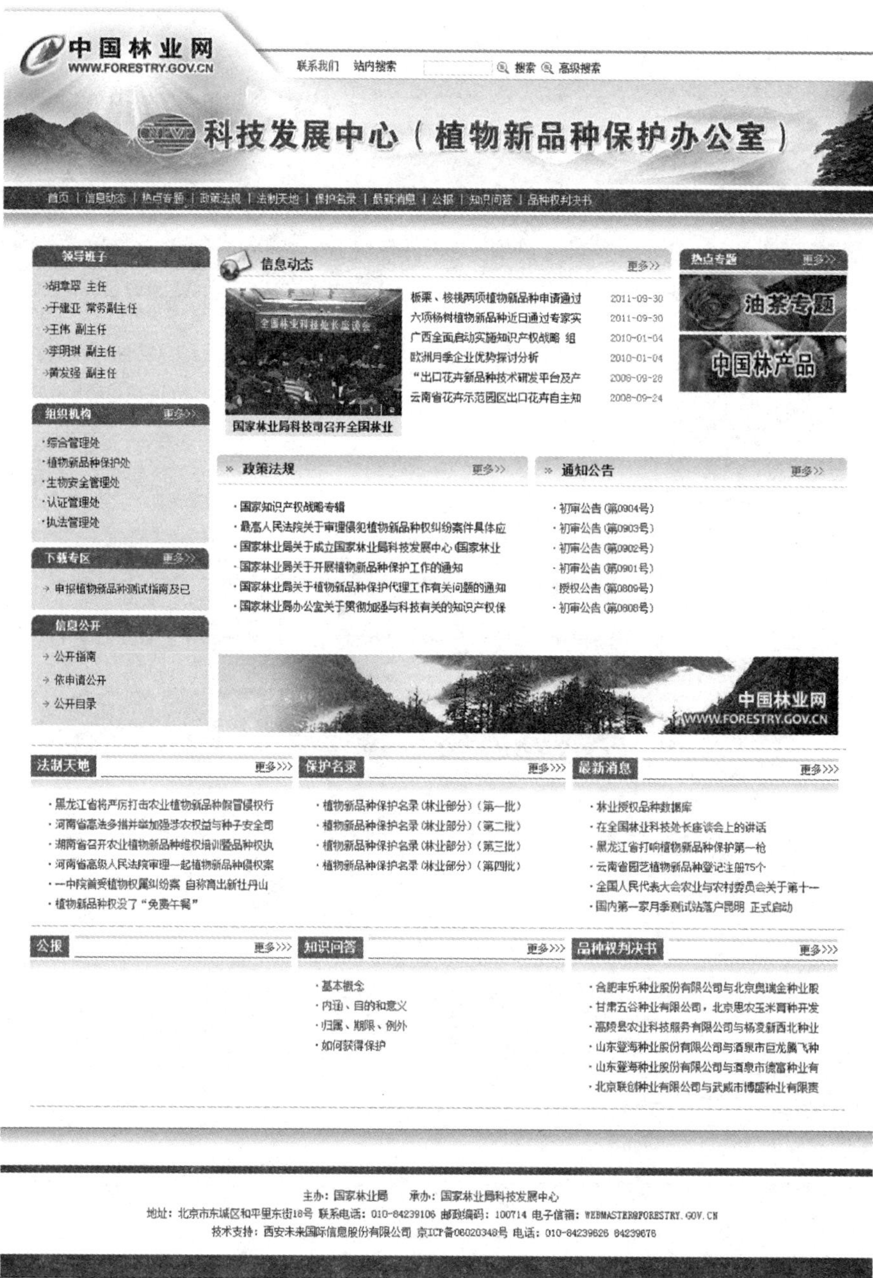

图 45 国家林业局科技发展中心子站首页

十四、经研中心

经研中心即国家林业局经济发展研究中心子站，主要栏目有信息动态、热点专题、国际合作、科研成果、研究项目、出版物(图 46)。

图 46 国家林业局经济发展研究中心子站首页

十五、人才中心

人才中心即国家林业局人才开发交流中心子站，名称为中国绿色人才网，主要栏目有信息动态、人事代理、人才培训、技能鉴定、人才开发、最新招聘、个人求职、商务版（图 47）。

图 47 中国绿色人才网首页

十六、林科院

林科院即中国林业科学研究院子站，主要栏目有信息动态、科研进展、热点专题、国际合作、院地合作、人才队伍、科普知识、支撑发展、基础平台（图 48）。

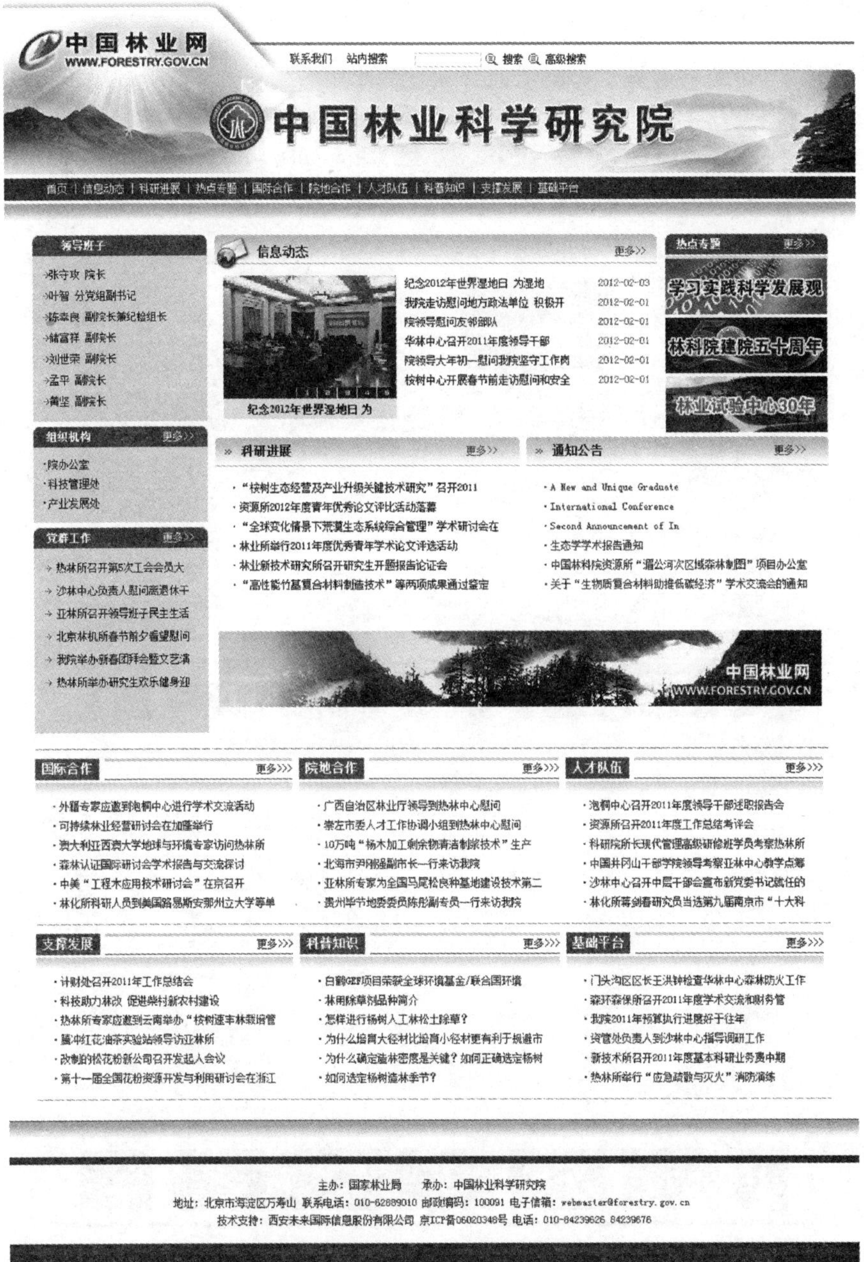

图 48　中国林业科学研究院子站首页

十七、规划院

规划院即国家林业局调查规划设计院子站，主要栏目有领导活动、专题栏目、业务动态、专家介绍、公示公告、挂靠单位、精彩瞬间、成果业绩、资质证书、政策法规、林业标准、历史回顾(图 49)。

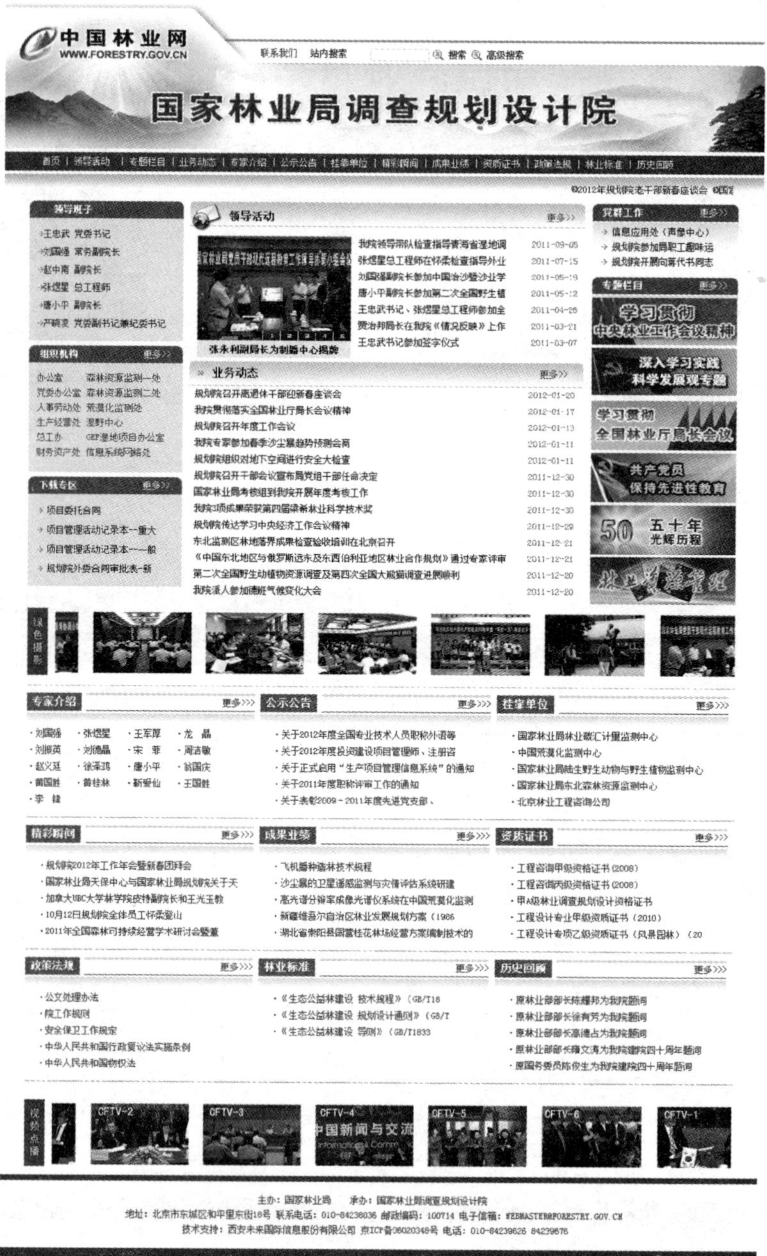

图 49　国家林业局调查规划设计院子站首页

十八、设计院

设计院即国家林业局林产工业规划设计院子站，主要栏目有新闻中心、专题管理、业务动态、工程业绩、设计师风采、设计所介绍、文萃赏析、行业信息、职工风采(图50)。

图50 国家林业局林产工业规划设计院子站首页

十九、林干院

林干院即国家林业局管理干部学院子站，主要栏目有院情总揽、行业培训、党校园地、国际合作、学术研究、合作办学、党群工作(图51)。

图51 国家林业局管理干部学院子站首页

二十、出版社

出版社即中国林业出版社子站，主要栏目有信息动态、热点专题、图书介绍、在线书目、教材教辅、理论文章、书摘书评、新书预告、联系我们(图 52)。

图 52 中国林业出版社子站首页

二十一、竹藤中心

竹藤中心即国家林业局国际竹藤中心子站，其主要栏目有信息动态、热点专题、科研管理、重点实验室、研究生教育、合作与交流、竹藤产业、竹藤文化、竹藤培训(图 53)。

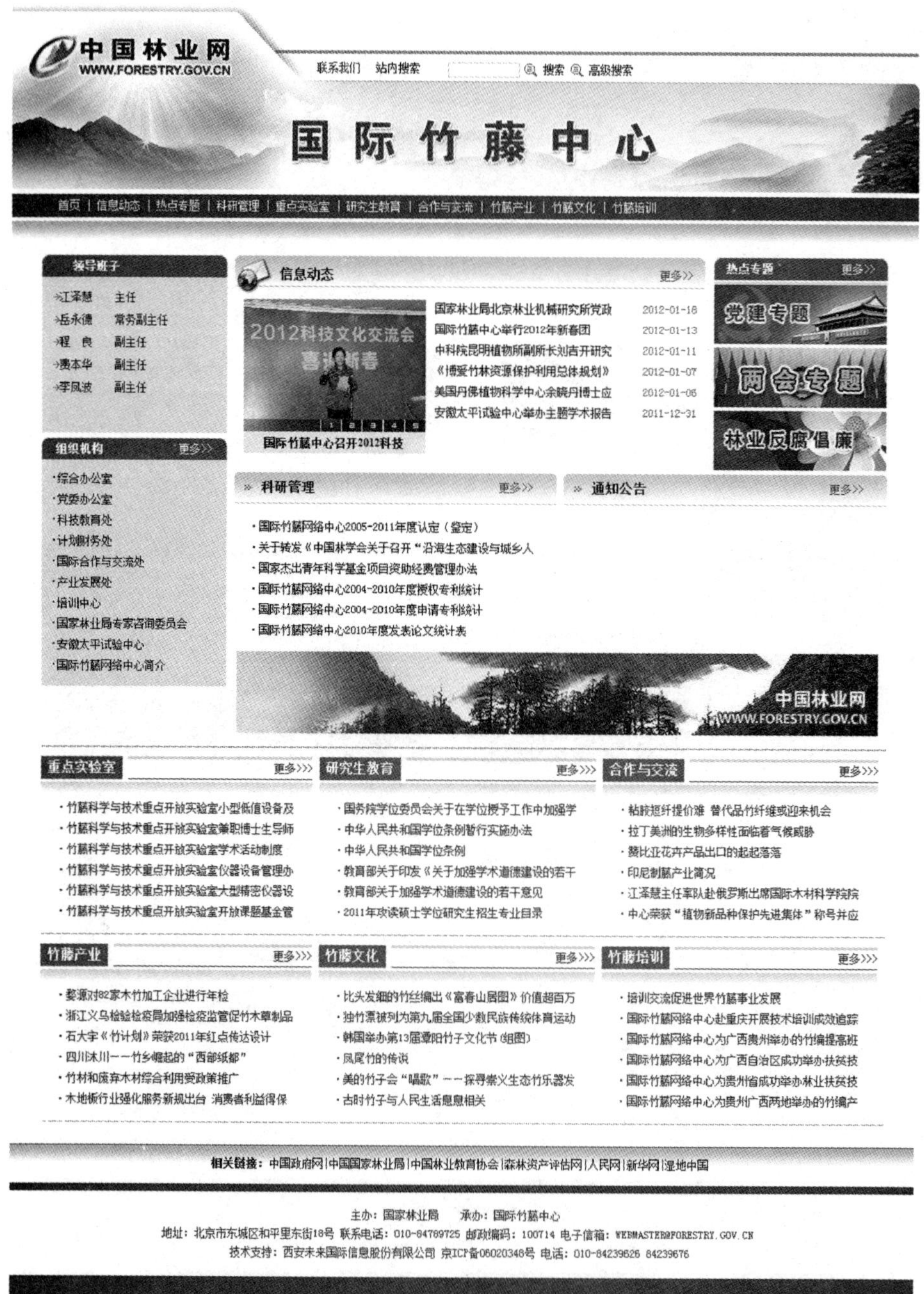

图 53　国家林业局国际竹藤中心子站首页

二十二、林学会

林学会即中国林学会子站，主要栏目有信息动态、学会专栏、国际交流、科学普及、学术交流、企业与技术（图54）。

图54 中国林学会子站首页

二十三、中动协

中动协即中国野生动物保护协会子站，主要栏目有信息动态、文苑天地、生态文明、政策法规、自然保护区、关于我们、科普知识、热点专题、保护工程、DV 采集、互动交流、书刊浏览(图 55)。

图 55　中国野生动物保护协会子站首页

二十四、花协

花协即中国花卉协会子站，主要栏目有信息动态、会展赛事、领导讲话、科技之窗、业务动态、行业标准、行业数据、花卉文化、政策法规、行业培训、会员天地、相关机构（图 56）。

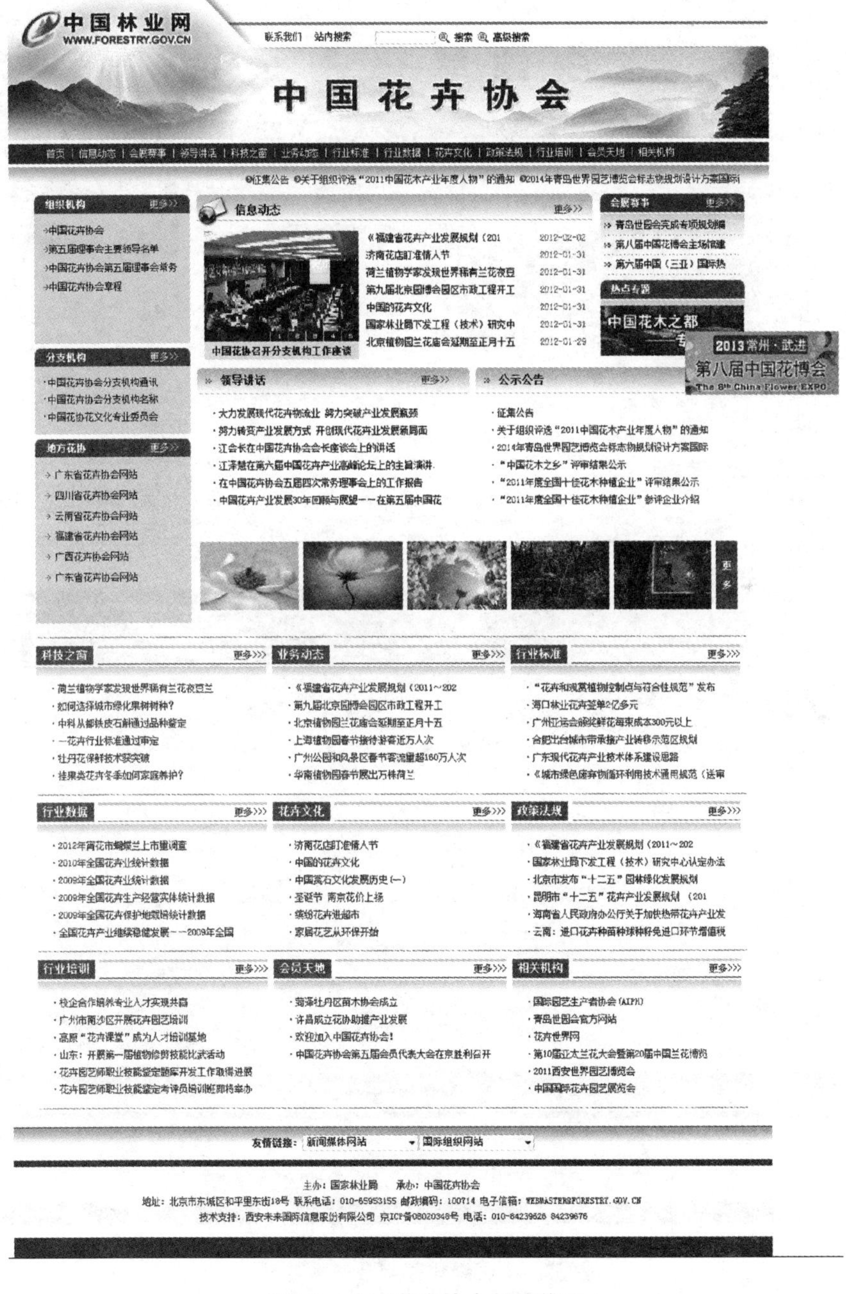

图 56　中国花卉协会子站首页

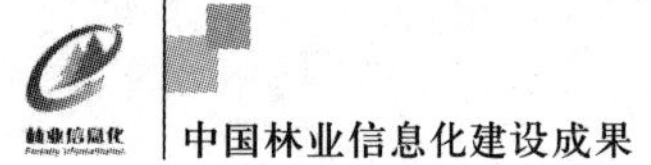

二十五、中绿基

中绿基即中国绿化基金会子站，主要栏目有信息动态、热点专题、工作动态、专项基金、政策法规、简报、公益项目、重大活动、战略合作(图57)。

中国林业网
WWW.FORESTRY.GOV.CN

联系我们 站内搜索 搜索 高级搜索

中国绿化基金会

首页 | 信息动态 | 热点专题 | 工作动态 | 专项基金 | 政策法规 | 简报 | 公益项目 | 重大活动 | 战略合作

领导班子
- 贾庆林 名誉主席
- 王志宝 主 席
- 卓榕生 副主席兼秘书长

信息动态 更多>>
- 青春矢志播绿色——访中国绿化基金 2011-09-26
- 时尚桔子携手中国绿化基金会，开启 2011-09-10
- 西铁城播种希望 传递绿色环保理念 2011-07-19
- 勇闯腾格里沙漠——2011“为爱 2011-07-13
- 中国绿化基金会副秘书长兼办公室主 2011-05-10
- 华图网校捐款中国绿化基金会共筑绿 2011-04-22

在华企业应对全球变暖

热点专题 更多>>
西部绿化行动
绿色公民行动计划
华夏绿洲助学行动

组织机构 更多>>
- 综合处：8423825
- 财务处：8423825
- 项目处：+86-10-

合作伙伴 更多>>
- 绿带运动
- 摩纳哥阿尔贝二世亲王基金会
- 国际农林研究中心
- 联合国粮食及农业组织（粮农
- 丰田摩纳哥

工作动态 更多>>
- 深圳狮子会捐资支持我会“幸福家园－西部绿化行动”生
- 中国绿化基金会副秘书长陈蓬出席联合国气候大会德班会
- 中国公益2.0第六届互联网研习班在北京成功举办
- 中国绿化基金会副秘书长杨旭东博士应邀出席北京大学社
- 中国绿化基金会副秘书长杨旭东博士检查贵州建河县中日
- 中国绿化基金会“绿动中国——少儿美术大赛”在京颁奖

公示公告 更多>>
- 中国绿化基金会接收青海玉树地震捐款报告
- 关于中国绿化基金会公益捐赠免税资质的公告(新)
- 2010年“金叶杯”青少年低碳生活动态创意大赛获奖
- 中国绿化基金会接收青海玉树地震捐款报告
- 中国绿化基金会接收青海玉树地震捐款报告
- 中国绿化基金会青少年工作委员会优秀工作站、会员单位

中国林业网
WWW.FORESTRY.GOV.CN

专项基金 更多>>>
- 中国绿色碳基金管理暂行办法
- 中国碳汇网
- 2009“花木杯”高尔夫球邀请赛
- 中国绿化基金会得生绿化专项基金
- 中国绿色碳基金成立仪式在京举行
- 中国绿化基金会章程

政策法规 更多>>>
- 中华人民共和国环境保护法
- 中华人民共和国防沙治沙法
- 基金会管理条例
- 中国绿化基金会项目管理办法
- 中国绿化基金会办公室工作规则
- 中国绿化基金会基金管理办法

简报 更多>>>
- 2009年基金会简报2009年第5期
- 2009年基金会简报2009年第4期
- 2009年基金会简报2009年第3期
- 2009年基金会简报2009年第2期
- 2009年基金会简报2009年第1期
- 2008年基金会简报2008年第5期

公益项目 更多>>>
- “減法生活”在京启动 周迅倡导化繁为简
- 应对全球气候变暖
- 中国绿化基金会“熊猫救助行动”启动
- 2011“BMW绿荫行动”润泽北京
- “BMW绿荫行动”珠海站启动
- “绿化长江 重庆行动”启动仪式在京举行

重大活动 更多>>>
- 中国绿化基金会青少年工作委员会高校会员单位
- 2008年度“应对全球气候变暖”在华外国机
- 企业林
- CEO林
- IBM等众多知名企业 门头沟种植“CEO林
- 2008年度“应对全球气候变暖”在华外国机

战略合作 更多>>>
- 在华生态合作和中日民间交流全面合作
- 鄂尔多斯市图续毛乌素沙地治沙造林项目国
- 汇丰中国加盟“全球绿树运动——中国在行动
- 大自然地板·中国绿色版图工程
- 启动百万力量 共植爱心绿林
- 全国双30家木地板企业联合绿化公益行动

相关链接：中国政府网 | 中国国家林业局 | 中国林业教育协会 | 森林资产评估网 | 人民网 | 新华网 | 湿地中国

主办：国家林业局 承办：中国绿化基金会
地址：北京市东城区和平里东街18号 联系电话：12345678 邮政编码：100714 电子信箱：WEBMASTER@FORESTRY.GOV.CN
技术支持：西安未来国际信息股份有限公司 京ICP备06020348号 电话：010-84239626 84239676

图57 中国绿化基金会子站首页

二十六、森防总站

森防总站即国家林业局森林病虫害防治总站子站，名称为中国森防信息网，主要栏目有信息动态、领导讲话、热点专题、地方信息、监测通报、有害生物防治、林业植物防疫、药剂药械、虫情动态、知识服务、森林工作简报、森林宣传(图 58)。

图 58 中国森防信息网首页

二十七、东航中心

东航中心即国家林业局东北航空护林中心子站，主要栏目为信息动态、热点专题、防火新闻、政务信息、党建工作、航站建设、科技文苑、工作动态、航站新闻(图 59)。

图 59　国家林业局东北航空护林中心子站首页

二十八、西航总站

西航总站即国家林业局西南航空护林总站子站，主要栏目为信息动态、专题展示、航空护林、森防协调、卫星监测、科技园地(图60)。

图60 国家林业局西南航空护林总站子站首页

二十九、南京警院

南京警院即南京森林警察学院子站，主要栏目有警校快讯、热点专题、警校学子、科技动态、校园文化、就业信息(图61)。

图61 南京森林警察学院子站首页

三十、华东院

华东院即国家林业局华东林业调查规划设计院子站，主要栏目有信息动态、政策法规、我院概况、党群工作、下载专区、项目成果、专家介绍、标准规范、人才招聘(图62)。

图62　国家林业局华东林业调查规划设计院子站首页

三十一、中南院

中南院即国家林业局中南林业调查规划设计院子站，主要栏目有信息动态、院况、工作动态、获奖证书、工程项目、工程简报(图63)。

图63 国家林业局中南林业调查规划设计院子站首页

三十二、西北院

西北院即国家林业局西北林业调查规划设计院子站，主要栏目有信息动态、热点专题、业务资质、成果展示、政策法规、技术规程、专家介绍、荣誉榜、图书资料、工程简报、人才招聘(图64)。

图64　国家林业局西北林业调查规划设计院子站首页

三十三、昆明院

昆明院即国家林业局昆明勘察设计院子站，主要栏目有信息动态、热点专题、政策法规、党群工作、人才招聘、成果展示、资料信息、联系我们、下属公司(图65)。

图65　国家林业局昆明勘察设计院子站首页

省（区、市）网站群

省（区、市）网站群包括北京、天津、河北、山西、内蒙古、辽宁、吉林、黑龙江、上海、江苏、浙江、安徽、福建、江西、山东、河南、湖北、湖南、广东、广西、海南、重庆、四川、贵州、云南、西藏、陕西、甘肃、青海、宁夏、新疆、大连、宁波、厦门、青岛、深圳、内蒙古森工、吉林森工、龙江森工、大兴安岭、新疆兵团等林业部门网站。

一、北京市园林绿化局

首都园林绿化政务网的主要栏目有政府信息公开、公共服务、生态建设、互动交流、特色产业、专题信息，网站功能完备、信息内容丰富，富有特色的主题服务和多形式的互动渠道，充分体现了政务网站的“公开、办事、互动”功能，成为政府部门与社会公众信息沟通的桥梁（图 66）。

图 66　首都园林绿化政务网首页

二、天津市林业局

天津市林业局网站全面推进网上政务信息公开，提升网络的应用效能，建立全文检索功能，及时发布林业相关资讯、政策法规、工作动态与信息、实用技术、科研推广信息，建设林木病虫害防治技术、花卉与果树管理、林业种子与苗木专家咨询与指导专页。为企业或个人提供供求信息发布服务。加快各种政务信息及数据的处理速度，对实现电子政务与林业信息化管理奠定基础。通过网站，结合科技下乡等活动对农民进行技术指导，讲授花卉生产技术、果树栽培技术、病虫害防治技术等，收到了良好的效果(图 67)。

图 67 天津市林业局网站首页

三、河北省林业厅

河北省林业厅网站即河北林业网，以创建一流涉农网站为目标，推广实用科技，解读政策法规，发布供求信息，引导绿色消费，加强网上办事和互动交流，实现政府部门、科技专家与林果农“面对面”，强化网站的新兴媒体作用，发布权威信息，介绍林业建设成果，正确引导舆论导向(图 68)。

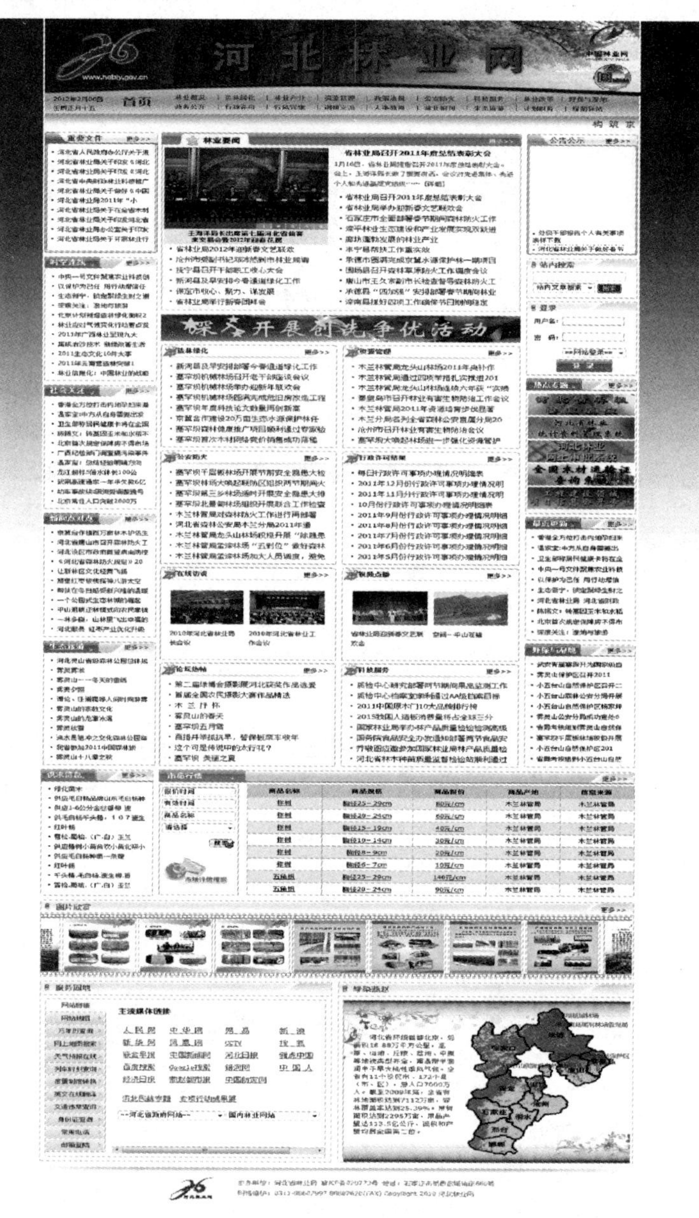

图 68　河北林业网首页

四、山西省林业厅

山西省林业厅网站即山西林业网。随着林业发展形势的变化，山西林业网不断拓展栏目，先后增加了省委林业工作会议专题、辉煌60年之山西林业、关注碳汇林业等专题栏目；积极开展网上答疑，初步实现了答疑渠道规范、答复权威的目标(图69)。

图69　山西林业网首页

五、内蒙古自治区林业厅

内蒙古林业厅网站开设了林业文字要闻、图片要闻、信息发布，公开了林业项目审批办理程序，以及林业法律法规和有关规章制度，使公众能在网上及时了解林业相关政策，保障了人民群众的知情权。网站在建设上注重与公众在线交流，开设了在线调查、投诉上访、公共留言、在线查询、电子邮箱等栏目，逐步实现网上接访、办公，进一步方便广大群众(图 70)。

图 70　内蒙古林业厅网站首页

六、辽宁省林业厅

辽宁省林业厅网站把提供公共服务作为基本出发点。设置了政务公开、行政审批、办事机构、政策法规、林业动态等栏目，开设了辽宁林改、生态建设、森林防火、林业科技等专栏。建立了森林资源流转、林业产业信息交流平台。提供了网上表格下载，公开了厅长信箱。实现了外网受理、内网办理、外网反馈的办公模式，办理各种证件 5 万多份，专家回答咨询上万条(图 71)。

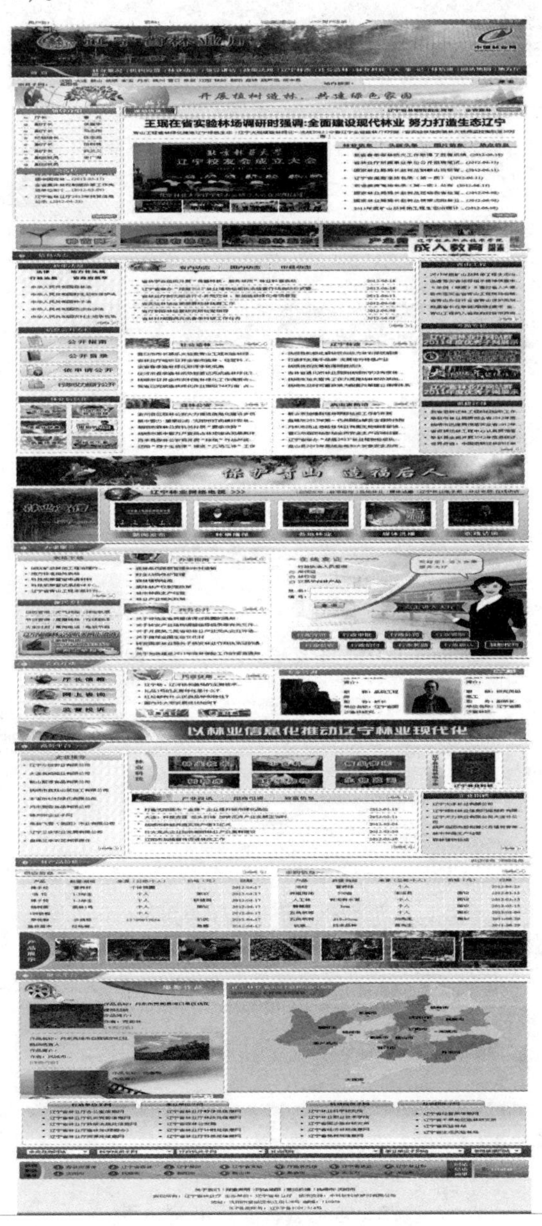

图 71　辽宁省林业厅网站首页

七、吉林省林业厅

吉林省林业厅网站始终坚持正确的舆论导向，被评为“全国林业系统十大优秀网站”，多途径、多角度为公众提供了林业信息服务，同时成为展示吉林林业形象的“窗口”，取得了良好的社会效益。各下属单位也非常重视“窗口”作用，都建立了各自的网站(图 72)。

图 72　吉林省林业厅网站首页

八、黑龙江省林业厅

黑龙江林业厅网站是黑龙江省林业厅面向公众的窗口，是实现政务公开透明、为社会服务的重要手段。内容涵盖组织机构、单位职能、政策法规、资源管理、自然保护、公众留言等。通过网站的建立，首先实现与用户的网上互动；通过统一业务支撑平台建设及统一基础数据库的建立，实现办公应用及各项业务应用数据的共享；通过对原有业务的整合和新业务的开发，基本完成各项核心业务的应用。（图 73）。

图 73　黑龙江林业厅网站首页

九、上海市林业局

上海市林业局网站在突出政府信息公开的同时，重点对网上办事栏目进行功能提升和优化，已基本实现了行政审批事项在线直接办理；为民服务信息栏目中，以绿色地图的形式，提供了公园绿地、古树名木、特色果园查询、检索等便民信息；进一步突出网上受理咨询、举报的及时性；开设了图片新闻、科普栏目、“回音壁”等以案说法栏目(图74)。

图74　上海市林业局网站首页

十、江苏省林业局

江苏林业网是江苏省林业局公开政务、接受监督、展示形象的重要平台。网站内容丰富、功能强大、信息更新及时，为信息服务林业打下了基础(图 75)。

图 75　江苏林业网首页

十一、浙江省林业厅

浙江省林业厅网站主动公开政府信息，充分发挥“浙江林业网”的平台作用。林业厅受理的 34 项行政许可审批事项均已上网，为群众办理相关业务提供了极大的便利，缩短了工作周期。林业厅的审批系统还与相关管理部门进行了联网，主动接受监督(图 76)。

图 76　浙江林业网首页

十二、安徽省林业厅

安徽林业信息网于2008年4月正式开通运行，网站设有政府信息公开目录、政府信息公开指南、依申请公开、政府信息公开年度报告等主栏目，方便公众及时获取安徽林业政务信息。2009年8月改版升级，进一步丰富了网站的内容(图77)。

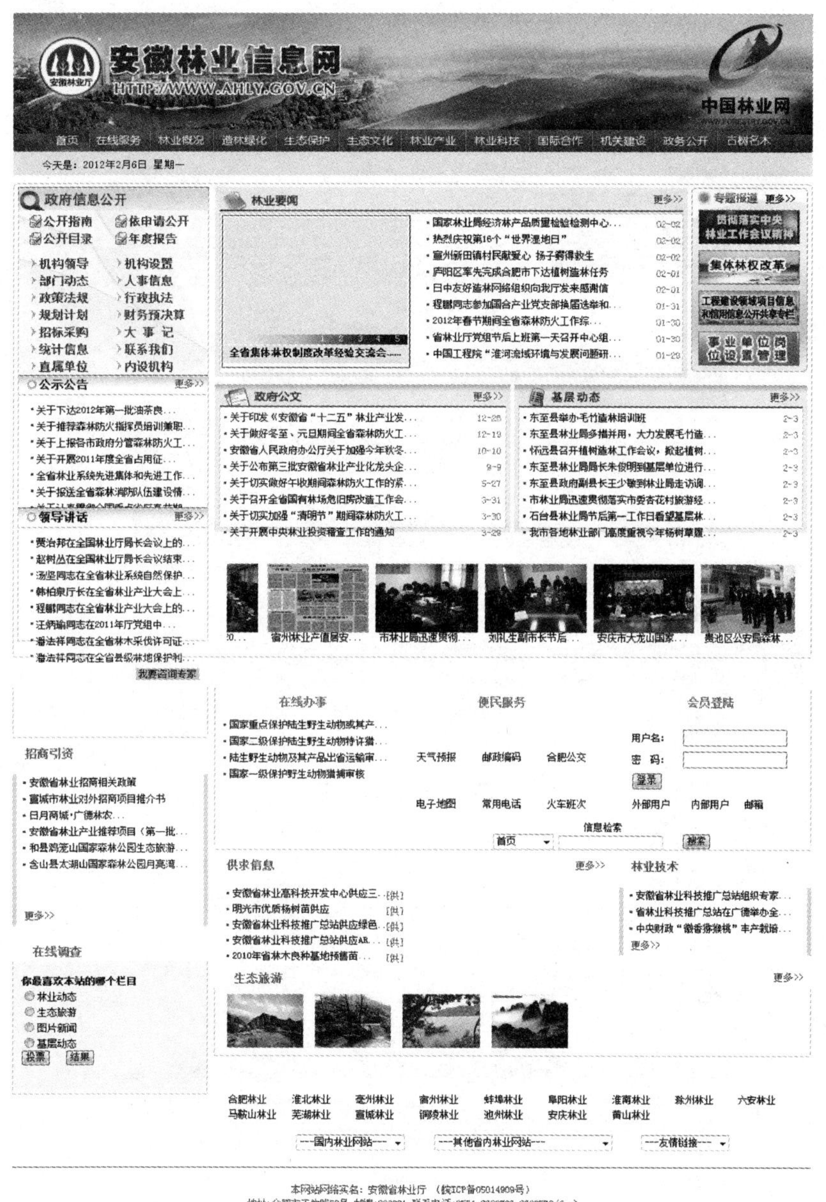

图77 安徽林业信息网首页

十三、福建省林业厅

福建省林业厅根据福建省政府办公厅关于门户网站绩效考核评分细则要求，突出为民服务的功能，对网站进行改版，调整了网站页面风格及布局，完善和突出了信息公开、在线办事与公众参与三大模块，设置海西林业、综合信息、新闻中心、政府信息公开、网上办事、互动交流、专题专栏、下载中心等 8 个主题 95 个栏目(图 78)。

图 78　福建省林业厅网站首页

十四、江西省林业厅

江西省林业厅网站整合门户网站、林业产权交易中心信息发布平台和市场供求信息服务平台，建设综合信息发布系统。实现了江西省53个产权交易中心联网，大屏实时同步发布挂牌、成交信息、全省和全国主要林产品市场400余个林产品价格行情，免费为各地林农和企业发布供求信息(图79)。

图79　江西省林业厅网站首页

十五、山东省林业局

山东省林业局网站的主要栏目有领导简介、林业概况、林业新闻、信息公开、公共服务、互动交流、林业专题(图80)。

图80　山东省林业局网站首页

十六、河南省林业厅

河南林业厅网站和部分子站已上线运行，形成了以河南省林业厅网站为龙头，各省辖市林业局、部门网站为主体，分级管理，上下联动，与林业系统现行业务管理体系相应的网站群(图 81)。

图 81　河南省林业厅网站首页

十七、湖北省林业厅

湖北省林业厅网站与省电子政务外网林业门户并网运行，已具备信息发布、在线办事、互动交流三大功能，已成为倡导生态文明、促进和谐社会发展的重要媒介和社会各界了解林业、关心林业、监督和促进现代林业发展的重要窗口；实现了省林业行政许可和非行政许可事项在线网上办理，并对许可事项办理过程实现了网上电子监察，信息公开能在线申请，公开数据信息可在线查询、下载；实现了与公众实时网上交流，为公众开辟了网上诉求渠道，网上调查、民意征集方便了公众参与林业重大事项决策，在线访谈成为与网民互动的平台。近3年来，信息量达到近万条，访问量达180多万次(图82)。

图82　湖北省林业厅网站首页

十八、湖南省林业厅

湖南省林业厅网站即湖南林业信息网，建设重点突出了信息的时效性，提高了网站的质量。2009 年，在做好网络报道工作的同时，针对不同时期的工作任务，开展了厅长和各市州林业局长网上贺新年、张家界森林公园十佳景点评选，全省各市州县林业局长网上论坛等一系列活动，进一步扩大了湖南林业信息网的影响，受到了广泛的好评。同时，为了进一步加强林业报道工作，定期通报全省林情信息发布情况以及报道工作要点，调动了市州县林业局的积极性(图 83)。

图 83　湖南林业信息网首页

十九、广东省林业厅

广东林业网是广东省林业厅网站，是广东省林业信息系统应用的主要平台，除了办公自动化、档案管理等内部应用系统外，其他信息系统基本在外网运行。1999 年完成政务外网建设，连接省局机关和省局直属事业单位，为内部办公提供方便和快捷的服务；同时又连接省人民政府，通过省人民政府连接国家和市县各级人民政府，实现上下左右信息互通（图 84）。

图 84　广东林业网首页

二十、广西壮族自治区林业厅

广西壮族自治区林业厅网站主要栏目有林业要闻、机构职能、办事指南、林业概况、文件公告、政策法规、林政管理、林产资讯、林业科技、党风廉政、视频资料、信箱登陆、森林执法、植树造林、重点工程、园林绿化、生态保护、森林防火、有害生物、扶贫开发、生态能源、森林旅游、网上举报，充分实现了政务公开(图85)。

图85　广西壮族自治区林业厅网站首页

二十一、海南省林业厅

海南省林业厅网站发布林业的政策法规，增加全社会对林业的了解，同时在网上公布办事程序、方法和途径，提高办事效率，增加透明度，为林业部门树立了良好的社会形象（图 86）。

图 86　海南省林业厅网站首页

二十二、重庆市林业局

重庆市林业局网站主站结构由信息发布、在线服务和互动交流三大板块构成，打造“重庆林业网”整体形象，促进服务型、效能型和廉洁型政府建设(图 87)。

图 87 重庆市林业局网站首页

二十三、四川省林业厅

四川省林业厅网站以充满大自然气息的绿色为主调，突出四川林业特色及服务理念，全面报道林业行业动态、生态建设、商务信息等，翔实介绍四川森林公园、自然保护区和野生动植物资源，强力推动四川生态旅游发展。网站共设有20个一级栏目和90余个二级栏目，增设了互动交流、办事服务、行政执法和政务公开等栏目。“5·12”汶川大地震发生后，网站及时推出了“四川务林人抗震救灾纪实图片”、“四川务林人抗震救灾先进事迹”、“灾后重建四川务林人在行动”等系列专题，及时反映全省林业系统受灾情况，全面报道四川省务林人抗震救灾先进事迹(图88)。

图88 四川省林业厅网站首页

二十四、贵州省林业厅

贵州省林业厅于2006年建立了网站，2008年进行了全新改版。改版以后，一是明确了专人负责，内容更加丰富，更新更加及时；二是落实了维护经费，聘请专业公司定期检查、维护，安全性明显增强；三是新增了信息报送板块，从2009年1月1日开始，各市（州、地）林业局和省林业厅机关各处室、厅直属有关单位全部通过省林业厅网站报送信息，方便了基层，提高了效率；四是特别注重发挥网站在政府信息公开方面的主渠道作用，对不涉密的公文及行政许可事项进行公开（图89）。

图89　贵州省林业厅网站首页

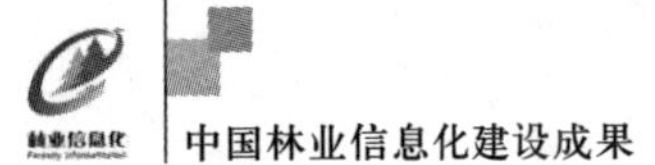

二十五、云南省林业厅

为促进电子政务的快速发展，形成林业电子政务平台，云南省林业厅网站全新改版，页面设计、结构功能、运行速度等大为改进，大大提升年发布信息量。实现了一网多名、互补双赢，基本实现了厅机关通过网络进行政务和业务信息的交流，以及州市、县三级政务信息集中显示的目标，为领导决策提供了可靠的参考依据。已初步形成了以省林业厅网站为主体，以省厅各处室专业网站和州市林业网站为支撑的全省林业网站体系(图 90)。

图 90　云南省林业厅网站首页

二十六、西藏自治区林业局

西藏林业网是西藏自治区林业局网站，设有领导专区、信息公开、机构设置、最新要闻、政策法规、政府文件、造林绿化、资源管理、自然保护、森林防火、林业工程、计划资金、林业科技、机关两建、互动交流、办事大厅和局长信箱等 17 个一级栏目，具有信息发布、在线办事和互动交流三大功能。网站设计清雅、明快、简洁。开通西藏林业局网站，是贯彻第二届全国林业信息化工作会议精神、落实国家林业局信息援藏计划的重要行动，对增强林业信息发布能力，提高西藏林业办事效率，促进民族团结和林业发展，加快西藏现代林业建设等具有重要意义(图 91)。

图 91　西藏林业网首页

二十七、陕西省林业厅

陕西林业信息网设有林业动态、政策法规、政务公开等10余个一级栏目，栏目各具特色，图文并茂，内容丰富，为提升政府服务质量做出了贡献。在政府信息公开栏目中开设相关栏目，添加内容，维护信息，确保主动公开、依申请公开工作均有条不紊地开展，取得了良好效果(图92)。

图92　陕西林业信息网首页

二十八、甘肃省林业厅

甘肃省林业厅网站是甘肃林业网，以服务和互动性为原则，以实现信息公开、在线办事、公众参与三大功能为目标，科学合理设置栏目。在此基础上，逐步建立市、县与厅直单位网站，形成上与国家林业局门户网站连接，下与市、县与厅直单位网站互联互通、互为补充的网站体系，确保网站合力共建和资源共享(图 93)。

图 93　甘肃林业网首页

二十九、青海省林业厅

青海林业信息网是青海省林业厅网站，进行了升级改造后，增加了视频点播、在线访谈、专题讲座等模块，扩大了信息服务，推进了在线办事，加强了互动交流，网站内容得到保障，大大提升了网站政务办理和社会服务功能(图 94)。

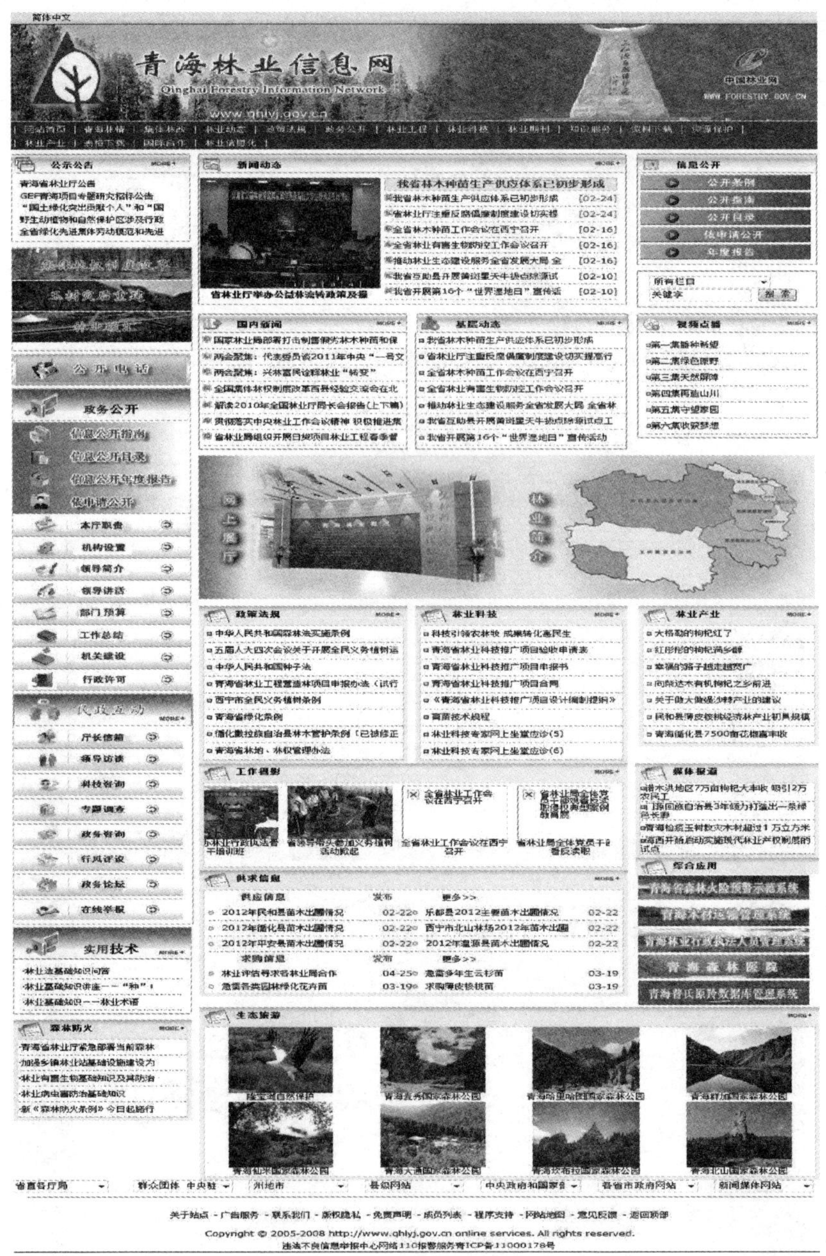

图 94　青海林业信息网首页

三十、宁夏回族自治区林业局

宁夏林业信息网是宁夏回族自治区林业局网站，突出三方面的功能：一是政务信息发布功能，以推进政务公开，提高机关工作透明度为目的；二是突出信息服务功能，以服务社会、服务林业生产经营者为目的；三是网上办事功能(图95)。

图95　宁夏林业信息网首页

三十一、新疆维吾尔自治区林业厅

新疆维吾尔自治区林业厅网站 2007 年 12 月 1 日进入试运行，网站设置了公告公示、领导简介、机构设置、新疆林业、林业焦点、政务信息、林业动态、政务公开、林业专栏等九大栏目，基本涵盖了新疆林业厅的主要职能和业务，全方位地介绍了新疆的林业生态建设、法律法规、政策动态和部门信息(图 96)。

图 96 新疆维吾尔自治区林业厅网站首页

三十二、内蒙古森工集团

内蒙古森工集团网站已经成为集信息发布、服务林区为主的综合性网站。网站主要突出以下内容：一是采取"文字—图片—视频"立体结合，提升门户网站呈现效果。其中视频元素主要是《林区新闻联播》专栏在门户网站的首次开设。二是突出了每日要闻的重要性，设置了头题区。三是在发掘具有林区特色的、有深度的独家信息上下工夫，加强编辑力量，围绕重大事件，设置专题专栏展开报道。同时还增大了图片的篇幅，增设了"兴安时评"栏目。四是侧重关注民生和区域合作，突出地方特色，增强服务功能，增加了网站的贴近性和吸引力(图97)。

图 97　内蒙古森工集团网站首页

三十三、吉林森工集团

吉林森工集团网站设有吉林森工、信息动态、六大产业、名牌产品、视频点播、专家论坛、服务社区、董事长信箱、在线咨询、企业邮局等一级栏目。在一级栏目下，按照吉林森工集团“三六九八”战略，设有30余个二级栏目。网站实现了信息发布、在线办事、互动交流三大功能(图98)。

图98　吉林森工集团网站首页

三十四、龙江森工总局

龙江森工总局网站是黑龙江省森林工业总局网站，在原有基础上增加了“政务公开”的栏目，将森工系统所有政策、法规、公开目录信息等公开化(图 99)。

图 99　黑龙江省森林工业总局网站首页

三十五、大兴安岭林业管理局

大兴安岭林业管理局网站是大兴安岭网，整合全区资源，对现有政府网站系统的构架模式、后台管理系统、邮件系统等功能进行更新改造，增加双向交流互动平台，不断扩大公众服务领域，为公众提供优质服务。(图 100)。

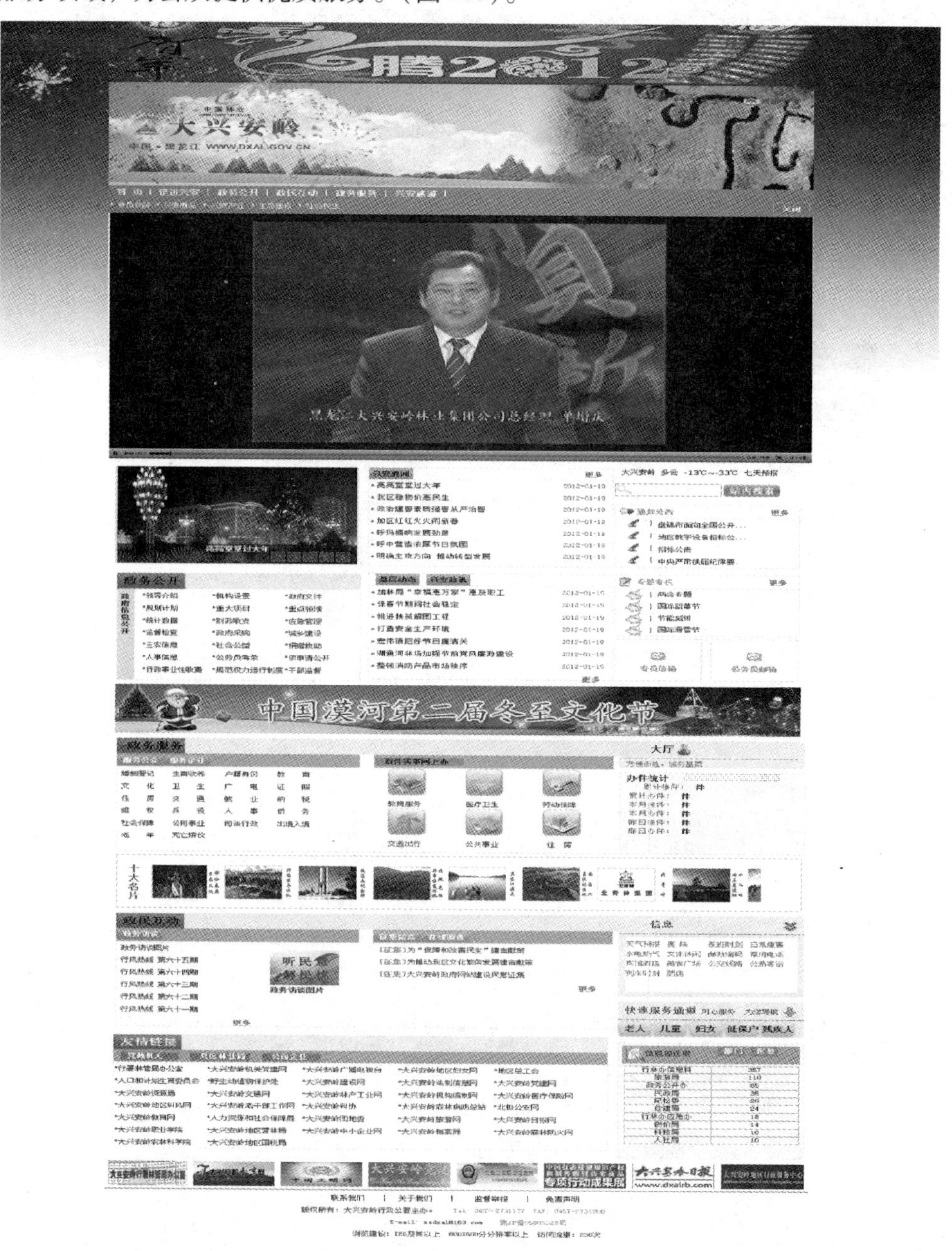

图 100　大兴安岭门户网站首页

三十六、新疆生产建设兵团林业局

新疆生产建设兵团健全完善林业公众网建设，促进信息及时公开，加强与上级网站的链接，丰富网站的内容，加快网站信息的更新速度，开通与群众的交流与沟通的渠道，确保网站成为上级与下级、群众与林业部门沟通的桥梁(图 101)。

图 101 新疆生产建设兵团网站首页

三十七、大连市林业局

大连市林业局网站主要包括政策法规、组织机构、信息中心、网上办事、林业产业、林业合作、绿色基金及公众交流等栏目。在每年的植树节期间增加植树节专题，在森林防火高发期增加飘动的图片信息及各种宣传信息，在其他重要活动时都配有飘动的图片进行宣传。全局网站与大连市政府网站链接，共享大连市政府网站的公众交流平台，利用平台回复网上咨询，服务百姓(图 102)。

图 102　大连市林业局网站首页

三十八、宁波市林业局

宁波市林业局网站是宁波林业网，为了方便老百姓办事，建立了多个便民服务平台。同时，加强了宁波林特科技信息网和宁波市森林公安局综合信息网管理，较好地服务基层林业企业和林农(图 103)。

图 103　宁波林业网首页

三十九、厦门市农业与林业局

厦门市农业与林业局网站即厦门三农网，主要栏目有政务公开、网上办事、公众参与等(图 104)。

图 104　厦门三农网首页

四十、青岛市林业局

青岛市林业局按照《全国林业信息化建设纲要》和《全国林业信息化技术指南》的要求，以建设一个权威的、上下贯通、快捷准确的信息服务系统为目标，集中力量推进网络建设，提高工作效率(图 105)。

图 105　青岛市林业局网站首页

四十一、深圳市城市管理局

深圳市城市管理局网站是推进政务公开、构建服务型政府的重要平台。按照“政务信息公开、在线办事、公众参与”的基本功能定位，依托网站平台向公众发布园林绿化部门的工作职能、工作动态、政策法规和业务工作等相关政务信息；采用场景式服务方式为市民提供方便快捷的网上办事服务。深圳市园林、绿化和林业主管部门也根据自身工作职能建设了各自的专业网站，这些专业网站包括：深圳市公园管理中心网站、深圳市森林资源保护网(图 106)、深圳绿化网、仙湖植物园网站、广东内伶仃福田国家级自然保护区网站、梧桐山国家公园网站等。

图 106 深圳市森林资源保护网首页

森林公园网站群

森林公园站群是中国林业网的重要组成部分，网站群的建设不仅仅是建立一群网站，同时需要对森林公园所涉及的业务进行梳理，按照国家测评指标要求，将相关便民服务资源整合进入国家林业局外网门户。先期建设21个森林公园网站，森林公园站群的主要栏目有公园简介、特色景观、生态文化、旅游产品、特色商品、风光掠影、风景视频。通过这些栏目增强了游客对森林公园的了解，同时也是国家森林公园管理者与游客的沟通渠道。

一、九寨国家森林公园

九寨国家森林公园是于1995年经林业部及四川省林业厅批复建立的国家级森林公园，面积37000hm^2，实际经营面积46000hm^2，包括：神仙池（嫩恩桑措）和甘海子两大旅游区（图107）。

图 107　九寨国家森林公园网站首页

二、太岳山国家森林公园

太岳山国家森林公园位于山西省腹地，太岳山西麓，北距平遥古城 80km，南离临汾市 100km，东至上党名城长治市 120km，西至古霍名郡霍州市 20km，地域跨涉晋中、长治、临汾 3 个市，总面积 60000hm^2，为山西最大的国家级森林公园。交通便利，西临南同蒲铁路、大运高速公路、大运一级公路，东有汾屯路，长太高速公路(图 108)。

图 108　太岳山国家森林公园网站首页

三、铜钹山国家森林公园

铜钹山自然景观奇险清秀，七星、九仙、铜钹3个高峡湖，水光潋滟；铜钹山尖、悟道尖等景象，伟岸挺拔；九仙山石林，怪石林立；木城关、条铺关等雄关隘道，古风犹存（图109）。

图 109　铜钹山国家森林公园网站首页

四、福州国家森林公园

福州植物园始建于1959年，2006年3月，建设福州国家森林公园，是福建省首家国家级森林公园，2008年10月起向社会免费开放。40多位党和国家领导人先后到这里视察，给予了高度评价。公园先后被评为4A级旅游风景区、全国森林公园十大标兵单位、全省文明森林公园；连续四届被评为省级文明单位(图110)。

图110　福州国家森林公园网站首页

五、九龙江国家森林公园

湖南省九龙江国家森林公园位于郴州市汝城县东南部。汝城县是文化厚重的人文福地，自东晋穆帝升平二年置县以来，至今已有1600多年历史，这里风光秀丽，物化天宝，人杰地灵。神农在此农耕做耒耜，理学鼻祖周敦颐曾任汝城县令，并赋《爱莲说》。周敦颐弟子程颢游汝城所吟《春日偶成》成为千家诗的“压卷”之作。汝城是湖南省五大少数民族散居县之一，世居瑶族、畲族、壮族等少数民族，这里民风纯朴，风情独特，文化底蕴深厚(图111)。

图111 九龙江国家森林公园网站首页

六、仙女山国家森林公园

仙女山国家森林公园位于重庆市武隆县乌江北岸，属武陵山系，因其山有一峰酷似翩翩起舞的仙女而得名。公园面积5070hm^2，平均海拔1850m，最高海拔2033m，森林面积2.2万hm^2，天然草原1万hm^2，是重庆周边最大的高山草原，重庆十佳旅游景区。因其独具特色地质地貌、南国魅力的林海雪原、青幽秀美的丛林碧野景致、西欧风情的高山草原、引人入胜的天象景观、美丽动人的仙女传说等吸引广大游客，被誉为“东方瑞士”、“南国牧原”、“天然氧吧”和“山城夏宫”。为重庆最佳旅游观光度假胜地，是国家AAAAA级旅游景区(图112)。

图112　仙女山国家森林公园网站首页

七、雪乡国家森林公园

雪乡国家森林公园位于黑龙江省大海林林业局内，占地 18.6 万 hm^2。公园内有“中国雪乡风景区”、“原始林风景区”、“中国雪乡源头漂——海浪河漂流风景区”、“梨花邨风景区”、“二浪河风景区”五大风景区和 30 余处景点。公园内风景秀丽，景色神奇，险壑的山峰、幽深的河谷、多姿的林海构成了壮丽的自然景观，是一幅展不尽的山水画卷。沧莽浩瀚的原始林、明澈清幽的海浪河水、冰清玉洁的中国雪乡，让人尽情感受大自然的幽深与古朴、瑰丽与神奇，尽情体味返璞归真的超脱与惬意(图 113)。

图 113　雪乡国家森林公园网站首页

八、茅兰沟国家森林公园

茅兰沟位于黑龙江省东北部，小兴安岭北麓，嘉荫县向阳乡辖区，距县城 76km。西、南与乌伊岭前卫农场相接，北与乌云镇连接壤，东临黑龙江。景区面积 60km^2。它集山奇、水秀、林茂、潭幽、瀑美于一身，是旅游、度假、科考、攀岩不可多得的旅游胜地。茅兰沟是黄河以北、黑龙江以南为数不多，经地壳变迁后形成的集所有山水美景于一体的构造深谷(图 114)。

图 114　茅兰沟国家森林公园网站首页

九、米仓山国家森林公园

米仓山国家森林公园位于四川盆地东北缘的南江县北部，地处秦巴山区的米仓山南麓。东、北与陕西省南郑县相邻，南抵南江县，西靠广元市旺苍县，并同光雾山国家重点风景名胜区相辉映。面积40155hm^2，活立木总蓄积240万m^3，森林覆盖率为97.3%，被称为天然氧吧(图115)。

图115　米仓山国家森林公园网站首页

十、九龙山国家森林公园

九龙山国家森林公园坐落在天津蓟县城东穿芳峪境内，距县城 20km，公园总面积 2126hm^2，有九龙山、梨木台山、黄花山三大景区。九龙山景区历史上曾是清代道光三十年和同治九年间的皇家园林，新中国成立后划为国有林场，1995 年改为森林公园，1997 年升为国家森林公园，目前是天津市面积最大、唯一的山区国家森林公园。在公园东北部万丈深谷中连绵耸立着九条山脊，恰似九龙聚首，故名九龙山(图 116)。

图 116　九龙山国家森林公园网站首页

十一、百里杜鹃国家森林公园

百里杜鹃国家森林公园位于贵州西北部黔西、大方两县交界处，是迄今为止中国已查明的面积最大的天然杜鹃林带。整个杜鹃林带延绵 50 余 km，宽 1～3km，呈半月形分布。公园总面积 180km^2。百里杜鹃属贵州西北部次生地带性植被中保存最好的一部分，初步查明百里杜鹃国家森林公园内有 23 个品种，占世界杜鹃花 5 个亚属中的 4 个、贵州 70 余种的 1/3。花色多样，有鲜红、粉红、紫色、金黄、淡黄、雪白、淡白、淡绿等。3 月下旬至 4 月末各种杜鹃花先后怒放，杜鹃花漫山遍野，千姿百态，色彩缤纷。最为奇特的是“一树不同花”，最壮观的可达 7 种之多。被誉为“世界上最大的天然花园”(图 117)。

图 117　百里杜鹃国家森林公园网站首页

十二、竹乡国家森林公园

竹乡国家森林公园位于著名的竹乡浙江省安吉县，面积 1.8 万 km^2。公园以竹乡风情暨竹文化为主体，集竹林苍翠、峰石奇异、溪流优美、寺庙古老、气候宜人等自然景观优势，汇蓄能电站雄伟的人文景观特色，是一处观光旅游、避暑度假、科普教育的好场所。公园由两大片 4 个景区组成，东南片为灵峰寺景区、天荒坪景区、港口景区，西南片为龙王山景区，二者相距约 30km，共有景点 40 余处(图 118)。

图 118 竹乡国家森林公园网站首页

十三、神农架国家森林公园

神农架国家森林公园位于湖北省西北部，由房县、兴山、巴东三县边缘地带组成，面积 3250km^2，林地占 85%以上，森林覆盖率 69.5%，区内居住着汉、土家、回等民族，人口近 8 万人。神农架最高峰神农顶海拔 3105.4m，最低处海拔 398m，平均海拔 1700m，3000m 以上山峰有 6 座，被誉为“华中屋脊”(图 119)。

图 119 神农架国家森林公园网站首页

十四、措普国家森林公园

措普国家森林公园位于四川省甘孜州巴塘县境内，距国道318线约10km，园区面积48000hm^2。公园地处青藏高原南缘的四川、云南、西藏3省(自治区)结合部，自然人文生态环境独特，原始风貌保存完好，似世外桃源，人间仙境，被誉为“中国大香格里拉生态旅游区的明珠”(图120)。

图120　措普国家森林公园网站首页

十五、新丰江国家森林公园

新丰江国家森林公园又名万绿湖，位于广东省河源市境内，是华南最大的生态旅游名胜，境内有京九铁路、广梅汕铁路、205 国道经过。公园总面积约 16 万 hm^2，其中水域面积 $370km^2$，蓄水量约 139.1 亿 m^3，水质达到国家地表水一类饮用标准，内有 360 多个绿岛，森林大部分为亚热带原始次生常绿阔叶林，森林覆盖率达 78%，动植物种类资源丰富，生态环境优美，因其四季皆绿，处处皆绿而得名为“万绿湖”。由于地球北回归线带几乎全是沙漠，唯独万绿湖、西双版纳、鼎湖山有一片绿，森林茂密，绿意长存，因此，万绿湖与西双版纳、鼎湖山被人并称为地球北回归线沙漠腰带上的“东三奇”(图 121)。

图 121　新丰江国家森林公园网站首页

十六、西双版纳国家森林公园

西双版纳是一个充满美好、理想和神奇的地方：旖旎的自然风光、翡翠般的森林、绚丽多姿的民族风情，如诗如画的胶园、茶园、澜沧江，让多少人梦萦魂牵(图 122)！

图 122　西双版纳国家森林公园网站首页

十七、吊罗山国家森林公园

吊罗山国家森林公园位于海南东南部，地跨五指山、保亭、琼中、万宁、陵水 5 个市县，距海南东线高速公路陵水出口 20km，有省道相通，正处于海南东海岸旅游热线的结合部，是海南东线旅游圈的重要组成部分。总面积 3. 8 万 hm^2，森林覆盖率 86. 6%，是中国热带雨林保存最为完整的地区之一，属花岗岩高山地貌(图 123)。

图 123　吊罗山国家森林公园网站首页

十八、云台山国家森林公园

云台山国家森林公园位于河南省焦作市修武县境内，总面积 240km^2，拥有十一大景点，是一处以太行山岳丰富的水景为特色，以峡谷类地质地貌景观和悠久的历史文化为内涵，集科学价值和美学价值于一身的科普生态旅游精品景区，因山势险峻，峰壑之间常年云锁雾绕而得名(图 124)。

图 124　云台山国家森林公园网站首页

十九、旗山国家森林公园

旗山国家森林公园位于福州市闽侯南屿镇，地处戴云山脉向东延伸的丘陵地带，特别是雨后天晴、云雾缭绕之时，山峰像胜利凯旋的旌旗迎风飘扬，因而得名旗山。旗山距福州市中心仅 23km，且紧靠福州大学城、316 国道、京福高速公路，交通便捷，是理想的森林生态旅游、休闲避暑、度假旅游、探险、科普教育的好去处(图 125)。

图 125　旗山国家森林公园网站首页

二十、拉法山国家森林公园

拉法山国家森林公园位于吉林省东部蛟河市境内，地处长白山麓、松花湖畔。1995 年经林业部批准成立，总面积 34194hm^2，包括六大景区，是一个以自然、生态、森林、红叶人文和谐为特色的森林公园。现已连续举办了八届中国·吉林长白山红叶旅游节，打造了“长白山红叶”品牌。2006 年 8 月拉法山国家森林公园顺利通过“ISO9000 国家质量管理体系认证和 ISO14000 国家环境管理体系认证”，2006 年 12 月被国家旅游局授予“国家 AAAA 级旅游风景区”，2007 年被中国生态学学会旅游专业委员会授予中国最佳生态景区，2009 年被吉林省政府授予优秀景区（图 126）。

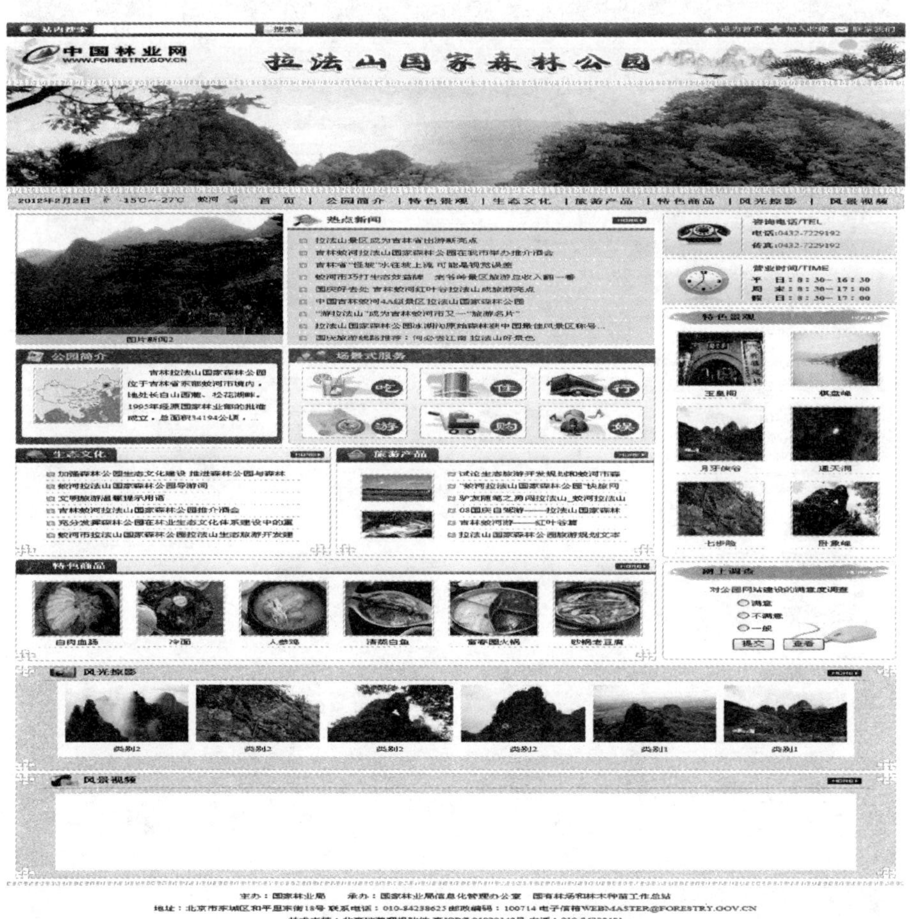

图 126　拉法山国家森林公园网站首页

二十一、额济纳胡杨国家森林公园

额济纳胡杨国家森林公园位于内蒙古阿拉善盟境内。只有 1.6 万人的辽阔的额济纳是一个以蒙古族为主体的多民族聚集区域，境内海拔多在 930 ~ 960m 之间，年降水量 38 ~ 49mm，年均气温 8.3℃，极端高温为 42.2℃，极端低温为 -37.6℃（图 127）。

图 127　额济纳胡杨国家森林公园网站首页

国有林场网站群

国有林场网站群先期建设了21个重点国有林场网站，主要栏目有林场简介、新闻动态、公示公告、机构设置、图片展示、特色产品、产业动态、森林经营、周边景点、周边饭店、联系方式。通过子站，充分介绍了林场的基本情况及实时的通知公告，向游客展示了林场优美的风光及特色。

一、河北省塞罕坝机械林场

塞罕坝机械林场位于河北省承德市围场满族蒙古族自治县北部坝上地区，属浑善达克沙地南缘，系内蒙古高原与大兴安岭余脉、阴山余脉交接处，清朝著名的皇家猎苑——木兰围场的重要组成部分(图128)。

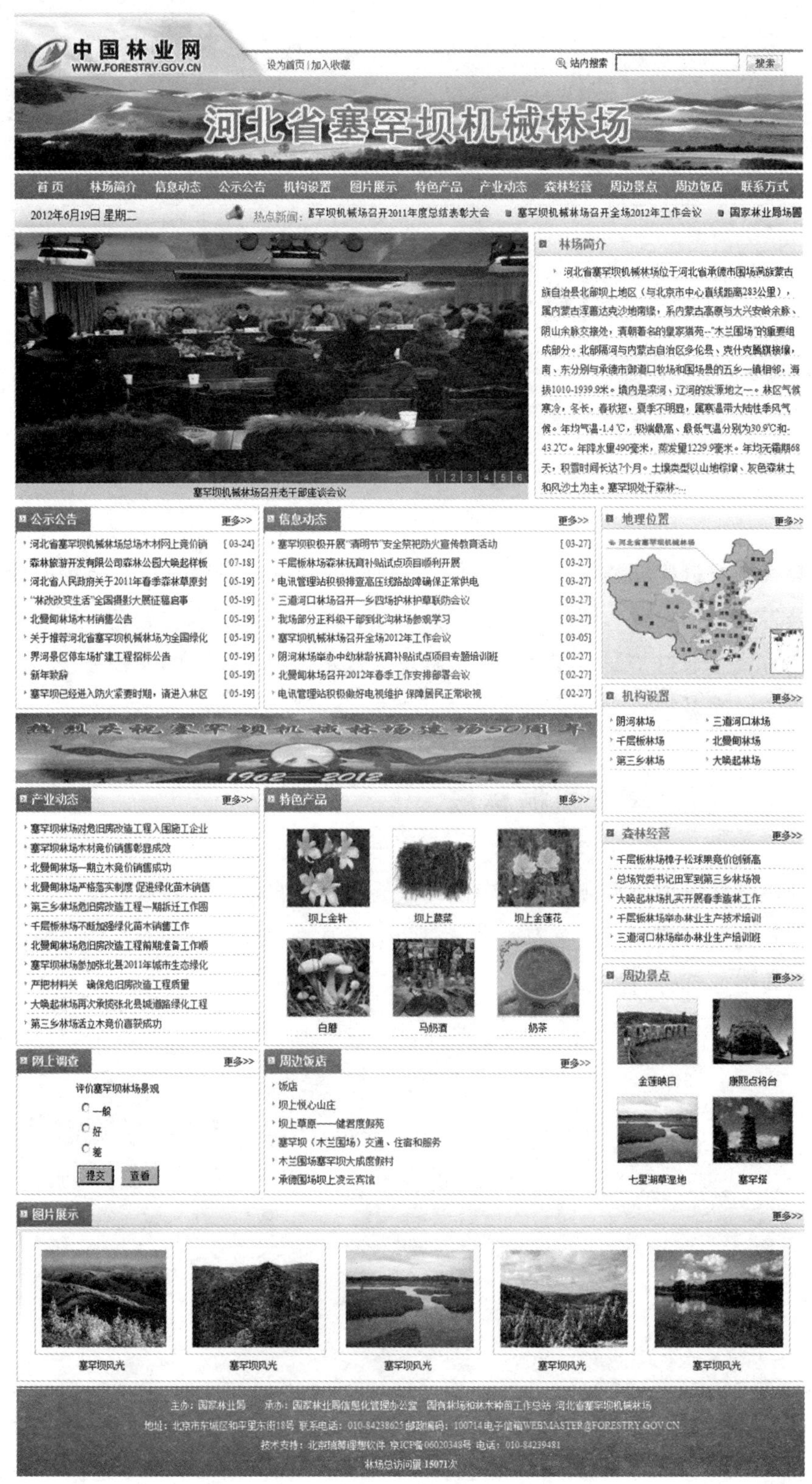

图 128 河北省塞罕坝机械林场网站首页

二、河北省木兰围场国有林场

木兰围场国有林场是河北省最大的森林生态系统类型保护区。为了更好地保护和利用森林资源，调整产业结构，2008 年初批准建立了木兰围场国家级森林公园，依托辖区的自然景观、人文景观优势，倾力打造了以五道沟生态观光、小滦河漂流和皇家狩猎为核心的森林生态旅游景区，成为冀北山区产业建设和生态文化建设的重要载体(图 129)。

图 129　河北省木兰围场国有林场管理局网站首页

三、河北省滦平县巴克什营林场

巴克什营林场位于滦平县南部，东邻承德县，南以长城为界与北京市密云县接壤，西北两面均在滦平县境内。巴克什营林场始建于 1975 年，隶属于承德市滦平国有林场管理处，总经营面积 7000hm^2，林分为人工油松纯林和天然阔叶混交林，活立木蓄积 15 万 m^3，森林覆盖率 71%。林区内群山起伏，谷壑纵横，山高林密，林分集中连片，有山鸡、野猪、獾、狍子、野兔等国家二级保护野生动物和珍稀名贵的山药材及各种食用野山菌，特别是与北京接壤的林区有 18km 长，其中含有金山岭长城、司马台长城和古北口长城 3 个旅游景区(图 130)。

图 130　河北省滦平县巴克什营林场网站首页

四、山西省中条山国有林管理局

中条山林区具有十分富饶的自然资源，是山西省树种最多的一个林区，被盛誉为“华北地区动植物资源宝库”。林区种子植物种类高达1000种以上，其中仅木本植物就达400余种。全局列入国家一、二级重点保护野生动物的有金钱豹、猕猴、麝、金雕、黑鹳、白冠长尾雉和大鲵(娃娃鱼)、红腹锦鸡等10余种，陆栖动物329种，鸟类258种。中条林区风光秀丽，景色宜人，奇峰异山，绿潭瀑布，林涛起伏，引人入胜，有南国风光、华北“桂林”之称，为山西省四大旅游热点之一(图131)。

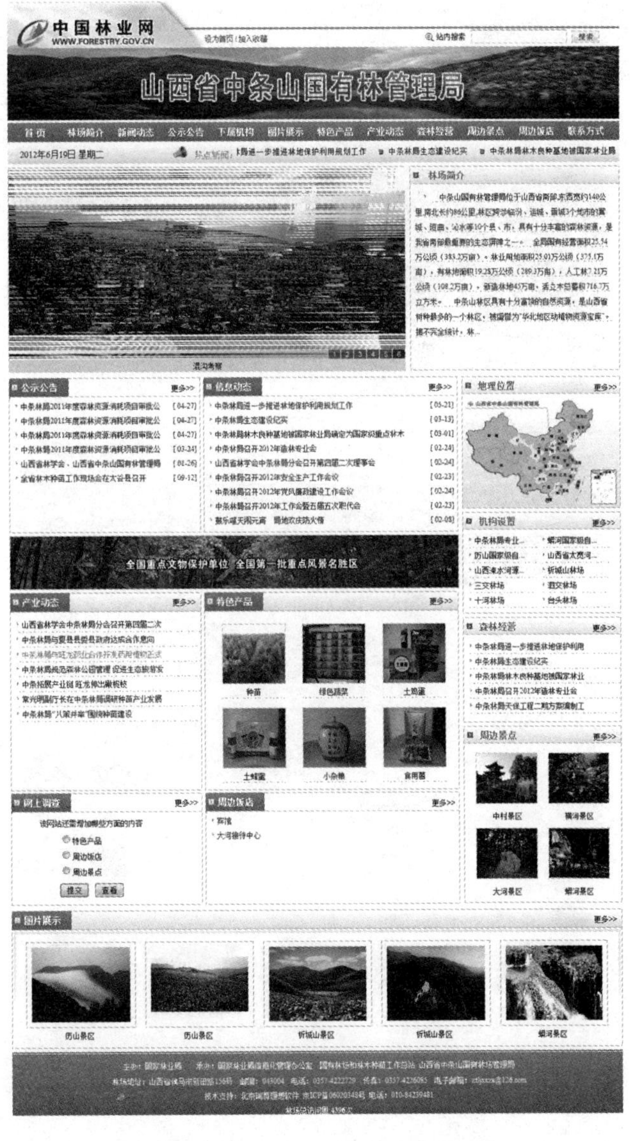

图131　中条山国有林管理局网站首页

五、山西省吕梁山国有林管理局

吕梁山国有林管理局的前身为吕梁山林委会分会，经历了两次建局，4 次搬迁，至今已经有 60 年历史。辖区自北向南由木弧台、上天山、紫荆山、老爷顶、秦王山、高天山、人祖山等大山峰连贯的主脊线及两侧起伏的山峦和纵横的沟壑与部分黄土丘陵所组成，地形破碎，生态极为脆弱。地势西北高、东南低，处于黄河、汾河的夹角地带，全区平均海拔 1500m 左右，最高峰上天山海拔 2100m。境内主要河流有三川河、昕水河、汾河三大黄河支流(图 132)。

图 132　山西省吕梁山国有林管理局网站首页

六、山西省吉县国营红旗林场

吉县国营红旗林场位于吉县境内，晋西吕梁山南端，属黄河流域，与国家4A级旅游景点黄河壶口景区相连，总经营面积13963.5hm^2，其中有林地10495.6hm^2，灌木林地952.0hm^2，疏林地115.6hm^2，未成林地158.2hm^2，宜林地2223.0hm^2，无林地19.1hm^2，活立木总蓄积384547.8m^3，森林覆盖率75.5%。林区乔木树种主要有油松、刺槐、辽东栎、侧柏、白皮松等，分布较为均匀。林场属黄河上中游天然林资源保护工程区，始建于1959年，辖区内有管头山、马连滩、西咀、山头庙4个营林区(图133)。

图133　山西省吉县国营红旗林场网站首页

七、内蒙古自治区兴安盟五岔沟林业局

五岔沟林业局成立于1959年，位于大兴安岭山脉中段南麓，西与蒙古人民共和国及锡林郭勒盟接壤，北与阿尔山林业局、白狼林业局毗邻，南部和东部分别与呼伦贝尔市、科右前旗、扎赉特旗相邻(图134)。

图134　内蒙古自治区兴安盟五岔沟林业局网站首页

八、内蒙古自治区呼伦贝尔市巴林林业局

巴林林业局位于呼伦贝尔市牙克石市境内大兴安岭中段东南坡、雅鲁河上游。东与扎兰屯市、阿荣旗毗邻，南与南木林业局接壤，西与乌奴耳、绰源林业局相接，北与免渡河林业局相连。全局南北长约70km，东西宽75km，施业区面积287994.0hm^2。巴林林业局始建于1956年，其前身为雅鲁森林经营局。2004年撤盟建市后，隶属于呼伦贝尔市（图135）。

图135　呼伦贝尔市巴林林业局网站首页

九、内蒙古自治区呼伦贝尔市免渡河林业局

免渡河林业局位于大兴安岭主脉中段西坡，森林覆盖率74.7%，属次生林区，是国家重要的北疆生态屏障和呼伦贝尔生态体系的重要组成部分。建局50多年来，免渡河林业局始终坚持以生态建设为主的经营发展战略，以营林生产为基础，保护和利用相结合，植树造林，采育结合，多业并举，综合利用，累计为国家建设提供木材281万m^3，缴纳税金近7000万元，人工造林2万hm^2，基础设施投资1亿多元，在全局职工、干部的共同努力下，正向着美丽与发展双赢的科学发展新目标迈进(图136)。

图136　内蒙古自治区呼伦贝尔市免渡河林业局网站首页

十、内蒙古自治区克什克腾旗桦木沟林场

桦木沟林场位于克什克腾旗境内中南部，红山子乡境内，始建于1955年，前身为森林经营所，1958年改为经营性林场。植物生长期90～100天，水系较发达，水质较好。有百岔河发源地，乌兰公河从境内流过，湿地较多，多集中于元宝山营林区及军马场附近。有蘑菇场泡子、将军泡子及公主湖等湖泊。林场总经营面积约7万hm^2，天然林以次生白桦、山杨为主，人工林以落叶松为主。其他植物还有白桦、山杨、华北落叶松、云杉、樟子松、油松、蒙古栎、虎榛子、山杏、杜鹃、胡枝子等(图137)。

图137　克什克腾旗桦木沟林场网站首页

十一、江苏省常熟市虞山林场

虞山林场位于“全国历史文化名城”常熟市城区的西北部，优越的地理位置、秀丽的自然风光、丰富的文脉史迹，使虞山成为闻名遐迩的江南旅游胜地(图 138)。

图 138　江苏省常熟市虞山林场网站首页

十二、安徽省黄山公益林场

黄山公益林场东与安徽绩溪县、旌德县毗邻，南与安徽歙县、徽州区接壤，本场与汤口、谭家桥二镇相连，西望黄山诸峰。林场东西长 11.5km，南北宽 11km。经营面积 3500hm^2(图 139)。

图 139　安徽省黄山市黄山区黄山公益林场网站首页

十三、山东省淄博市原山林场

原山林场是国家 AAAA 级景区、国家重点风景名胜区、山东省十大新景点、山东省十佳森林公园、山东省消费者满意单位，原山旅游是淄博市旅游业的知名品牌(图 140)。

图 140 山东省淄博市原山林场网站首页

十四、湖南省黄丰桥国有林场

黄丰桥国有林场始建于1956年，现有经营土地面积1万 hm^2，活立木蓄积 $845911m^3$，森林覆盖率为90.7%。杉木大径材已成为黄丰桥国有林场的拳头产品，在中南6省享有盛誉(图141)。

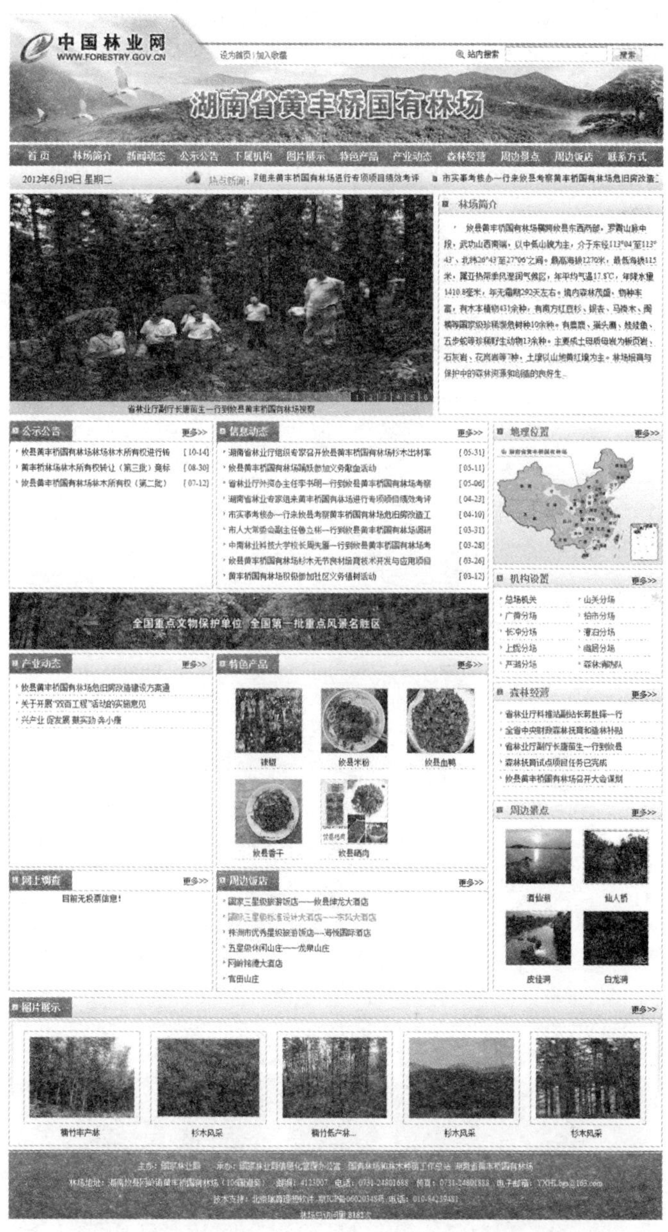

图141　湖南省黄丰桥国有林场网站首页

十五、广西国有高峰林场

广西国有高峰林场创建于1953年，是广西壮族自治区林业厅直属大型国有林场，实行事业单位企业化管理，主营速丰林、经济林、人造板、土地开发、商贸物流五大产业，是全国十佳林场和农业产业化国家重点龙头企业。场部位于南宁市兴宁区，员工4000人，经营面积8.7万hm^2，森林蓄积量379万m^3，对外投资遍及广西54个县(市、区)，场属人造板企业是广西最大的人造板企业，也是全国最大的人造板企业之一。林场同时建有广西最大的香料物流中心、花鸟交易市场和工业原料林基地。2011年，高峰林场资产总额25.5亿元，总产值21亿元，上缴税费9000万元，综合实力居广西第一，全国领先(图142)。

图142　广西国有高峰林场网站首页

十六、广西国有七坡林场

广西国有七坡林场始建于 1952 年 12 月，是广西壮族自治区林业厅直属的大型国有林场，全国百佳林场、全国国有林场五百强之一(图 143)。

图 143　广西国有七坡林场网站首页

十七、广西天峨县国营林朵林场

林朵林场土地总面积 1 万 hm^2。全场活立木总蓄积量 129.1 万 m^3，森林覆盖率为 94.63%，绿化率达到 94.63%。全场总资产 2.4 亿元，其中林木资产 1.49 亿元，固定资产 2451 万元(图 144)。

图 144　广西天峨县国营林朵林场网站首页

十八、贵州省龙里林场

贵州省龙里林场始建于1957年4月，属贵州省林业厅直属事业单位，先后划归龙里县、贵定县、黔南州管理，几经变换，1962年由贵州省林业厅收回管理，龙里林场的隶属关系才得以正式固定。龙里林场位于贵州省龙里县境内，场部距县城中心2 km，距省会城市贵阳28km。现有“贵新”高等级公路，湘黔、黔桂铁路，210国道穿过林场林区，所属森林公园与210国道相连(图145)。

图145　贵州省龙里林场网站首页

十九、甘肃省白龙江林业管理局冶力关林场

冶力关林场是青藏高原和黄土高原过渡带上的一颗明珠，地处甘肃省甘南、临夏两自治州卓尼、临潭、康乐诸县国有林区。东邻莲花山自然保护区，西接甘南藏族自治州合作市；北与和政、康乐诸县毗邻。北出冶门峡经临洮距省会兰州市 174km，有兰(州)临(洮)高速公路和旅游专线直达(图 146)。

图 146　白龙江林业管理局洮河林业局冶力关林场网站首页

二十、甘肃省小陇山林业实验局党川林场

小陇山林业实验局党川林场位于天水市麦积区境内，地处秦岭南坡，长江流域嘉陵江水系永宁河上游，是兼有我国南北方特点的典型天然次生林区，也是天然林资源保护工程重点实施区(图147)。

图147　甘肃省小陇山林业实验局党川林场网站首页

二十一、甘肃省合水林业总场连家砭林场

连家砭林场属暖温带落叶阔叶林带，天然次生林广泛分布，并间有人工栽植植被，是黄土高原上森林植被保护较好、覆盖率较高的地区。有木本植物222种，其中乔木150种、灌木40种、木质藤本32种；草本植物1000余种。仅有辽东栎、白桦、山杨、小叶杨、油松、侧柏等形成单纯天然群落，其他均为混交状态。主要森林类型有油松林、侧柏林、辽东栎林、山杨林、白桦林、小叶杨林、落叶阔叶混交林和灌木林。有野生脊椎动物24目61科156种，其中金钱豹、獾、野猪、狍子、黄鼠狼、山猫、猫头鹰等国家一、二级重点保护野生动物18种。鸟类有42科109种。有少量石油、天然气等矿产(图148)。

图148　庆阳市合水林业总场连家砭林场网站首页

种苗基地网站群

种苗基地网站群先期建设 20 个子站，主要栏目为基地介绍、最新要闻、基地风采、良种介绍、供求信息、资料共享、联系我们。通过子站，使人们更多地了解各个种苗基地的情况及动态，更好地为大众服务。

一、中国林科院亚热带林业实验中心油茶良种基地

中国林科院亚热带林业实验中心地处江西省分宜县，是我国亚热带林业科研中试基地。总面积 9680.9 hm^2，森林覆盖率 78.9%，活立木蓄积量 43 万 m^3，毛竹 620 万根(图 149)。

图 149　中国林科院亚热带林业实验中心油茶良种基地网站首页

二、河北省沧县国家枣树良种基地

河北省沧县国家枣树良种基地是国家林业局和河北省林业厅联合兴建的全国第一家红枣良种基地。收集保存全国名、特、优、稀红枣资源312个，是集科研、生产、示范、良种繁育、推广为一体的规模最大的国有红枣良种基地(图150)。

图150 河北省沧县国家枣树良种基地网站首页

三、山西省吕梁林管局上庄国家油松良种基地

上庄国家油松良种基地行政序列为吕梁山国有林管理局油松种子园，1972 年开始筹建，1983 年成为部、省联营良种基地。作业区位于隰县黄土镇碹沟村北，处于吕梁山脉南端，紫荆山东麓，总经营面积 5400hm^2。特别是 1976 年以来共营造华北落叶松人工林 400hm^2，成为种子园今后可持续发展的重要物质基础(图 151)。

图 151 山西省吕梁林管局上庄国家油松良种基地网站首页

四、辽宁省清原县大孤家林场国家落叶松良种基地

辽宁省国家级林木良种繁育中心位于清原县东北部，隶属国有大孤家林场。1963 年筹建，1984 年部、省联营，1999 年被国家林业局确认为“国家级林木良种繁育中心”，是以日本落叶松为主体，集日本落叶松、红松、白桦、水曲柳良种选育繁殖生产和推广于一体的良种繁育基地(图 152)。

设为首页 加入收藏 联系我们

中国林业网
WWW.FORESTRY.GOV.CN
辽宁省清原县大孤家林场国家落叶松良种基地

今天是2012年2月2日 星期四 首页 基地简介 最新要闻 基地风采 良种介绍 供求信息 资料共享 联系我们

司袋日本落叶松扦插育苗试验 2010年8月加拿大专家应成俊莅临基地考察 2011年4月基地实施杂交育种利 站内搜索 搜索

最新要闻 更多>>

2010年9月15日瑞典林业研究所研...

- 2010年9月3日德国专家来基地考察 ... [06-29]
- 2010年9月15日瑞典林业研究所研究员Joh... [06-29]
- 2011年6月16日加拿大国际林联副主席来基地... [06-29]
- 2011年6月基地进行新的科研试验 [06-29]
- 2011年4月基地新建日本落叶松核心育种园 [06-29]
- 2011年4月基地新建日本落叶松二代种子园15... [06-29]
- 2011年5月基地新建日本落叶松林木体系 [06-29]

基地简介

辽宁省国家级林木良种繁育中心，位于清原县东北部，隶属国营大孤家林场。中心1963年筹建，1984年部、省联营。1999年被国家林业总局确认为“国家级林木良种繁育中心”。是以日本落叶松为主体，集日本落叶松、红松、白桦、水曲柳良种选育繁殖生产和推广与一体的良种繁育基地。一、自然...

供求信息 更多>>

商品名称	单位	数量（万）	价格（元）	规格（cm）
转基因落叶松穗材	株	5.0	1.0元	
良种穗材	公斤	140.0	0.3	
水曲柳良种	公斤	0.3	16元	
生产红松良种	公斤	0.5	40元	
日本落叶松良种	公斤	0.4815	800元	

联系我们 更多>>

联系人：联系人
地 址：辽宁省清原县大孤家林场国家落叶松良种基地
传 真：0413-66666666
电 话：0413-60000006
手 机：13800138000
宅 电：无
E_mail：webmaster@forestry.gov.cn

良种介绍 更多>>

- 日本落叶松 [06-29]

资料共享 更多>>

- 二代种子园营建 [06-29]
- 营建落叶松核心育种园 [06-29]

基地风采 更多>>

基地风采 基地风采 基地风采 基地风采 基地风采

主办：国家林业局 承办：国家林业局信息化管理办公室 国有林场和林木种苗工作总站
地址：北京市东城区和平里东街18号 联系电话：010-84238625 84238303 邮政编码：100714 电子信箱：webmaster@forestry.gov.cn
技术支持：北京瑞尊理想软件技术有限公司 京ICP备06020348号
种苗总访问量:1821次

图 152 辽宁省清原县大孤家林场国家落叶松良种基地网站首页

五、吉林省汪清林业局国家红松云杉良种基地

汪清林业局国家红松云杉良种基地经国家林业局公布为第一批国家重点林木良种基地。为进一步推动林木良种化进程，满足我国经济社会发展和现代林业建设对林木良种的需要，汪清林业局十分重视林木良种繁育工作，坚持不懈地狠抓林木良种基地建设，专门聘请林木育种专家给予指导，组织科学技术人员进行技术攻关，取得了一项又一项科研成果，良种数量不断增加，基地规模不断扩大(图 153)。

图 153 吉林省汪清林业局国家红松云杉良种基地网站首页

六、黑龙江省林口县青山国家落叶松良种基地

林口县青山国家落叶松良种基地由黑龙江省林业科学研究所为科技支撑单位，在落叶松种子园、红松种子园、樟子松种子园里保存着300多个优树的繁殖材料，同时具备建立落叶松高世代种子园的基础。展示着50多个杂种优良家系的生产能力，在种质资源保存区里保存着长白落叶松优树1800份，兴安落叶松优树375份，日本落叶松175份，杂种落叶松87份，樟子松37份，云杉286份，山杨72份，核桃楸45份，黄波罗50份，水曲柳128份，白桦20份等优良资源(图154)。

图154 黑龙江省林口县青山国家落叶松良种基地网站首页

七、江苏省泗洪县陈圩林场国家杨树良种基地

泗洪县陈圩林场国家杨树良种基地在2008年年底经国家林业局确认，成为第一批131处国家重点林木良种基地之一。泗洪县陈圩林场是苏北地区的大中型国有林场，全场造林面积633hm^2，森林覆盖率达到了79.2%，活立木蓄积量达到40000m^3，年增6000m^{3}以上。林场现有混凝土、砂石等结构道路4km，其中主干道3km，排灌沟渠5km，排灌机房4座，涵闸3座，各类房屋建筑面积1500m^2，其中各类用房(包括组培室、育种室等)1300m^2(图155)。

图155 江苏省泗洪县陈圩林场国家杨树良种基地网站首页

八、浙江省淳安县姥山林场国家马尾松良种基地

国家马尾松良种基地位于浙江省淳安县千岛湖镇姥山岛，隶属于淳安县新安江开发总公司。林场经营面积 3505.27hm^2，包括人工林 918.52hm^2，天然林 2393.82hm^2，经济林 121.39hm^2，其中生态公益林 2548.13hm^2。森林覆盖率为 95%。该基地始建于 1976 年，1979 年被列为部省联营林木良种基地，20 世纪 90 年代被列为浙江省 12 个重点林木良种基地，2005 年被列为浙江省 4 大林木良种繁育中心之一，2009 年被列为国家重点林木良种基地和国家马尾松种质资源库(图 156)。

图 156　浙江省淳安县姥山林场国家马尾松良种基地网站首页

九、福建省洋口林场国家杉木良种基地

福建省洋口林场创建于1956年，隶属于福建省林业厅，生产性事业单位，是全国首批国家重点林木良种基地，同时还是我国杉木种质资源库主库（图157）。

商品名称	单位	数量（万）	价格（元）	规格（cm）
二代种子	公斤	0.025	800元/公斤	I级
二代穗条	条	5.0	6元/条	I级
三代穗条	条	5.0	10元/条	I级
组培苗	株	800.0	0.8元/株	地径0.45cm以上
组培容器苗	株	500.0	0.45元/株	苗高5 cm以上

图157 福建省洋口林场国家杉木良种基地网站首页

十、福建省漳平市五一林场国家马尾松良种基地

福建省漳平五一林场国家马尾松良种基地始建于 1985 年，是部省联营的重点林木良种基地，基地总面积 800hm^2，现已建成马尾松种质资源库、马尾松改良代、二代及专用种子园、子代测定林、采穗圃、扦插圃、苗圃 272hm^2，形成了种质资源保护、科研、良种生产、苗木快繁、示范推广为一体的产学研基地，创建了“闽林”牌福建省著名商标(图 158)。

图 158　福建省漳平五一林场国家马尾松良种基地网站首页

十一、山东省冠县国有苗圃国家杨树良种基地

山东省冠县国有苗圃国家杨树良种基地位于鲁西平原，地处河北、山东、河南三省交界处，属黄河冲积平原。基地土地面积 370hm^2。大广、青兰高速公路、济邯铁路交叉而过，309 国道由基地门前通过，交通运输条件十分便利(图 159)。

图 159　山东省冠县国有苗圃国家杨树良种基地网站首页

十二、河南省郏县国有林场国家侧柏良种基地

河南省郏县国有林场国家侧柏良种基地位于郏县国有林场万花山林区，土壤为褐色森林土，郏县国有林场林地面积1790hm^2。2009年被国家林业局确定为全国重点林木良种基地。基地现拥有侧柏268个无性品系，有全国各地84个侧柏种源，已成为全国最大的侧柏基因库，同时还引进了美国铅笔柏、印度藏柏、地中海柏、墨西哥柏等10多个柏类品种，对侧柏的研究居国内领先水平，发表学术论文多篇，获得了部、省多项科技成果奖（图160）。

图160 河南省郏县国有林场国家侧柏良种基地网站首页

十三、湖南省浏阳市国家油茶良种基地

浏阳市国家油茶良种基地杂交种子园位于湖南省东北部，油茶杂交种子园始建于 2001 年，由浏阳市林业局下属林木种苗管理中心承建，湖南省林业科学研究院是该园的技术支撑单位，种子园建设技术是受袁隆平杂交水稻理论和实践的启发，利用省油茶科技成果——油茶良种基因库，筛选最佳组合为建园材料，为林业生产提供遗传增益大、经营效益高的优良种源(图 161)。

图 161　湖南省浏阳市国家油茶良种基地网站首页

十四、广东省台山市红岭国家湿地松杂交松良种基地

台山市红岭国家湿地松、杂交松良种基地地处广东省台山市南部，多为缓坡或平地，成土母岩为花岗岩，土壤为深厚的酸性赤红壤，pH 值 5.0～5.5；主要植被有芒萁、茅草、鹧鸪草和山芝麻等。基地建立以来，持续承担国家和省级重点项目，主要包括：联合国援助项目——广东省台山市红岭湿地松改良代种子园、广东省台山市林木良种繁育中心、台山市红岭种子园杂种松良种繁育基地和台山市红岭种子园国外松强化育种基地建设项目（图 162）。

图 162　广东省台山市红岭国家湿地松杂交松良种基地网站首页

十五、广西壮族自治区东门林场国家桉树良种基地

2009 年国家林业局确定东门林场为国家级桉树良种基地。东门林场 1965 年建场，是广西壮族自治区林业厅直属大型林场，场部位于广西崇左市扶绥县东门镇，总场设有 11 个职能部门，下辖 13 个二层经营管理单位和 1 个在建人造板厂。目前全场职工 1300 多人，全场资产总值约 6 亿元，净资产约 3 亿元。主要经营以桉树为主的商品用材林。全场有林地面积 2.5 万 hm^2，森林蓄积量 180 万 m^3，年可采伐木材 20 万 m^3 以上，是森林资源储备较为丰富的广西 13 家区直国有林场之一(图 163)。

图 163 广西壮族自治区东门林场国家桉树良种基地网站首页

十六、贵州省黎平县东风林场国家杉木良种基地

基地位于黎平县国有东风林场，林场前身为种马场，1976 年转为贵州省黎平县国有东风林场。经营总面积为 940hm^2，森林覆盖率 82%。建场以来，主要从事林木良种繁育工作，先后承担了国家、省、州及县下达的一系列林业重点生产和科研项目。多年来，在各级林业主管部门和科研院（校）所的关怀支持下，通过全场职工共同努力，林场在林木良种繁育方面取得了丰硕的成果（图 164）。

商品名称	单位	数量（万）	价格（元）	规格（cm）
鹅掌楸苗木	株	40.0	0.6	40至100
鹅掌楸种子	公斤	0.04	120	发芽率5-10%
杉苗(一年生)	公斤	0.04	120	发芽率5-10%
杉木优良家系穗条	公斤	0.06	80	10至20
杉木2种子园	公斤	0.03	500	GB I、II级

图 164　贵州省黎平县东风林场国家杉木良种基地网站首页

十七、陕西省桥山林业局国家油松良种基地

桥山林业局油松良种基地已于2009年1月被国家林业局确定为国家重点林木良种基地，基地由延安市桥山林业局双龙油松良种基地(初级种子园)和陕西省延安油松林木良种基地项目建设(二代种子园)两部分组成。桥山林业局双龙油松良种基地在20多年建设过程中，结合油松良种基地建设积极开展科研和技术推广，总结了油松无性系种子园营建技术、油松良种繁育技术和引种技术经验(图165)。

图165 陕西省桥山林业局国家油松良种基地网站首页

十八、宁夏回族自治区中宁县国家枸杞良种基地

基地位于中宁县东部，距县城 3km，是国家林业局批复，由中宁县林场实施的国家重点林木种苗工程，总面积 79hm²。其中：种质资源收集区 3hm²，收集枸杞 2 个种、1 个变种、6 个品种、繁殖材料 200 余份；采穗圃 8hm²；试验区、示范区各 4hm²；良种繁育区 60hm²。基地建成后，每年可生产枸杞良种苗木 200 万株，生产优质枸杞插穗 1200 万根。2009 年 1 月，基地被国家林业局确定为第一批国家重点林木(枸杞)良种基地，12 月又被国家林业局确定为国家枸杞种质资源收集库(图 166)。

图 166 宁夏回族自治区中宁县国家枸杞良种基地网站首页

十九、新疆维吾尔自治区阿克苏实验林场国家核桃枣树良种基地

阿克苏实验林场在新疆维吾尔自治区阿克苏地区温宿县境内，位于天山南麓柯柯亚尔和台兰河洪积平原上，温宿县的东南部。20 世纪 70 年代开始种植核桃，80 年代中期被确定为部省联建良种基地。2006 年已成为阿克苏地区及至南疆红枣的优质、高效、高产示范基地。林场于 2009 年 1 月被确定为国家第一批重点林木良种基地。目前主要开展丰产栽培试验、节水灌溉试验、新品种区域试验，有机果园配套技术研发，同时加强核桃、红枣种质资源库建设，开展育种工作，为核桃、红枣品种更新换代做储备(图 167)。

图 167 新疆维吾尔自治区阿克苏实验林场国家核桃枣树良种基地网站首页

二十、大兴安岭林业集团技术推广站国家樟子松落叶松良种基地

基地的建成为林木良种繁育工作搭建了科技平台，经营针阔叶树种 29 个，选择无性系 2169 个，选择制备有性家系 783 个，设计布置了上千个实验组合，档案管理齐全规范，留下了一批珍贵的原始材料。建设成果已有多项，表现出巨大的增产潜力和开发前景，樟子松的类型选择和全同胞测定，落叶松的杂种优势利用，白桦的杂交育种，红松、西伯利亚红松等珍贵树种引进等，值得深入研究、发展(图 168)。

设为首页 加入收藏 联系我们

中国林业网
WWW.FORESTRY.GOV.CN

大兴安岭林业集团
技术推广站国家樟子松、落叶松良种基地

今天是2012年2月2日 星期四 首页 基地简介 最新要闻 基地风采 良种介绍 供求信息 资料共享 联系我们

种基地加强林业有害生物测报工作 人工控制授粉（樟子松全同胞子代测定） 人工辅助授粉 种子 站内搜索 搜索

最新要闻 更多>>

喜获杂种落叶松种子

- 鼠害综合防治取得成效 [06-20]
- 白桦良种造林得到推广 [06-20]
- 喜获杂种落叶松种子 [06-20]
- 我站良种基地加强林业有害生物测报工作 [06-20]
- 种子园母树修枝 [06-20]
- 人工控制授粉（樟子松全同胞子代测定） [06-20]
- 采穗圃重建 [06-20]
- 甜杨优良无性系区域推广造林 [06-20]

基地简介

1、建设时间：大兴安岭林业集团公司林木良种基地始建于一九七四年，始建项目为初级无性系种子园，当时投资311万元。进入新世纪，国家加大了对林木遗传改良的支撑力度，决定对原有种子园进行改扩建。该工程是经国家林业局批准的一项全国林木种苗重点工程建设项目。2000年11月1日国家林业局批复可行性研究报告，2...

供求信息 更多>>

商品名称	单位	数量（万）	价格（元）	规格（cm）
白桦	kg	0.0045	6016	一级种子
甜杨	段	50.0	2	15至20
樟子松	kg	0.02	2400	一级种子
杂种落叶松	kg	0.0020	2000	一级种子
兴安落叶松	kg	0.02	1000	一级种子

联系我们 更多>>

联系人:于洪芝、杨丽君
地 址：黑龙江省大兴安岭地区加格达奇曙光街营林大厦
传 真：无
电 话：无
手 机：13845758191、13845756055
宅 电：无
E_mail：dxalyhz@yahoo.com.cn

良种介绍 更多>>

- 大兴安岭林业集团国家樟子松、落叶松良种基地_樟子松种子 [06-21]
- 大兴安岭林业集团国家樟子松、落叶松良种基地_杂种落叶松苗木 [06-21]
- 大兴安岭林业集团国家樟子松、落叶松良种基地_杂种落叶松种子 [06-21]
- 大兴安岭林业集团国家樟子松、落叶松良种基地_落叶松苗木 [06-21]
- 大兴安岭林业集团国家樟子松、落叶松良种基地_落叶松种子 [06-21]
- 大兴安岭林业集团国家樟子松、落叶松良种基地_甜杨穗条 [06-21]
- 大兴安岭林业集团国家樟子松、落叶松良种基地_白桦容器苗 [06-20]
- 大兴安岭林业集团国家樟子松、落叶松良种基地_白桦强化育种园生... [06-20]

资料共享 更多>>

- 杂种落叶松育苗技术 [06-20]
- 樟子松育苗技术 [06-20]
- 兴安落叶松育苗技术 [06-20]
- 种子园管理技术 [06-20]
- 甜杨扦插技术 [06-20]
- 白桦大地育苗技术 [06-20]
- 白桦营养杯育苗技术 [06-20]
- 白桦强化种子园管理技术 [06-20]

基地风采 更多>>

基地风采 基地风采 基地风采 基地风采 基地风采

主办：国家林业局 承办：国家林业局信息化管理办公室 国有林场和林木种苗工作总站
地址：北京市东城区和平里东街18号 联系电话：010-84238625 84238303 邮政编码：100714 电子信箱：webmaster@forestry.gov.cn
技术支持：北京瑞尊理想软件技术有限公司 京ICP备06020348号
种苗总访问量:2574次

图 168　大兴安岭林业集团技术推广站国家樟子松落叶松良种基地网站首页

自然保护区网站群

自然保护区网站群的目标是建立统一管理、统一部署、统一标准、统一规范的网站群。在构建国家林业局森林公园站群的同时，建设重点的自然保护区子站。网站群核心应用一体化，所有网站使用统一的数据管理平台，核心功能的统一开发和设定，并且各子站能自主管理和维护，子站个性化功能个性化开发。以统一的方式控制网站整体的形象，将所属网站群统一在一个视觉体系中。

自然保护区先期建设了 21 个自然保护区子站。自然保护区子站主要由保护区概况、工作动态、通知公告、自然环境、自然保护、生态旅游、公众教育、保护区风光栏目组成。

一、江西井冈山国家级自然保护区

江西井冈山国家级自然保护区位于江西省西南部，江西、湖南两省交界的罗霄山脉中段万洋山中部，革命圣地井冈山境内，属森林生态类型自然保护区，总面积 21499hm^2，是国家生态文明教育基地、全国示范自然保护区、国家级陆生野生动物疫源疫病监测站、全国科普教育基地、中国人与生物圈保护区、全国林业科普基地、江西省青少年科技教育基地和江西省青少年生态教育基地。子站展示了井冈山国家级自然保护区优美的风景等(图 169)。

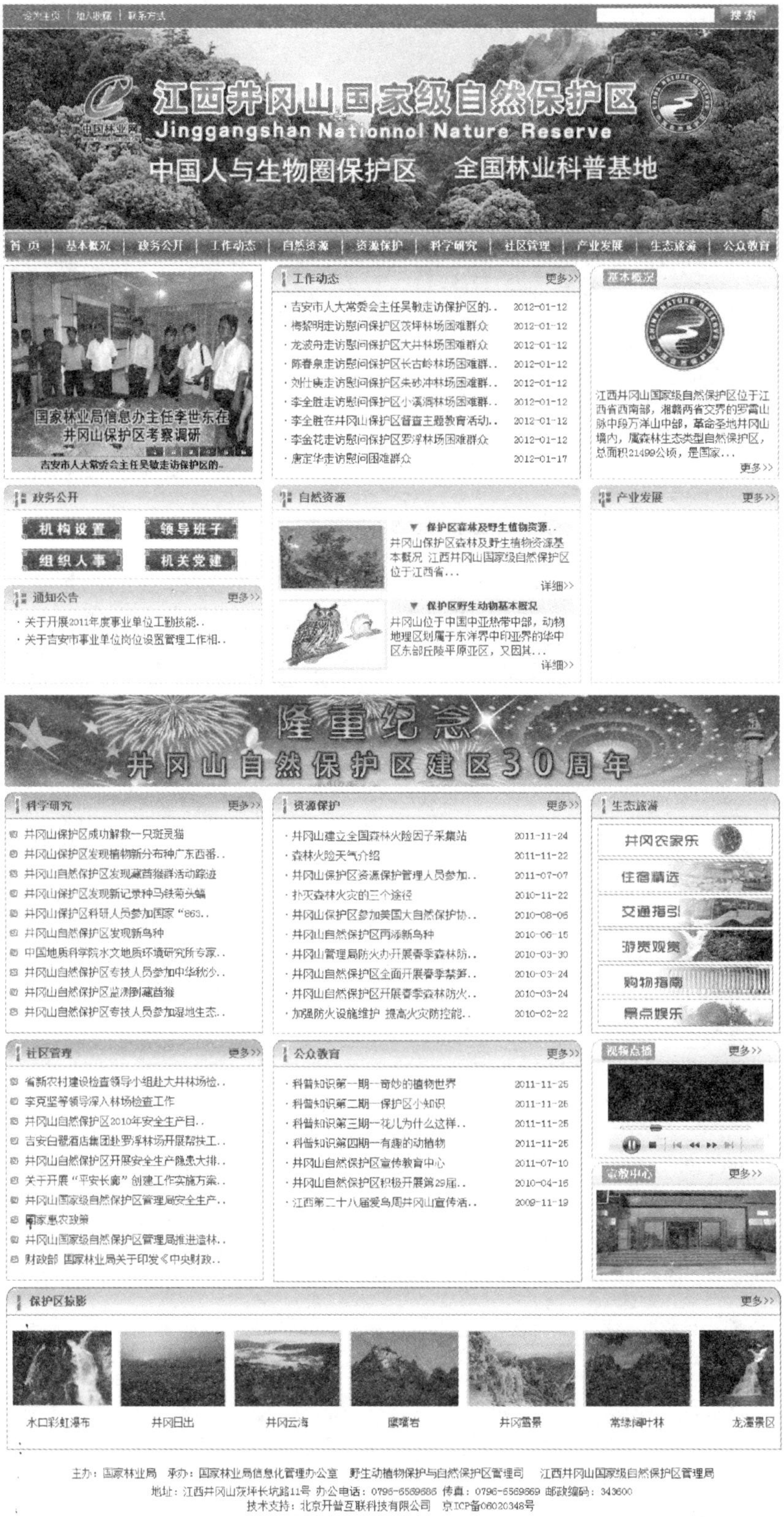

设为主页 | 加入收藏 | 联系方式　　搜索

江西井冈山国家级自然保护区
Jinggangshan Nationnol Nature Reserve
中国人与生物圈保护区　全国林业科普基地

首页 | 基本概况 | 政务公开 | 工作动态 | 自然资源 | 资源保护 | 科学研究 | 社区管理 | 产业发展 | 生态旅游 | 公众教育

国家林业局信息办主任李世东在井冈山保护区考察调研
吉安市人大常委会主任吴敏走访保护区的..

工作动态　更多>>
- 吉安市人大常委会主任吴敏走访保护区的.. 2012-01-12
- 梅黎明走访慰问保护区茨坪林场困难群众 2012-01-12
- 龙波舟走访慰问保护区大井林场困难群众 2012-01-12
- 陈春泉走访慰问保护区长古岭林场困难群.. 2012-01-12
- 刘壮庚走访慰问保护区朱砂冲林场困难群.. 2012-01-12
- 李全胜走访慰问保护区小溪洞林场困难群.. 2012-01-12
- 李全胜在井冈山保护区督查主题教育活动.. 2012-01-12
- 李金花走访慰问保护区罗浮林场困难群众 2012-01-12
- 唐定华走访慰问困难群众 2012-01-17

基本概况
江西井冈山国家级自然保护区位于江西省西南部，湘赣两省交界的罗霄山脉中段万洋山中部，革命圣地井冈山境内，属森林生态类型自然保护区，总面积21499公顷，是国家...
更多>>

政务公开
机构设置　领导班子
组织人事　机关党建

通知公告　更多>>
- 关于开展2011年度事业单位工勤技能..
- 关于吉安市事业单位岗位设置管理工作相..

自然资源
保护区森林及野生植物资源..
井冈山保护区森林及野生植物资源基本概况 江西井冈山国家级自然保护区位于江西省...
详细>>
保护区野生动物基本概况
井冈山位于中国中亚热带中部，动物地理区划属于东洋界中印亚界的华中区东部丘陵平原亚区，又因其...
详细>>

产业发展　更多>>

隆重纪念
井冈山自然保护区建区30周年

科学研究　更多>>
- 井冈山保护区成功解救一只斑灵猫
- 井冈山保护区发现植物新分布种广东西番..
- 井冈山自然保护区发现藏酋猴群活动踪迹
- 井冈山保护区发现新记录种马铁菊头蝠
- 井冈山保护区科研人员参加国家"863..
- 井冈山自然保护区发现新鸟种
- 中国地质科学院水文地质环境研究所专家..
- 井冈山自然保护区专技人员参加中华秋沙..
- 井冈山自然保护区监测到藏酋猴
- 井冈山自然保护区专技人员参加湿地生态..

资源保护　更多>>
- 井冈山建立全国森林火险因子采集站 2011-11-24
- 森林火险天气介绍 2011-11-22
- 井冈山保护区资源保护管理人员参加.. 2011-07-07
- 扑灭森林火灾的三个途径 2010-11-22
- 井冈山保护区参加美国大自然保护协.. 2010-08-05
- 井冈山自然保护区再添新鸟种 2010-06-15
- 井冈山管理局防火办开展春季森林防.. 2010-03-30
- 井冈山自然保护区全面开展春季禁野.. 2010-03-24
- 井冈山自然保护区开展春季森林防火.. 2010-03-24
- 加强防火设施维护 提高火灾防控能.. 2010-02-22

生态旅游
井冈农家乐
住宿精选
交通指引
游览观赏
购物指南
景点娱乐

社区管理　更多>>
- 省新农村建设检查领导小组赴大井林场检..
- 李克坚等领导深入林场检查工作
- 井冈山自然保护区2010年安全生产目..
- 吉安白鹭酒店集团赴罗浮林场开展帮扶工..
- 井冈山自然保护区开展安全生产隐患大排..
- 关于开展"平安长廊"创建工作实施方案..
- 井冈山国家级自然保护区管理局安全生产..
- 国家惠农政策
- 井冈山国家级自然保护区管理局推进造林..
- 财政部 国家林业局关于印发《中央财政..

公众教育　更多>>
- 科普知识第一期—奇妙的植物世界 2011-11-25
- 科普知识第二期—保护区小知识 2011-11-25
- 科普知识第三期—花儿为什么这样.. 2011-11-25
- 科普知识第四期—有趣的动植物 2011-11-25
- 井冈山自然保护区宣传教育中心 2011-07-10
- 井冈山自然保护区积极开展第29届.. 2010-04-15
- 江西第二十八届爱鸟周井冈山宣传活.. 2009-11-19

视频点播　更多>>

宣教中心　更多>>

保护区掠影　更多>>
水口彩虹瀑布　井冈日出　井冈云海　鹰嘴岩　井冈雪景　常绿阔叶林　龙潭景区

主办：国家林业局　承办：国家林业局信息化管理办公室　野生动植物保护与自然保护区管理司　江西井冈山国家级自然保护区管理局
地址：江西井冈山茨坪长坑路11号 办公电话：0796-6559586 传真：0796-6559569 邮政编码：343600
技术支持：北京开普互联科技有限公司　京ICP备06020348号

图169　江西井冈山国家级自然保护区网站首页

二、广东南岭国家级自然保护区

广东南岭国家级自然保护区坐落于广东、湖南两省交界的粤北南岭腹地。东与乳源瑶族自治县大桥镇、大坪和南水水库接壤，南与乳源瑶族自治县洛阳乡、古母水镇连接，西靠连州潭岭水库，北与湖南莽山国家级自然保护区相邻，总面积58400hm^2，是目前广东省面积最大的国家级自然保护区，森林覆盖率达98%以上。属森林生态系统类型保护区，主要保护对象为中亚热带常绿阔叶林和珍稀濒危野生动植物及其栖息地(图170)。

图170　广东南岭国家级自然保护区网站首页

三、广东车八岭国家级自然保护区

广东车八岭国家级自然保护区始建于 1981 年 7 月，1988 年 5 月经国务院批准升格为国家级自然保护区，1995 年 9 月加入中国“人与生物圈保护区”网络。2004 年命名为“广东省青少年科技教育基地”，2005 年 12 月被评选为“中国生物多样性保护示范基地”，2006 年被评选为“广东最美的自然生态乡村”，2008 年被评为世界生物圈保护区。主要保护对象为中亚热带常绿阔叶林及珍稀动植物，是我国综合自然保护区之一（图 171）。

图 171　广东车八岭国家级自然保护区网站首页

四、广东内伶仃岛—福田国家级自然保护区

广东内伶仃岛—福田国家级自然保护区建于1984年10月，1988年5月升格为国家级自然保护区，2006年10月被国家林业局列为国家级示范保护区，总面积约922hm^2。主要由内伶仃岛和福田红树林两个区域组成，其中福田红树林区域是全国唯一处在城市腹地、面积最小的国家级森林和野生动物类型的自然保护区(图172)。

图172 广东内伶仃—福田自然保护区网站首页

五、广东湛江红树林国家级自然保护区

广东湛江红树林国家级自然保护区创建于 1990 年 12 月，1997 年晋升为国家级自然保护区，保护区总面积 20278.8hm^2，其中红树林面积 9200hm^2，占全国的 33%，广东省的 79%，是我国红树林面积最大、分布最集中、种类较多的自然保护区。主要保护对象为红树林湿地生态系统及其生物多样性、典型自然景观。湛江红树林湿地为国际候鸟迁徙重要通道，集国际重要湿地、国家级自然保护区、国家沿海防护林重要区域于一体，生物多样丰富，是我国生物多样性保护的关键性地区和国际湿地生态系统就地保护的重要基地。为中国人与生物圈保护区成员、全国示范自然保护区、广东省森林生态旅游示范基地(图 173)。

图 173　广东湛江红树林国家级自然保护区网站首页

六、广东象头山国家级自然保护区

广东省人民政府于 1998 年 12 月批准建立广东象头山省级自然保护区。2002 年 7 月晋升为国家级自然保护区，总面积为 10696. 9hm^2，其中核心区面积为 3635. 6hm^2，占总面积 34%，森林覆盖率 88. 4%；缓冲区面积为 3996. 6hm^2，实验区面积为 3064. 7hm^2。属森林生态类型自然保护区，主要保护对象为南亚热带常绿阔叶林和野生动植物。同时也是东江重要水源涵养林(图 174)。

图 174　广东象头山国家级自然保护区网站首页

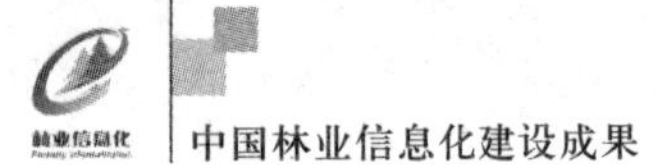

七、广东珠海淇澳—担杆岛省级自然保护区

广东珠海淇澳—担杆岛自然保护区，其前身为1989年11月经广东省人民政府批准建立的珠海担杆岛猕猴省级自然保护区。2004年11月广东省人民政府批准同意将珠海担杆岛猕猴省级自然保护区和珠海淇澳岛红树林市级自然保护区合并，建立珠海淇澳—担杆岛省级自然保护区(图175)。

图175　广东珠海淇澳—担杆岛自然保护区网站首页

八、广东龙门南昆山省级自然保护区

南昆山自然保护区位于龙门、从化、增城三县(市)交界处，距离广州约90km，是珠江三角洲地区地处北回归线内不可多得的绿色宝库，属森林生态类型保护区，主要保护对象为南亚热带常绿阔叶林、珍稀动植物及其自然生态系统，因受东南季风影响和人为保护，保存了大片较为完整的南亚热带山地常绿阔叶林，野生动物资源十分丰富。据初步调查，有高等植物1107种，其中药用植物500多种，观赏植物100多种、珍稀濒危植物14种，有动物153种，在一个大石岩中仅蝙蝠就近万只，颇似一个天然动物园(图176)。

图176　广东龙门南昆山自然保护区网站首页

九、广东曲江罗坑省级自然保护区

广东曲江罗坑省级自然保护区南面与英德石门台省级自然保护区连接，西面与乳源大峡谷省级自然保护区毗邻，总面积为2000 多 hm^2。区内自然资源丰富，种类繁多，主要保护对象是亚热带常绿阔叶林、珍稀动植物及其栖息地，是综合型自然保护区(图 177)。

图 177　广东曲江罗坑自然保护区网站首页

十、广东海丰鸟类省级自然保护区

广东海丰鸟类自然保护区被确认为我国三大国际候鸟迁徙栖息地之一。海丰县被中国野生动物保护协会授予全国 12 个“中国鸟类之乡”之一的“中国水鸟之乡”称号(图 178)。

图 178　广东海丰鸟类自然保护区网站首页

十一、广东英德石门台省级自然保护区

广东英德石门台省级自然保护区地处北回归线北缘，属南亚热带与中亚热带过渡地区，是以南亚热带季风常绿阔叶林与中亚热带典型常绿阔叶林过渡特征的森林生态系统类型为主要保护对象的自然生态系统类自然保护区(图 179)。

图 179　广东英德石门台自然保护区网站首页

十二、陕西佛坪国家级自然保护区

佛坪自然保护区是以保护大熊猫及其栖息地为主的森林和野生动物类型的国家级自然保护区，地处秦岭中段主脊南侧，总面积28586hm^2，居于秦岭自然保护区群的中心位置。由于地理位置独特，区内具有典型的北亚热带与暖温带交汇的山地森林生态系统以及丰富多样的生物资源，分布有国家重点保护野生动物45种，其中大熊猫、朱鹮、金丝猴、羚牛等一级保护动物8种；二级保护动物38种。有高等植物1769种，国家重点保护植物64种。大熊猫的分布密度居全国之首，世界唯一的棕色大熊猫在这里发现，生物学家称这里是“生物资源的宝库，野生动物的天堂，科学研究的理想场所”(图180)。

图180　陕西佛坪国家级自然保护区网站首页

十三、陕西长青国家级自然保护区

该自然保护区处于我国南北气候的分界线和动植物区系的交汇过渡地带，森林覆盖率达90%以上，其中竹林面积达21358hm^2，成为秦岭大熊猫的“天然庇护所”。已知区内有种子植物135科601属1556种，列入《中国濒危保护植物》红皮书的有31种；脊椎动物有29目78科311种。国家重点保护野生动物39种，其中一级有大熊猫、金丝猴、羚牛、豹、朱鹮、金雕、林麝7种，二级有33种。尤其是被誉为“活化石”的大熊猫在本区广泛分布，是非常有保护价值的大熊猫密集分布区，受到国内外的关注和重视(图181)。

图181　陕西长青国家级自然保护区网站首页

十四、陕西太白山国家级自然保护区

太白山自然保护区成立较早，1965 年 9 月陕西省人民政府批准成立，1986 年 7 月国务院批准为国家级自然保护区。1995 年加入了世界人与生物圈中国生物圈保护网络。管理机构随着时代的变化也几经更迭，并不断得到职能上的完善和管理水平上的提高，长期以来为管理维护保护区自然资源的完整性和生态系统的完整性发挥了重要作用(图 182)。

图 182　陕西太白山国家级自然保护区网站首页

十五、陕西青木川国家级自然保护区

陕西青木川国家级自然保护区，地处四川、陕西、甘肃三省交界处的秦岭与岷山交汇地带，位于宁强县西部边陲的青木川镇境内。北与甘肃武都、康县接壤，西与四川省青川县毗邻，南至青木川镇南坝村，东至广坪河，南北宽 15.5km，东西长 28km，总面积 10200hm^2，其中核心区面积 4058.29hm^2，缓冲区面积 2634.59hm^2，实验区面积 3507.12hm^2（图 183）。

图 183 陕西青木川国家级自然保护区网站首页

十六、陕西桑园国家级自然保护区

桑园自然保护区是2002年8月经陕西省人民政府批准成立的省级自然保护区，后于2009年9月晋升为国家级自然保护区。保护区位于陕西省汉中市留坝县东北角，处于秦岭中段大熊猫自然保护区群的西缘，东部紧邻牛尾河自然保护区，南邻摩天岭、板桥和盘龙自然保护区，西部与屋梁山自然保护区和青木川自然保护区相望。桑园保护区处于相邻几个保护区的中心地带，是秦岭中部大熊猫种群向西扩散的必经之地(图184)。

图184 陕西桑园国家级自然保护区网站首页

十七、四川卧龙国家级自然保护区

卧龙自然保护区以“熊猫之乡”、“宝贵的生物基因库”、“天然动植物园”享誉中外，有着丰富的动植物资源和矿产资源。区内共分布着100多只大熊猫，约占全国总数的10%。被列为国家级重点保护的其他珍稀濒危动物金丝猴、羚牛等共有56种，其中属于国家一级重点保护的野生动物共有12种，二级保护动物44种。被列为国家重点保护的珍贵濒危植物达24种，其中一级保护植物有珙桐、连香树、水清树，二级保护植物9种，三级保护植物13种。保护区内还有丰富的水能蕴藏量(图185)。

图185 四川卧龙国家级自然保护区网站首页

十八、四川蜂桶寨国家级自然保护区

四川蜂桶寨国家级自然保护区地处四川盆地向青藏高原的过渡带，邛崃山脉中段，夹金山南麓，青衣江源头，是世界上第一只大熊猫的发现地和模式标本产地，位于世界自然遗产地——四川大熊猫栖息地的核心区，雅安市宝兴县境内(图186)。

图186 四川蜂桶寨国家级自然保护区网站首页

十九、四川龙溪—虹口国家级自然保护区

龙溪—虹口国家级自然保护区是全国35个大熊猫保护区之一。位于大熊猫现代自然分布区狭长条状弧形带的中段，是岷山山系大熊猫B种群重要的栖息地。直接联系着岷山山系和邛崃山系两个世界最大的大熊猫野生种群，是大熊猫生存和繁衍的关键区域和“天然走廊”(图187)。

图187 四川龙溪—虹口国家级自然保护区网站首页

二十、四川瓦屋山国家级自然保护区

四川瓦屋山国家级自然保护区是以保护大熊猫及其他珍稀野生动物为主的森林和野生动物类型的自然保护区，地处动物地理分布的古北界与东洋界过渡地带的邛崃山支脉峨眉山西北面，四川盆地西缘大相岭东南麓(图 188)。

图 188　四川瓦屋山自然保护区网站首页

二十一、四川美姑大风顶国家级自然保护区

四川美姑大风顶国家级自然保护区经国务院批准，1979 在美姑县与马边县交界的大风顶一线的瓦侯区境内建立，1994 年确认为国家级自然保护区，以大熊猫、珙桐等珍稀野生动植物及其栖息环境为主要保护对象(图 189)。

图 189　四川美姑大风顶国家级自然保护区网站首页

机关后勤网站群

一、北京国林宾馆

北京国林宾馆网站确立了北京国林宾馆对外服务的门户，提升了国林宾馆的形象，给公众一个更加直观的展示交流平台。随着网络发展的日新月异，大众出行通过网络预订客房已经是最普遍的手段。为了给公众一个更直观、更加便捷的服务和展示窗口，提升自身品牌价值，争取更多的客户源，建设了北京国林宾馆网站管理系统(图 190)。

图 190　北京国林宾馆网站首页

二、北戴河国林宾馆

北戴河国林宾馆网站运用先进的传播扩展手段，增强宾馆的服务力度，拉近宾馆与客户的距离，增强客户关系。通过文字、图片展示宾馆硬件设施，扩大接待及服务条件及特色宣传，提供更好的会议、住宿、休闲娱乐及餐饮服务。信息更新快，覆盖面广，提高服务的速度与质量，并且以一种快捷、方便、准确的方式发布酒店信息，及时了解客户所需的服务，最大限度地达到对资源的利用和共享(图 191)。

图 191　北戴河国林宾馆网站首页

三、厦门新中林大酒店

厦门新中林大酒店网站管理系统集成宾馆客房、餐饮、娱乐、各项服务的展示以及客房、餐饮预订等功能，全面对公众开放，提升宾馆的服务质量。通过建立网上预订、温馨客房、会议设施、餐饮服务、休闲娱乐、意见征询栏目充实网上服务内容，提升服务水平(图 192)。

图 192　厦门新中林大酒店网站首页

四、北京松鹤山庄宾馆

北京松鹤山庄宾馆网站管理系统的建立树立了宾馆形象，建立领先同行业的优势。运用先进的传播扩展手段，增强了宾馆的宣传力度，拉近宾馆与客户的距离，增强客户关系。通过文字、图片展示宾馆硬件设施，扩大接待及服务条件及特色宣传。信息更新快，覆盖面广，提高服务的速度与质量，及时了解客户所需的服务，最大限度地达到对资源的利用和共享。通过建立网上预订、温馨客房、会议设施、餐饮服务、休闲娱乐、意见征询栏目充实网上服务内容，提升服务水平(图 193)。

图 193　北京松鹤山庄宾馆网站首页

五、国家林业局幼儿园

国家林业局幼儿园网站全面实现管理教育部门的数字化管理，不仅可以简化、规范幼儿园的日常操作，降低幼儿园的成本，提高幼儿园的管理效率和质量，更可以促进向现代化的教育部门管理迈进(图 194)。

图 194　国家林业局幼儿园网站首页

六、后勤食堂管理系统

为了加快国家林业局后勤部门的信息化建设，提高服务质量，节约后勤管理上的成本，国家林业局后勤食堂管理系统结合后勤食堂的管理现状，梳理现有食堂管理的流程，整合各方资源，建设统一的后勤食堂菜谱、人员信息、采购、库管、财务核算的管理系统。简化食堂管理的流程，减少人工成本，降低工作的复杂程度。通过信息化建设，使国家林业局后勤食堂提升服务质量，提高工作效率(图 195)。

图 195　国家林业局后勤食堂管理系统首页

综合管理网站

一、中国林业网英文版网站

中国林业网英文版网站对外发布我国及国外林业相关信息，为世界各国了解我国林业发展和建设成就等提供一个对外展示的窗口。系统依托于基础平台的建设，搭建对外发布信息的窗口，系统主要包括政务新闻、政府信息、热点专题、中国林业概况、文化、教育等栏目(图 196)。

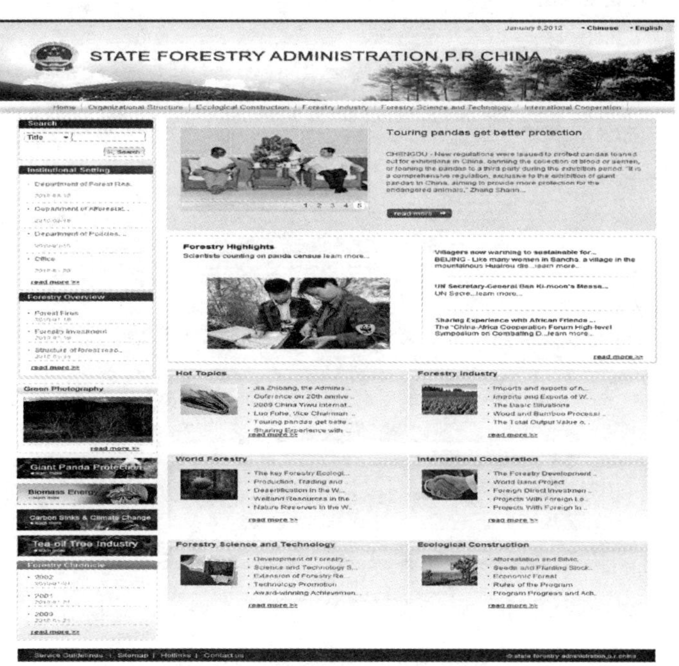

图 196　中国林业网英文版网站首页

二、中国林业网繁体版网站

依照中国香港、澳门、台湾及海外华人的阅读习惯，依托建成的中国林业网，对网站的内容进行简繁转换工作，建设中国林业网繁体版网站(图 197)。

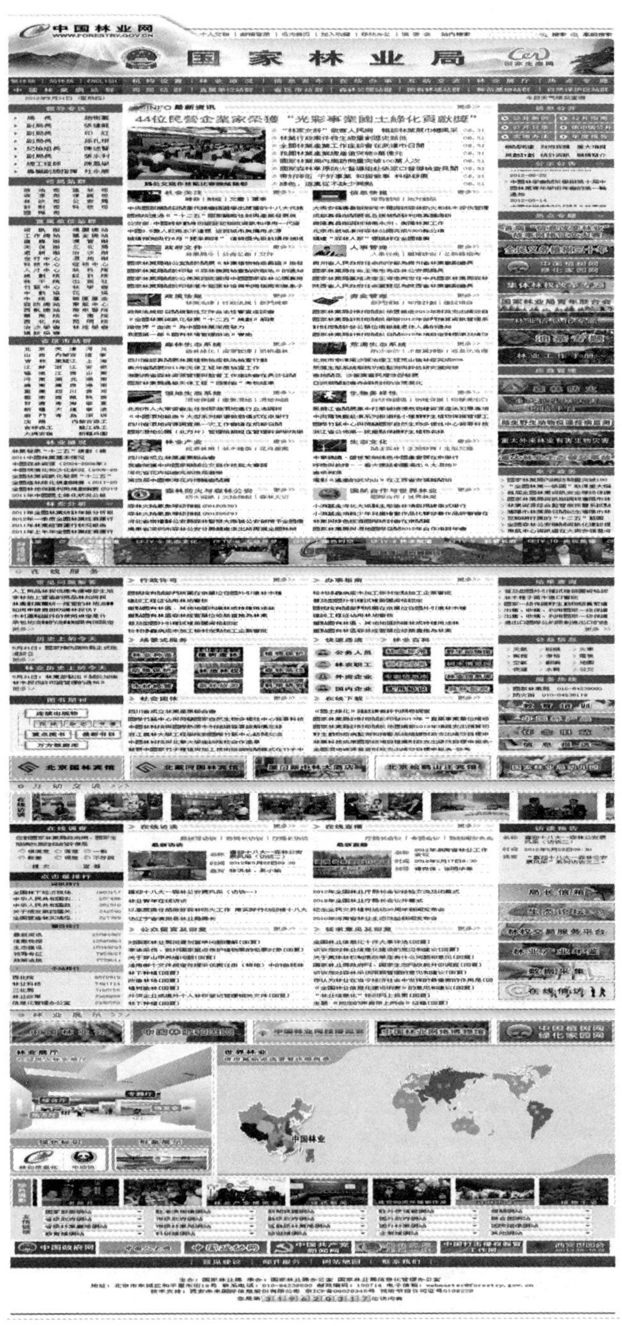

图 197　中国林业网繁体版网站首页

三、中国植树网

为了促进中国的造林绿化事业，提高生态环境质量，保障国家生态安全，响应全民义务植树的号召，建设了中国植树网。网友通过在线植树网站进行线上捐款，并明确植树意向(包括植树地点、树种、数量等)，所有的款项统一进入指定账户。系统收到捐款后，会安排相应的林场落实植树任务，并在网上及时进行公示和反馈。中国植树网提供了造林绿化的互动平台，有利于提高网民的生态保护意识，方便网民参与义务植树、绿化祖国的活动，并在一定程度上拓宽植树造林资金筹措的渠道(图 198、图 199)。

图 198　中国植树网首页

图 199　在线植树体验界面

四、中国林业云

中国林业云通过最新动态、行业应用、政策聚焦、技术前沿、图片报道等栏目，介绍了云计算各类知识，通过林业云平台，可以看到国家林业局大力利用云计算平台的优势，对林业的各种资源加以提升、整合和完善，形成“云计算平台”总体框架，实现国家林业局在基础设施、网络互联、数据资源、存储灾备、平台服务、应用服务、安全保障和运维服务等方面的资源共享，将现有资源和再投入的资源得到充分利用，将数据资源的服务面进一步扩展，将平台和应用的服务能力进一步提高，从而更全面、更节省、更节能地为全局各部门提供信息化服务(图200)。

图200 中国林业云首页

五、中国林业物联网

中国林业物联网通过最新动态、行业应用、政策聚焦、技术前沿、图片报道等栏目，介绍了物联网各类知识及应用，中国林业也将致力于下一代互联网、智能传感、宽带无线、卫星导航等领域的成熟技术和产品，构建天网、地网、人网和林网一体化感知体系，对接智慧森林平台，共同形成国际领先、性价比高、具有重大实用价值的“感知生态，智慧森林”四网一平台大系统，全面、实时和系统监控严重威胁我国生态安全的森林火灾、盗伐林木、偷猎动物、私拉乱运等重大问题，为生态旅游提供导游、定位、救援和基于位置的服务等信息服务，实现我国生态安全监管和生态旅游服务的现代化，为实现 2020 年“双增”目标，保障国土生态安全提供支撑保障(图 201)。

图 201　中国林业物联网首页

六、中国林业网络博物馆

中国林业网络博物馆通过虚拟现实技术和网上展览技术融合，构造栩栩如生的三维网上博物馆，将逼真的现场效果，推送至每一位参观者，参观者可在展厅任意漫游，通过虚拟互动技术与展品实时互动，通过展品模型、展板、展台以及主题橱窗展示林业各领域中权威、经典的展品。中国林业网络博物馆分为森林馆、花卉馆、湿地馆、野生动物馆、野生植物馆、荒漠馆6个展馆，其中动物馆占6000m^2，分为6个展厅，分别为前厅、兽类野生动物展厅、鸟类野生动物展厅、昆虫类野生动物展厅、爬行类野生动物展厅以及动物与人展厅。湿地馆占6000m^2，分为6个展厅，分别为前厅、湿地文化展区、湿地与人类、中国湿地、湿地与中国可持续发展、中国湿地保护行动等(图202～图208)。

图202　中国林业网络博物馆首页

图 203　森林馆页面

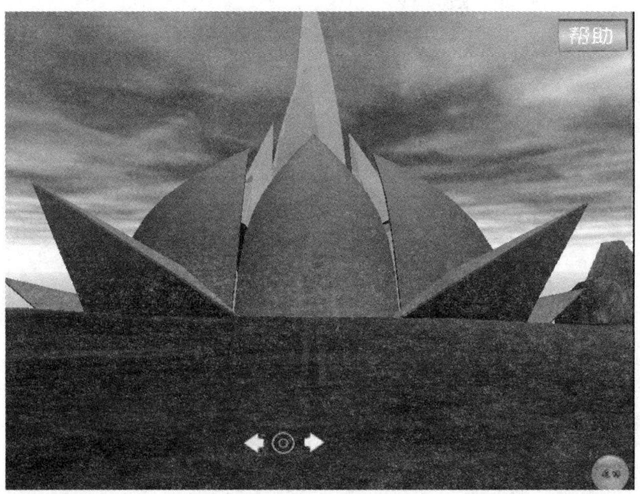

图 204　花卉馆页面

图 205　湿地馆页面

图 206　野生动物馆页面

图 207　野生植物馆页面

图 208　荒漠馆页面

七、中国林业网络博览会

中国林业网络博览会是林业行业 B2B 电子商务平台和林业行业信息化应用服务的平台；中国林业博览会是以企业交流、产品展示、客户交流为核心的林业产品在线展示交易 B2B 平台，实现了原材料、产品、供求信息的在线发布，为企业之间的交易提供了在线交易平台；中国林业网络博览会拥有海量的林业企业、产品及其供求信息，在这里可以发挥网络“货比千家”的优势，及行业相关信息的无缝交流，达到了降低企业原材料采购成本，为最终用户提供质优价廉的林业产品的目的，增加林业产品交易量，促进林业行业健康发展；中国林业网络博览会以虚拟现实为表现手段，整合虚拟博览应用系统，构建厂家的网络品牌展示中心，将企业、产品展示网络化、三维化、虚拟化，用户只要操作鼠标即可在虚拟博览会中漫游，了解企业，详细查看产品细节，交互试用展品等；同时也可以将实体博览会移植到网络中三维再现，让实体博览会成果在网络上永久保存和展示，服务于实体博览会举办地以外的用户，同时也为新一届的实体博览会招展服务，实现林业行业提供 24 小时在线服务的永不落幕的网络博览会，林业网络博览会共分为主展馆、野生产品馆、木材加工馆、休闲旅游馆、非木产品馆、生产技术及服务馆、公共管理馆 7 个展馆(图 209 ~ 图 216)。

图 209　中国林业网络博览会首页

图 210　主展馆页面

图 211　野生产品馆页面

图 212　木材加工馆页面

图 213　休闲旅游馆页面

图 214　非木产品馆页面

图 215　生产技术及服务馆页面

图 216　公共管理馆页面

八、中国林业网络电视(CFTV)

国家林业局拥有大量重要会议、活动、事件的视频资料，还有大量广播、电影、电视关于林业的报道，提高这部分信息的利用率是建立中国林业网络电视的目的。

实现的功能是：按照规范将存储在录像带、光盘、胶片上的视频采样、压缩数字化成可以通过网络传播的、大小适中的通用计算机视频格式，保存到数据库，视频说明书包括视频内容提要、时间、摄制人员、编目、转换参数、转换时间等文字信息，同时将实际视频文件交给网络视频服务器，由其决定文件的保存位置，并将该保存位置自动记录到视频说明书中，系统然后生成审核信息交由有关人员审核，待内容、质量审核通过后发布到互联网上供大家访问。

中国林业网络电视依托中国林业网创建了资讯频道、在线访谈、地方风采、专题频道、生态文化、大地寻梦、绿色时空、林改频道、科普长廊、央视集锦、展播频道等频道。

1. 资讯频道(CFTV1)

资讯频道包括国家林业局资讯和地方林业资讯(图 217)。

图 217　资讯频道页面

2. 在线访谈频道(CFTV2)

在线访谈包括厅局长访谈和专家学者大家谈等(图 218)。

图 218　在线访谈频道页面

3. 地方风采频道(CFTV3)

地方风采频道涵盖了全国各地的林业发展，栏目包含近期节目和往期节目(图219)。

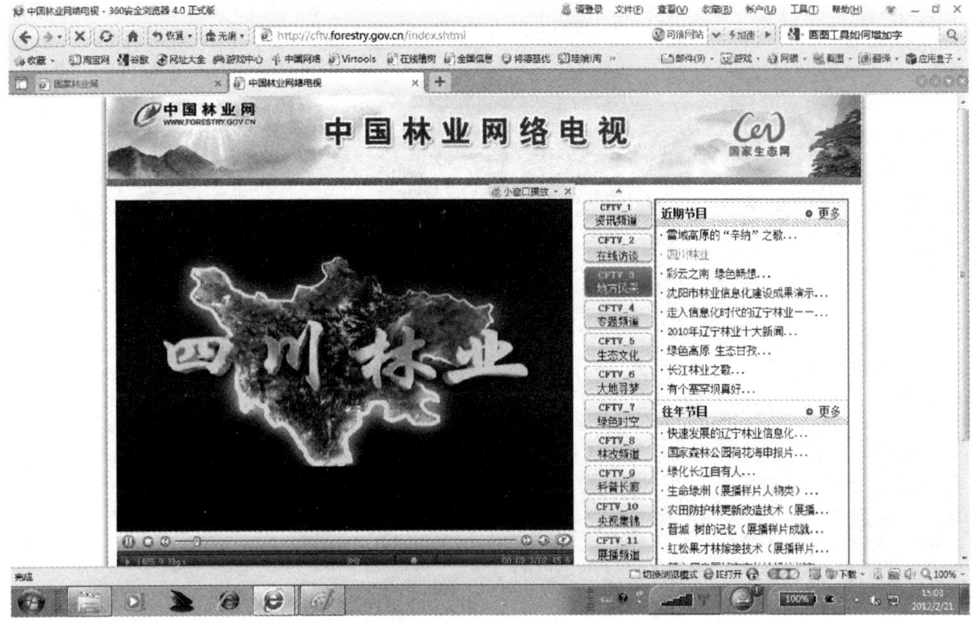

图 219　地方风采频道页面

4. 专题频道(CFTV4)

专题频道栏目包括走进森林、湿地掠影、大漠巡礼、动植物纵览、产业荟萃、绿海拾贝、特别节目等(图220)。

图 220　专题频道页面

5. 生态文化频道(CFTV5)

生态文化栏目包括文体动态和文化天地等(图 221)。

图 221　生态文化频道页面

6. 大地寻梦频道(CFTV6)

大地寻梦频道是与凤凰卫视合作栏目，共 50 多期(图 222)。

图 222　大地寻梦频道页面

7. 绿色时空频道(CFTV7)

绿色时空频道包括人与自然、生态中国等(图223)。

图223 绿色时空频道页面

8. 林改频道(CFTV8)

林改频道包括林下经济、林改进行时等栏目内容(图224)。

图224 林改频道页面

9. 科普长廊频道(CFTV9)

科普长廊包括实用技术、科普知识等栏目内容(图 225)。

图 225 科普长廊频道页面

10. 央视集锦频道(CFTV10)

央视集锦包括新闻联播、朝闻天下、新闻 30 分等栏目(图 226)。

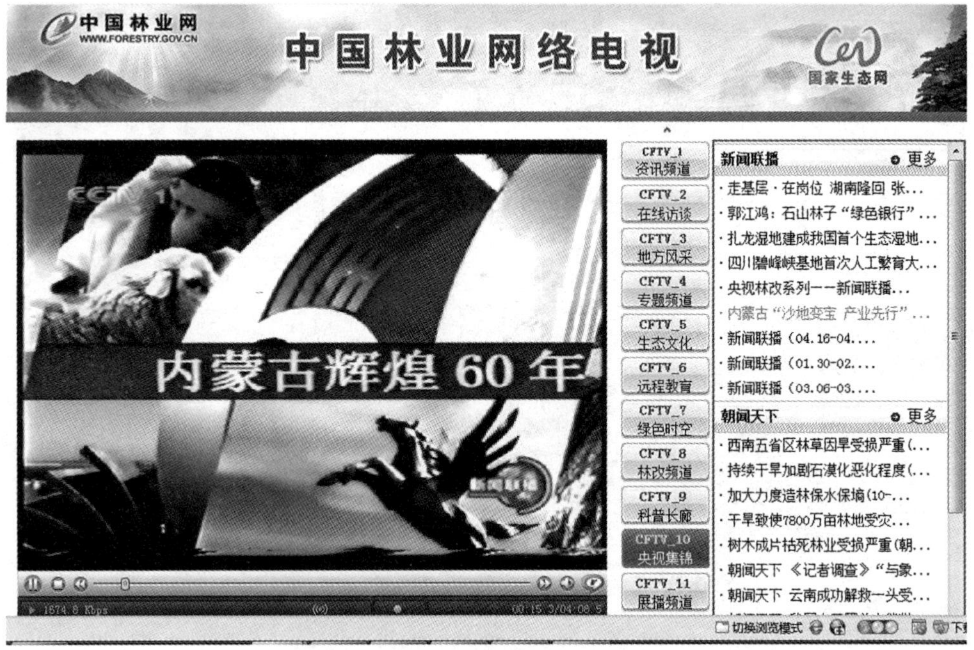

图 226 央视集锦频道页面

11. 展播频道(CFTV11)

展播频道包括厅局长新年贺词、绿色风采60年等栏目内容(图227)。

图227　展播频道页面

THREE YEARS 2009-2012

应用系统建设

YINGYONG XITONG JIANSHE

综合类应用系统

一、综合办公系统

综合办公系统是林业基础信息平台上的一项重点应用，通过全面整合办公信息资源和业务数据资源，规范国家林业局办公业务流程，从而全面服务于国家林业局行政办公和行政管理，实现国家林业局内部协同办公和信息共享，提高国家林业局工作人员的办公效率，同时为国家林业局领导决策提供强有力的支持(图 228、图 229)。

图 228　内网登录界面

图 229　综合办公系统首页

国家林业局综合办公系统总体结构如图 230 所示。

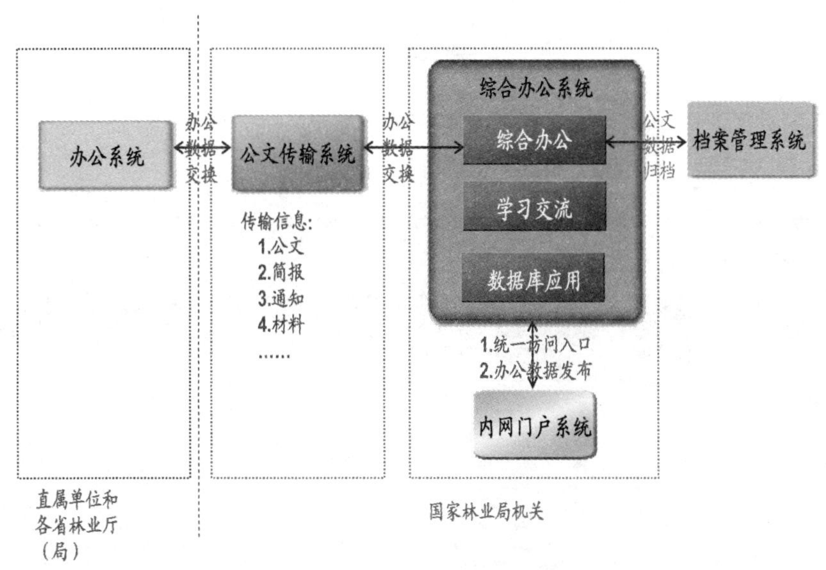

图 230　综合办公系统总体结构

综合办公系统面向国家林业系统用户提供网络化、电子化、规范化、流程化的集中式协同办公和信息资源共享服务平台，实现办公规范化、工作自动化、监督透明化，全面提升国家林业系统用户的办公水平和办公效率。从 2010 年 6 月 1 日起，林业系统开始进入无纸化办公阶段。这是林业信息化建设的一件大事，在林业信息化发展史上具有里程碑意义。国家林业局大院内全体职工、院外直属单位及 36 个省级林业部门都可登录内网系统进行工作、学习和交流，标志着林业系统由数千年的纸与笔时代进入了光与电时代。国家林业局每份文件的运转周期，从原来的3个星期缩短为1个星期，工作效率大大提高。

国家林业局综合办公系统的功能模块按业务需求分为领导办公、公文办理、会议办理、事务办理和综合管理五大类别。

领导办公。针对局领导在工作中的特殊需求，设立的领导办公应用专栏。包括日程安排、指示批示、领导讲话、重要活动、领导会见、领导办公文档等模块(图231)。

图231　领导办公专区界面

公文办理。公文办理是综合办公的核心部分，实现了国家林业局机关公文办理和管理电子化，实现了发文管理、收文管理、签报管理、建议提案的自动化，可灵活设定公文流程，自动进行跟踪、催办、查办，并可归类存档，最终实现“文档一体化”，提高协同办理能力和日常办公工作效率(图232)。

图232　公文办理界面

会议办理。会议办理提供对会议整个流程的管理，从申报会议计划开始，经过审批，然后向参会人员发会议通知，进行会务准备，会议结束以后，形成会议纪要，进行一整套的自动化管理。将日常繁琐的会议工作井井有条地结合在一起，实现对国家林业局会议整个流程的网上管理。会议办理包含全国性会议和内部会议等模块(图 233、图 234)。

图 233　会议办理界面

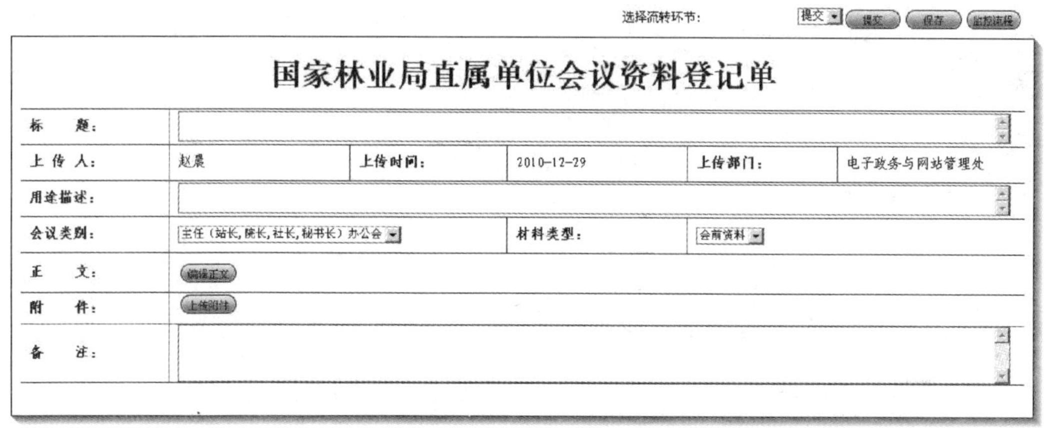

图 234　会议资料登记单

事务办理。事务办理为国家林业局办公用户事务办理提供服务，针对国家林业局用户在日常事务中的需求提供功能全面的日常办公环境。事务办理包含国际合作、人事管理、信息简报、督察督办、后勤服务、财务报销、意见征询、值班管理等模块(图 235)。

图 235　事务办理界面

综合管理。综合管理为国家林业局办公用户提供辅助办公的应用服务。综合管理包含通知、留言条、办公助理、个人通讯录、大事记等模块(图 236)。

图 236　综合管理界面

二、移动办公系统

移动办公系统突破传统的公文办理方式，在保证网络安全的前提下，利用互联网实现公文的移动办理，利用移动专线实现公文的手机移动办理。办公人员可在局机关外访问移动办公应用系统，随时随地进行文件的审阅办理，摆脱时间和空间对办公人员的约束，信

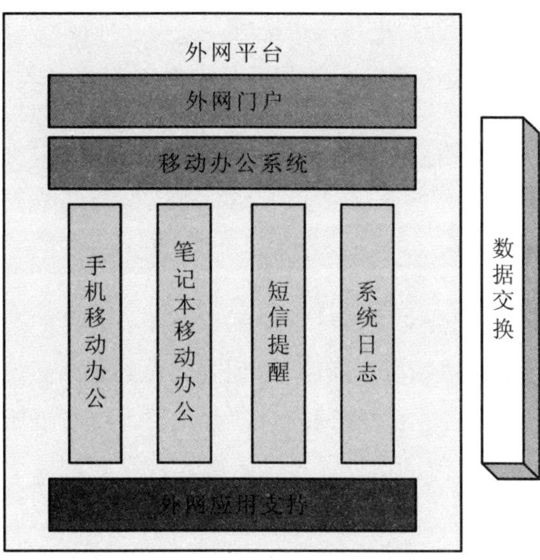

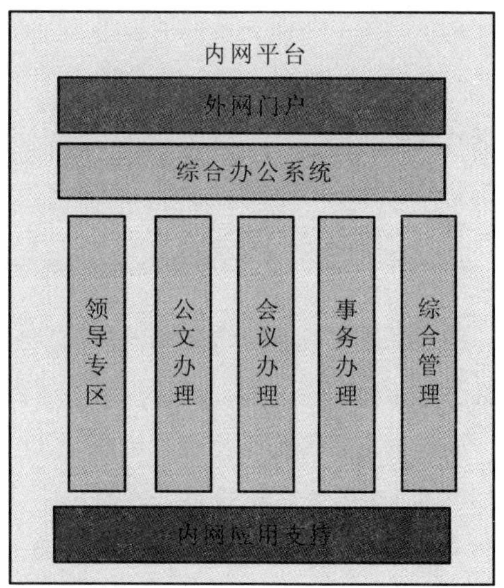

图 237　移动办公系统架构

息处理更自由，不受工作场所的局限，在不降低安全防范标准的前提下，提高了办公效率（图 237）。

移动办公系统主要实现的功能如下：

移动办公应用系统。可通过外网计算机上网审签公文。系统包括发文、收文、签报等常用流程的签发、审核处理。

手机移动办公系统。可通过手机进行公文的办理（图 238）。功能包括用户登录、文件审批、应急信息审批、重要信息浏览功能。

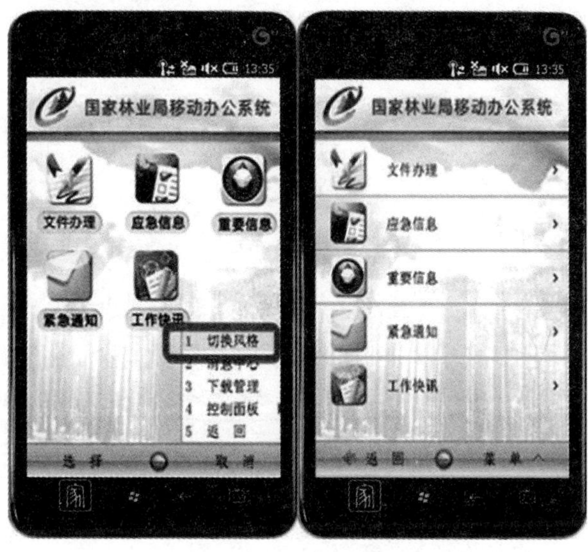

图 238　手机移动办公界面

短信提醒。将需要提醒的消息交换至外网，在外网进行发送提醒。

内外网数据交换。进行内网办公系统改造，在内网综合办公系统中针对发文、收文、签报开发提交远程办公功能。

三、公文交换系统

公文智能交换系统将条码自动识别技术引入到公文交换过程中，将公文、信件的基本信息生成条码，通过带有条码识读装置的专用设备“智能交换箱”来记录文件的全部交换信息，从而实现了传统办公自动化系统无法做到的纸质文件数据的自动载入，系统将纸质文件和电子文件建立起对应关系，解决了信息流与物流的信息连接，从而实现了对纸质文件和电子文件的一体化管理。此系统解决了以往公文交换过程中手工登记签收责任不清、劳动强度大、数据不准确、查询统计难等历史难题。系统能够生成含有文件信息的条码，把条码贴附在文件上，在文件的交换过程中通过“智能交换箱”自动采集条码上的信息，避免了文件实物流与电子信息流“两层皮”现象(图 239、图 240)。

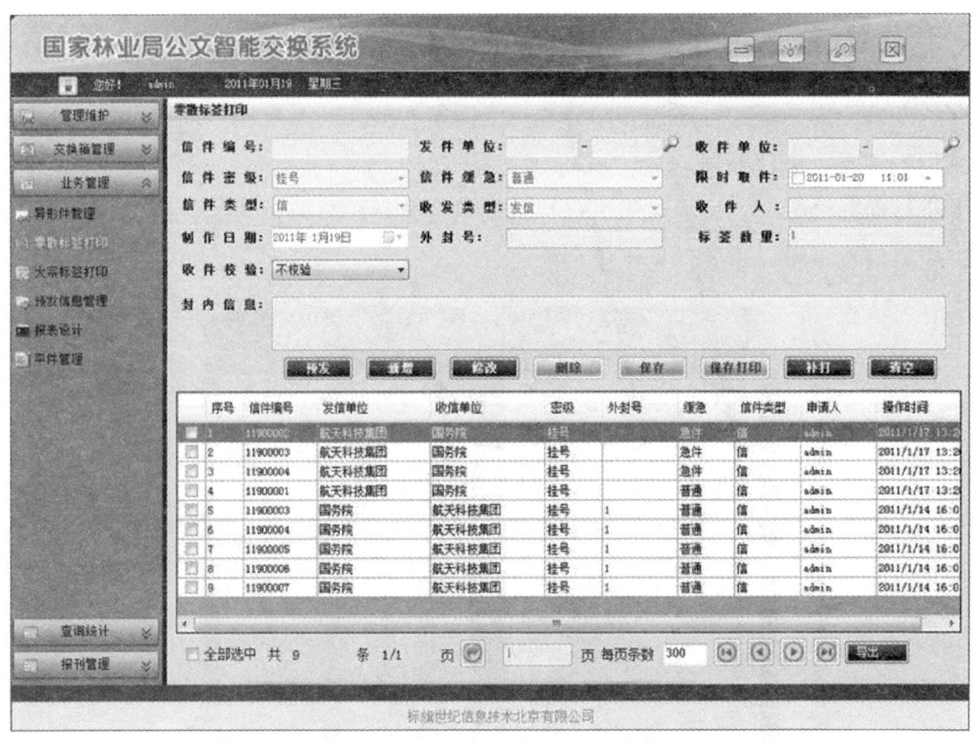

图 239　电子公文智能交换系统界面

图 240　电子公文交换系统实体

四、公文传输系统

国家林业局综合办公电子传输系统共连接国家林业局办公室及各省厅办公室共计 37 个单位，电子公文传输系统在原有系统的基础上，通过新扩容的网络及国家林业局内网延伸至国家林业局各司局及京内外直属单位，节省信息、简报、公文等文件的传送时间，提高工作效率。

政务信息报送和接收系统作为国家林业局系统内部政务信息的传输交换通道，主要解决公文、信息、简报的交换，值班信息的上报以及会议通知和报名 5 个业务信息交换的需求。从业务角度划分，该系统由 5 个子系统组成：

公文子系统。主要解决国家林业局和各直属单位、各直属单位之间公文无纸化交换问题。

信息子系统。主要解决国家林业局和各直属单位、各直属单位之间信息无纸化交换问题。

简报子系统。主要解决国家林业局和各直属单位之间的简报无纸化传输交换问题。

值班信息子系统。主要解决国家林业局和各直属单位之间的紧急突发事件信息交换问题。

会议通知和报名子系统。主要解决会议通知的下发以及会议的报名统计问题。

这 5 个子系统通过统一的管理平台进行衔接，相互独立，不同的业务人员通过相关的身份认证之后，可以进入不同的子系统中进行相关信息的传输和接收，并进行相关的处理。整个系统采用 B/S 结构，通过 J2EE 技术构建多层、跨平台的应用。采用统一的用户管理和身份认证机制，为国家林业局搭建了一个灵活高效的信息交换平台(图 241)。

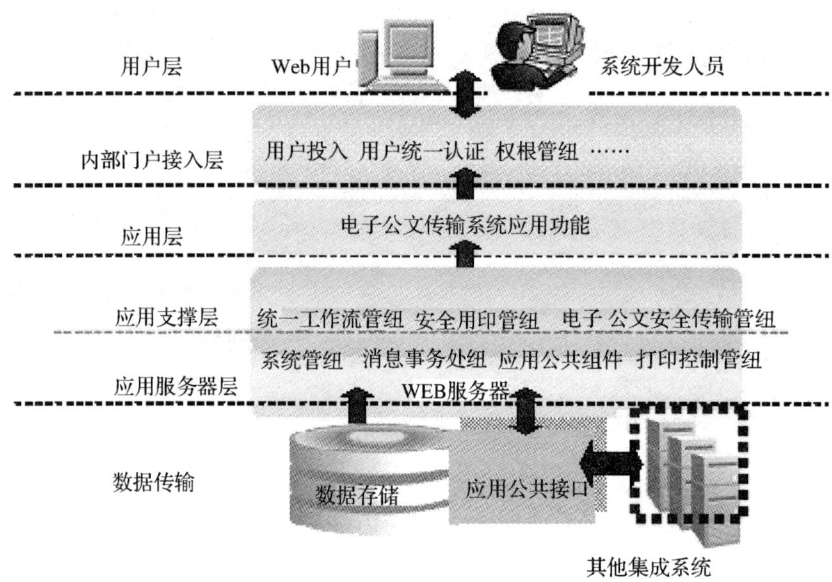

图 241 电子公文传输体系架构

本系统具备跨平台、支持多种数据库环境的能力，采用构件化设计方式，易于扩展和维护。具体功能如下：

综合办公接口系统。该系统主要功能是为了从 OA 系统中提取出公文交换系统所需的信息和将接收后的公文转入收文方办公系统继续办理。主要包括发文 OA 接口、收文 OA 接口。

版式公文转换系统。该系统功能主要是将起草好的公文转为统一的版式文件。

电子公文交换子系统。主要功能是实现各发文、收文单位之间的电子公文交换。具体又分为：公文发送、公文接收及回执、公文回执监控、发文监控、公文预览、公文打印、公文脱密下载、来文查询、公文回退。

电子公文安全系统。安全性要求无疑是电子公文交换系统首先要满足的要求。我们主要通过利用 CA 与公章的结合以及统一信息交换平台的安全传输来保证电子公文的安全。

五、档案管理系统

国家林业局电子档案管理系统是用于处理局机关的电子档案实时归档和历史档案资源集中利用的平台。融合于内网平台，在林业系统内实现档案信息的资源共享，使档案信息资源更好地为林业现代化服务。系统提供角色的管理、权限流程的管理和系统日志等特色功能，确保系统和档案信息的安全。

国家林业局照片数字化项目是为国家林业局提供照片数字化加工服务，对档案室收集归档的照片档案进行加工。对照片进行高精度数字化处理，建立图注信息(包括：主题、时间、地点、人物、背景、摄影者等要素)。并对照片进行图像优化，进行必要的处理，使照片质量得到较好的提升(图 242)。

图 242　电子档案管理系统界面

六、内部邮件系统

提供电子邮件服务，使得大家都可享受免费邮件功能，加速林业局内部的信息传递。作为网站的一项服务体现，内部邮件系统可以提供更多的业务支持和增加用户群，对于吸引用户和网站的发展都有很大好处。电子邮件系统架构可分为集中式与分布式两种，本次采用集中部署方式。系统可以实现基本的邮件收发：SMTP、WWW 发邮件，POP3 等收取邮件，WWW、客户端程序读邮件(图 243)。

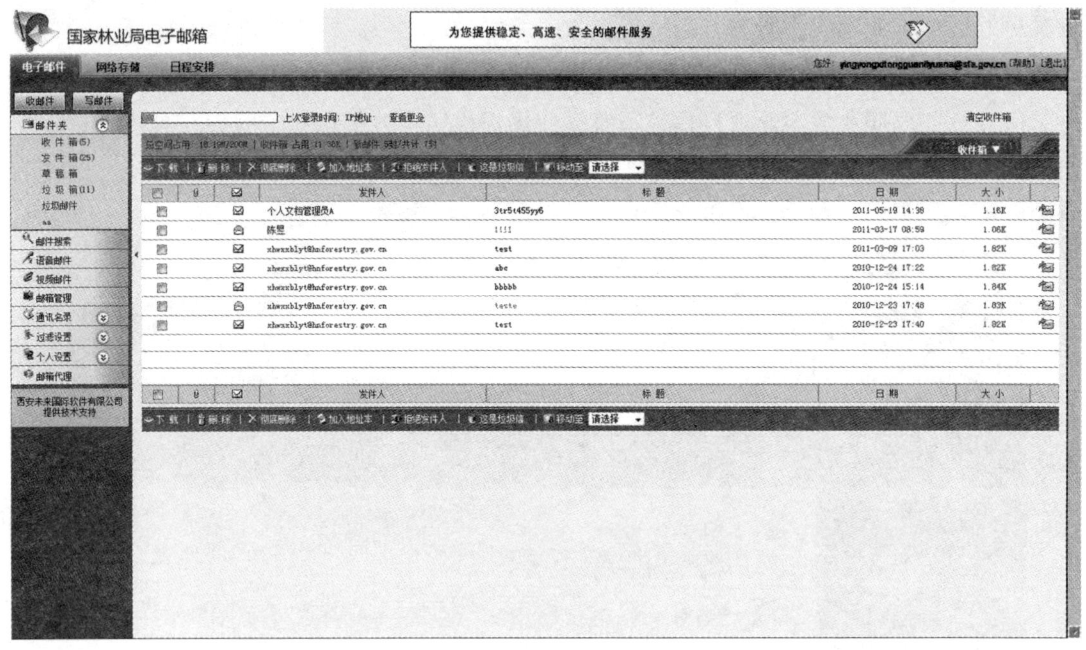

图 243　内部邮件系统界面

七、即时通信系统

即时通讯系统对国家林业局内部人员提供顺畅的沟通工具。畅顺的沟通对生产效率、管理质量起到至关重要的作用。在异步通信已无法满足办公需求的形势下，好的即时沟通平台，能够帮助实现高效沟通。林业局内部员工可以轻松地通过服务器所配置的组织架构查找需要进行通讯的人员，并采用丰富的沟通方式进行实时沟通。文本消息、文件传输、直接语音会话或者视频的形式满足不同办公环境下的沟通需求。即时通讯系统可提高工作效率，减少内部通讯费用，进行更加高效的沟通（图 244）。

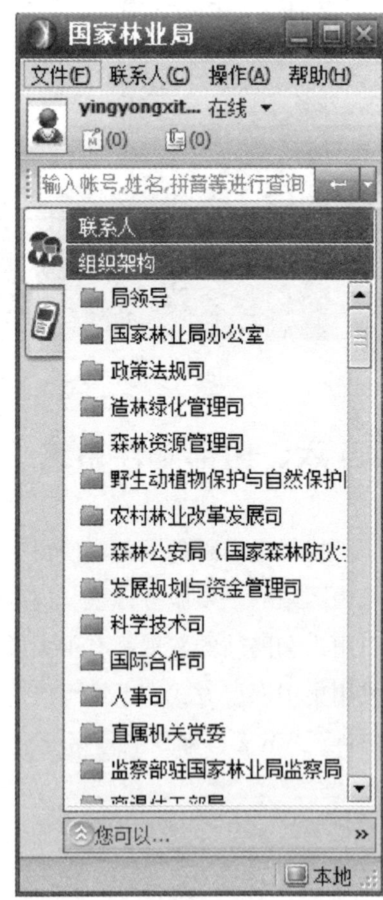

图 244　即时通信系统界面

八、文档交换系统

内外网文档交换系统解决了因内网、外网隔离而产生的两个网络之间文档安全交换的问题。该系统依托国家林业局基础平台的数据交换系统和网闸设备，实现在

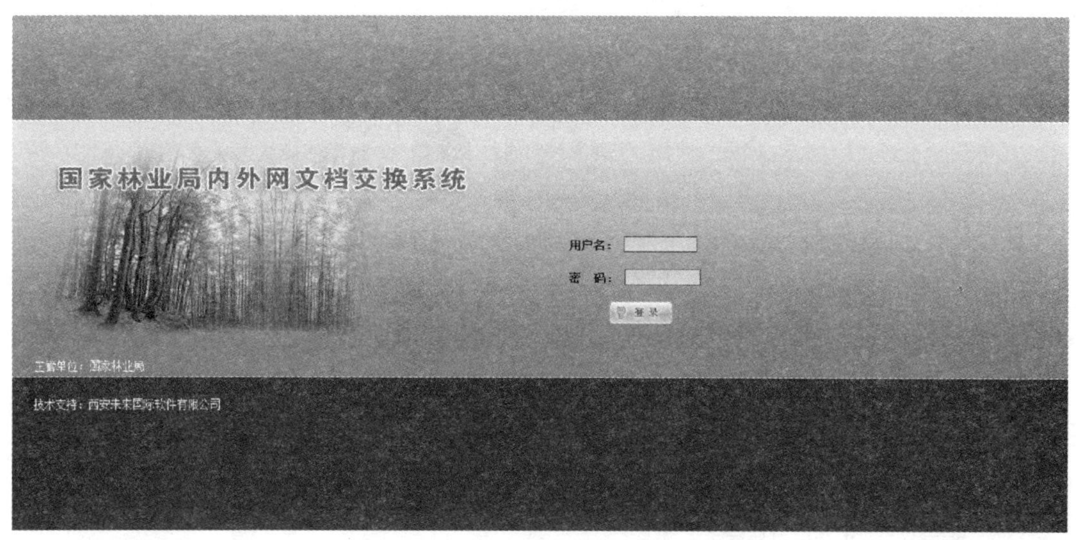

图 245　内外网文档交换系统界面

两个网络间文档的交换，为内网、外网办公提供有效的帮助。系统提供文件、图片等资料在内网、外网之间资源交换，为内网、外网办公人员提供有效的资源共享(图 245)。

九、视频会议系统

全国林业视频会议系统采用星型的组网方式，以国家林业局为中心节点，向外发散扩展。国家林业局采用 155M 光端机作为传输接入设备，与各省(自治区)林业厅(局)及四大森工集团共 36 个节点通过 2M 的 SDH 数字电路实现链路互通。各省(自治区)林业厅(局)及四大森工集团用 HDSL MODEM 或光传输设备作为接入设备。在国家林业局配置一台 Catalyst 4507 中心交换机、CISCO 7507R 作为核心路由器，放置在国家林业局中心机房，各省(自治区)林业厅(局)及四大森工集团选用 Catalyst 3550 24 口交换机，通过百兆端口连接本地路由器，Cisco 2691 路由器，通过 2M SDH 专线与国家林业局相连接(图 246)。

在原有的国家林业局视频会议系统的基础上增加了京内外 32 个直属单位的视频会议节点，增加国家林业局视频会议备份终端，将 MCU 系统升级，增加视频会议系统的 H. 263 及 H. 264 通信协议，改造现有的主视频会议室的音视频线路，减少各种信号的相互干扰，提高视频会议系统的音视频质量。

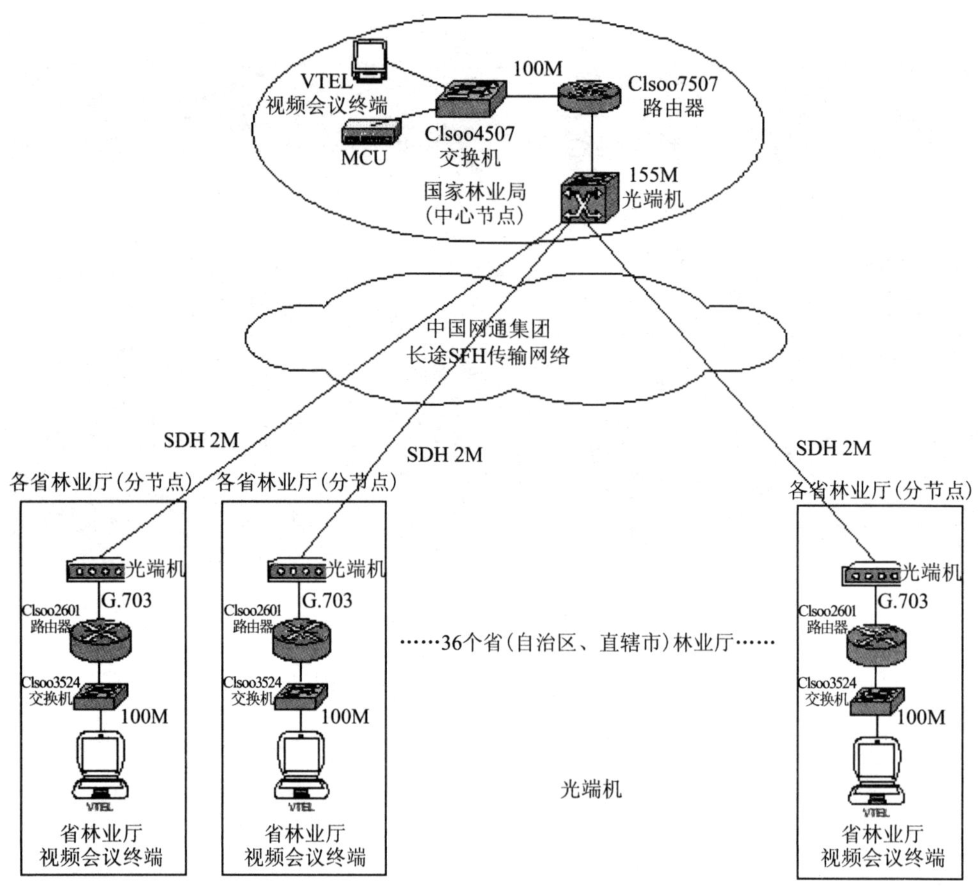

图 246　视频会议系统网络拓扑图

业务类应用系统

一、林业建设项目管理系统

林业建设项目管理系统主要实现了林业基本建设项目的申请、审批的便捷性，为项目承建单位建立可以离线填写项目建设信息的单机系统，实现项目申请、项目批复、项目建设情况、竣工验收情况的全程管理，建设了一个完善的林业建设项目管理系统库。同时与办公系统结合，实现统一事项办理的模式；与地理信息系统结合，实现项目多种方式的查询展示(图247)。

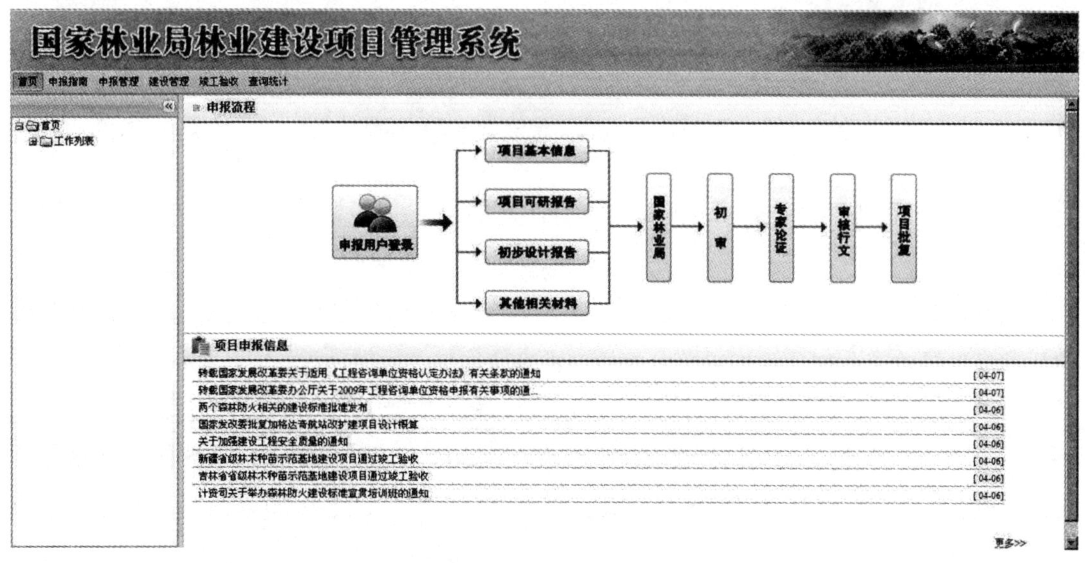

图247　林业建设项目管理系统界面

二、林业资源信息管理系统

林业资源信息管理平台通过综合运用数据库技术、3S 技术、网络技术等先进技术手段，采用面向组件和服务的软件架构，集成森林资源、荒漠化土地资源、湿地资源、生物多样性资源等林业资源信息，建立统一的林业资源信息管理基础平台，进行集中管理，有效保证数据的集成性、完整性、一致性，实现信息共享。

林业资源信息管理平台主要包括系统管理、数据管理。

系统管理主要包括用户管理、权限管理、角色管理、日志管理等功能。

数据管理主要包括元数据管理、数据录入维护、数据导入导出、其他管理等功能。

数据备份主要包括对林业资源综合数据库进行数据备份和恢复等功能(图 248)。

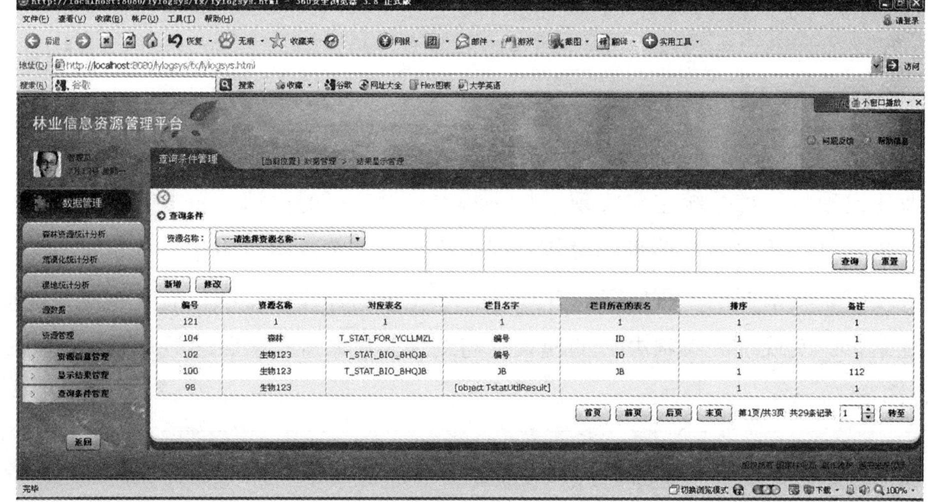

图 248　林业资源管信息理平台界面

三、林业资源综合查询系统

林业资源综合查询系统由森林资源信息、湿地资源信息、荒漠化资源信息、生物多样性资源信息等各类数据资源加以整合分析，面向国家林业局领导和各司局服务，提供林业资源的综合查询、统计分析、决策评价支持，以实现对相关数据的全方位管理和决策分析支持。

林业资源综合查询系统主要包括森林资源统计分析、荒漠化资源统计分析、湿地资源统计分析、生物多样性资源统计分析、综合办公统计分析、信息发布查询和系统管理等功能(图 249)。

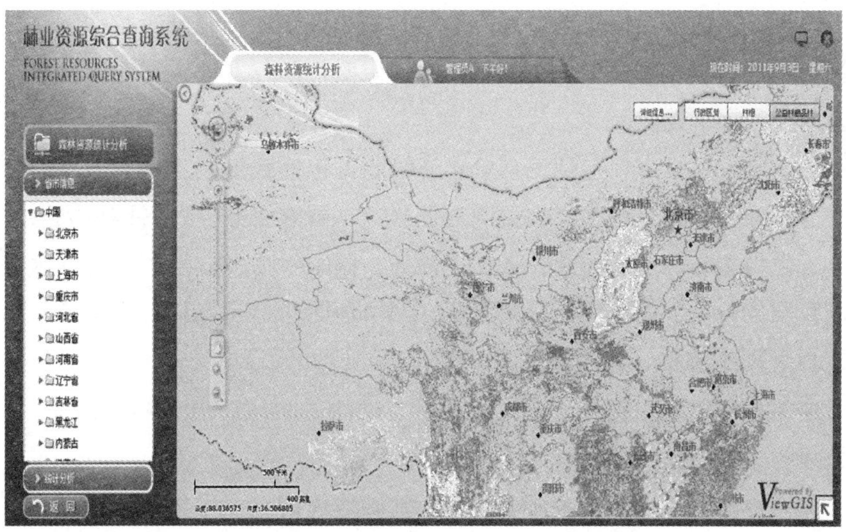

图 249　林业资源综合查询系统界面

四、生物多样性资源监管系统

生物多样性资源监管子系统建设包括以下几个方面(图 250)。

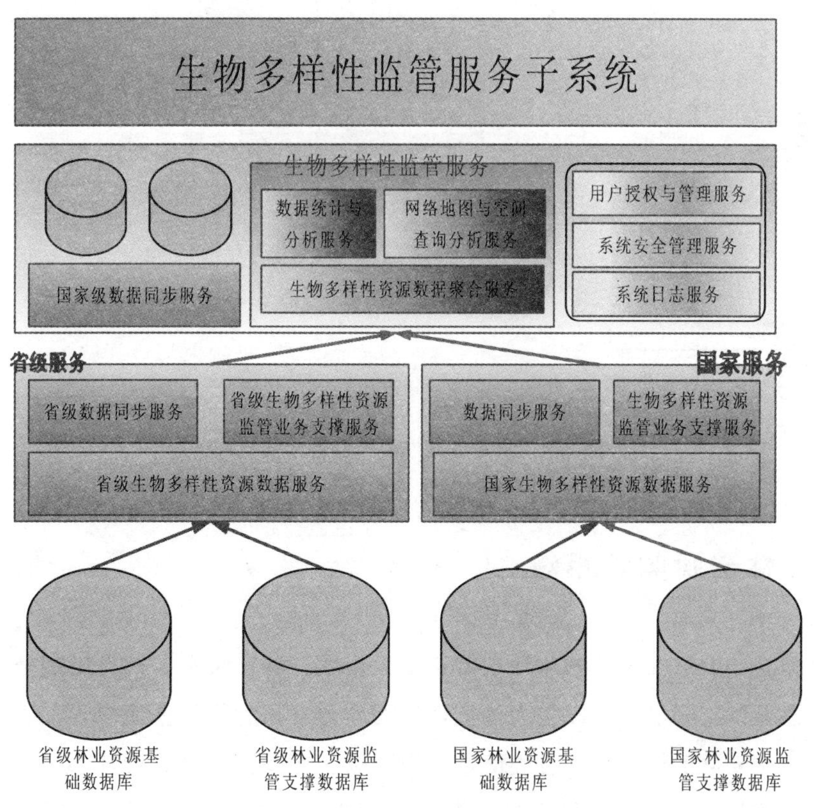

图 250　生物多样性资源监管系统架构

数据库建设。生物多样性资源数据库建设、生物多样性资源分布数据库建设、生物多样性资源统计与报表数据库建设、生物多样性资源监管业务支撑数据库建设以及省级生物多样性资源前置数据库建设。

服务建设。服务建设主要包括三部分：省级服务包括数据同步服务、生物多样性资源监管业务支撑服务、省级生物多样性资源数据服务；国家服务(主要针对一类数据)包括数据同步服务、生物多样性资源监管业务支撑服务、国家生物多样性资源数据服务；生物多样性资源监管服务包括数据统计与分析服务、网络地图与空间查询分析服务、生物多样性资源数据聚合服务等组成。

系统安全与管理建设。提供一个可复用的、通用的集用户管理授权服务、日志服务、安全管理服务为一体的模块。

生物多样性资源监管子系统主要实现基于基础地理信息、生物多样性资源信息、生物多样性资源统计与报表信息的生物多样性资源综合查询、统计分析(图 251)。

图 251　生物多样性资源监管系统界面

五、森林资源监管系统

森林资源监管子系统充分利用地理信息系统技术、遥感技术和计算机网络技术提高现有森林资源管理和监测水平，以各级各类森林资源调查和监测数据成果为基础，集成森林资源管理、林业重点工程建设等各类信息，为国家、省和县级林业管理部门掌握森林资源现状，为各级林业主管部门提供森林资源连续清查、森林资源规划设计调查、专项核调查、林地管理、林木管理等监管服务，为各级林业主管部门的规范化、科学化管理和林业重点工程建设提供森林资源信息支持。本次主要是国家级森林资源监管子系统及试点省森林资源监管子系统建设。

森林资源监管子系统建设包括以下几个方面：

数据库建设。森林资源数据库建设、森林资源分布数据库建设、森林资源统计与报表数据库建设、森林资源监管业务支撑数据库建设以及省级森林资源前置数据库建设。

服务建设。服务建设主要包括三部分：省级服务包括数据同步服务、森林资源监管业务支撑服务、森林资源数据服务；国家服务(主要针对一类数据)包括数据同步服务、监管业务支撑服务、森林资源数据服务；森林资源监管服务包括数据统计与分析服务、网络地图与空间查询分析服务、森林资源数据聚合服务等组成。

系统安全与管理建设。提供一个通用的集用户管理授权服务、日志服务、安全管理服务为一体的模块。

森林资源监管子系统主要实现基于基础地理信息、森林资源信息、森林资源统计与报表信息的森林资源资源综合查询、统计分析(图 252)。

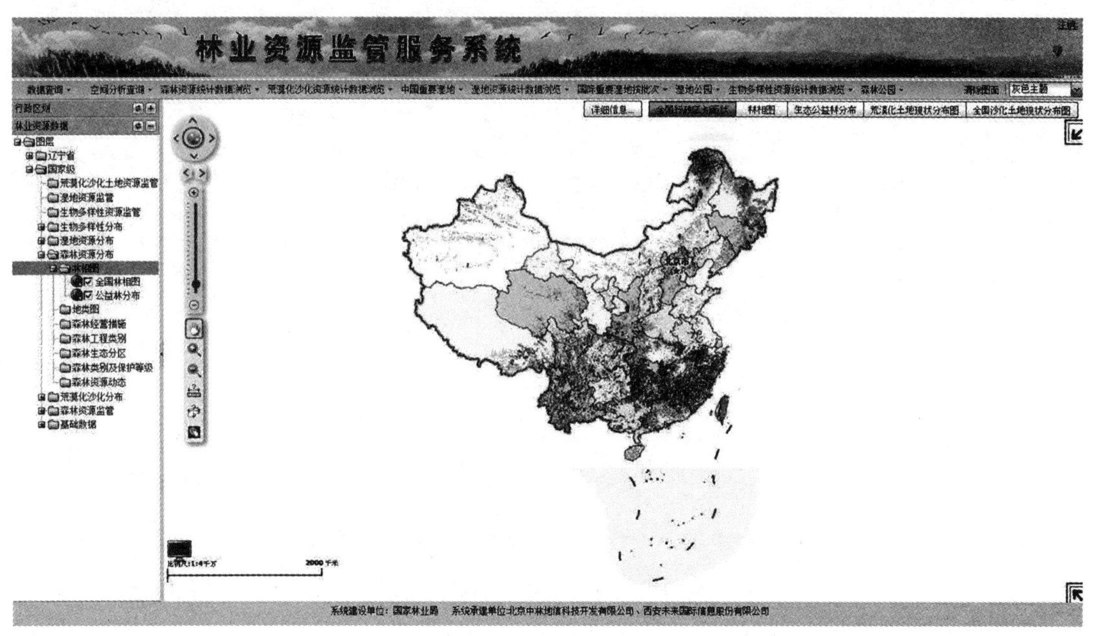

图 252　森林资源监管系统界面

六、荒漠化资源监管系统

荒漠化沙化土地资源监管子系统建设包括以下几个方面。

数据库建设。荒漠化沙化土地资源分布数据库建设、荒漠化沙化土地资源统计与报表数据库建设、荒漠化沙化土地资源监管业务支撑数据库建设以及省级荒漠化沙化土地资源前置数据库建设。

服务建设。服务建设主要包括三部分：省级服务包括数据同步服务、荒漠化沙化土地资源监管业务支撑服务、荒漠化沙化土地资源数据服务；国家服务(主要针对一类数据)包括数据同步服务、监管业务支撑服务、森林资源数据服务；荒漠化沙化土地资源监管服务包括数据统计与分析服务、网络地图与空间查询分析服务、荒漠化沙化土地资源数据聚合服务等组成。

系统安全与管理建设。提供一个可复用的、通用的集用户管理授权服务、日志服务、安全管理服务为一体的模块。

荒漠化沙化土地资源监管子系统主要实现基于基础地理信息、荒漠化沙化资源信息、荒漠化沙化土地资源统计与报表信息的荒漠化沙化土地资源综合查询、统计分析(图253)。

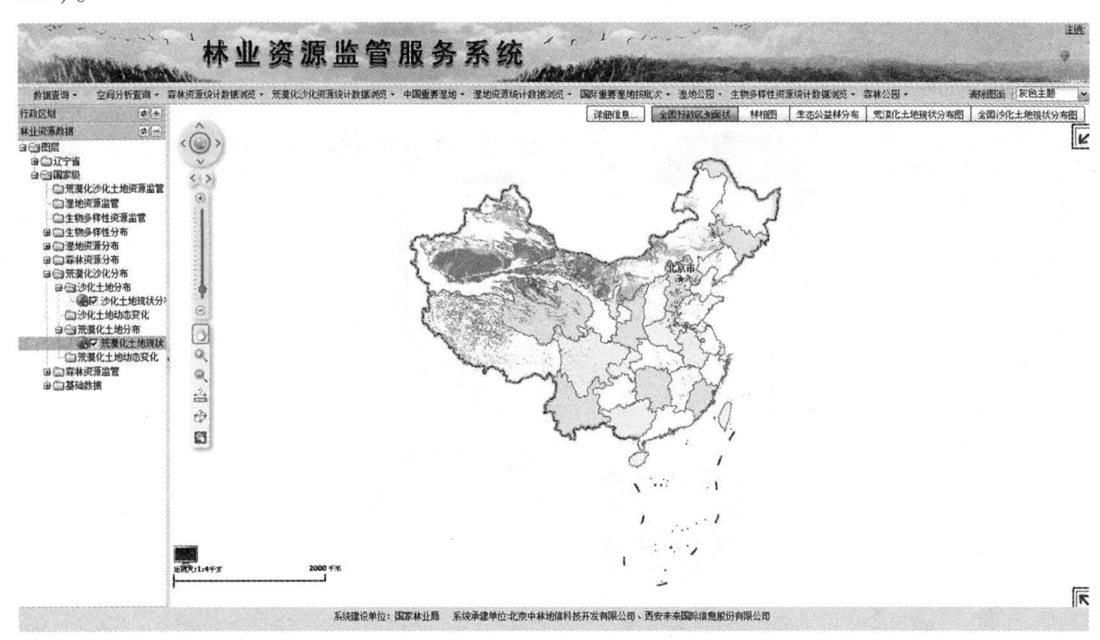

图253　荒漠化资源监管系统界面

七、湿地资源监管系统

湿地资源监管子系统建设包括以下几个方面。

数据库建设。湿地资源数据库建设、湿地资源分布数据库建设、湿地资源统计与报表数据库建设、湿地资源监管业务支撑数据库建设以及省级湿地资源前置数据库建设。

服务建设。服务建设主要包括三部分：省级服务包括数据同步服务、湿地资源监管业务支撑服务、湿地资源数据服务；国家服务（主要针对一类数据）包括数据同步服务、监管业务支撑服务、湿地资源数据服务；湿地资源监管服务包括数据统计与分析服务、网络地图与空间查询分析服务、湿地资源数据聚合服务等组成。

系统安全与管理建设。提供一个可复用的、通用的集用户管理授权服务、日志服务、安全管理服务为一体的模块。

湿地资源监管子系统主要实现基于基础地理信息、湿地资源信息、湿地资源统计与报表信息的湿地资源综合查询、统计分析（图 254）。

图 254　湿地资源监管系统界面

服务类应用系统

一、在线访谈在线直播系统

在线访谈互动充分利用网络的广泛性，不受地域限制，传播实时性等特征，倡导全社会参与林业，重视林业，提高林业影响力。本次主要建设的内容包括：

在线访谈。可聘请领导、专家定期介绍林业发展情况，解读林业法律法规、国家林业产业政策等等，包括主持人提问和网友提问等形式。在线访谈一般在国家林业局在线访谈中心进行，对于在国家林业局内或在有条件的地方进行的访谈，还可以进行网上视频直播(图255)。

在线直播。可同步播出重要会议、重大活动、新闻发布会等。网上直播有事前直播公告，会议、活动现场由专业人员使用专业设备进行速录，速录数据通过互联网或国家林业局内网传到综合互动服务器，由专职人员同步审核、修改、及时发布到互联网上。此过程对活动地点要求低，只要能上网或无线上网就能完成直播过程，实时性非常好(图256)。

中国林业网
WWW.FORESTRY.GOV.CN
个人文档 | 邮箱登录 | 设为首页 | 加入收藏 | 移动办公 站内搜索
搜索 高级搜索
国家林业局
国家生态网
繁体版 | 简体版 | ENGLISH
机构设置 | 林业概况 | 信息发布 | 在线办事 | 互动交流 | 林业展厅 | 热点专题
中国林业网站群
司局站群 | 直属单位站群 | 省区市站群 | 森林公园站群 | 国有林场站群 | 种苗基地站群 | 自然保护区站群
2012年1月6日（星期五）
今日天气情况查询
您当前的位置是 国家林业局 > 在线访谈 > 局领导访谈
相关图片
国家林业局副局长张永利谈造林绿化
国家林业局副局长 张建龙 解读《全国林地保护利用规划纲要
访谈分类导航
局领导访谈
司局长访谈
厅局长访谈
基层干部访谈
专家学者访谈
访谈年份导航
2012年
2011年
2010年
2009年
2008年
2007年
主题：国家林业局副局长张永利谈造林绿化
时间：2011年3月11日（星期五）16时整
领导：张永利
摘要：3月11日16时，国家林业局副局长、党组成员张永利做客人民网强国论坛，以“造林绿化”为题与网友进行在线交流。
点击进入
主题：国家林业局副局长 张建龙 解读《全国林地保护利用规划纲要（2010-2020）》
时间：2010年9月6日（星期一）15时整
领导：国家林业局副局长 张建龙
摘要：2010年9月6日15时，国家林业局副局长张建龙接受中国政府网专访，解读《全国林地保护利用规划纲要（2010-2020年）》，并回答网民提问。敬请关注...
点击进入
主题：贯彻落实中央林业工作会议 集体林权制度改革在线访谈
时间：2009年7月15日（星期三）17时41分
领导：国家林业局局长 贾治邦 国家林业局副局长 张建龙
摘要：2009年7月15日（星期三）9时30分，国家林业局局长贾治邦、副局长张建龙接受中国政府网与国家林业局政府网联合专访，就“贯彻落实中央林业工作会议精神...
点击进入
主题：加强森林火灾防控
时间：2008年4月29日（星期二）15时25分
领导：国家森林防火指挥部副总指挥 林业局副局长 雷加富
摘要：时值森林火灾多发季节。为帮助网友了解当前森林防火形势，2008年4月29日15时，国家森林防火指挥部副总指挥、林业局副局长雷加富接受中国政府网专访，介...
点击进入
主题：建设生态文明与林业灾后重建
时间：2008年3月13日（星期四）15时16分
领导：雷加富 副局长
摘要：近期，建设生态文明和推进林业灾后重建等重点工作受到网民广泛关注。为介绍建设生态文明的科学内涵和重大意义，以及林业抗灾救灾、灾后重建的措施与成效，营造全...
点击进入
上一页 1 2 下一页 尾页 共2页 当前页为第1页
意见建议 | 邮件服务 | 网站地图 | 联系我们
主办：国家林业局 承办：国家林业局办公室 国家林业局信息化管理办公室
地址：北京市东城区和平里东街18号 联系电话：010-84238625 84238303 邮政编码：100714 电子信箱：webmaster@forestry.gov.cn
技术支持：西安未来国际信息股份有限公司 京ICP备06020348号 视听节目许可证号0108229
您是第287301089位访问者

图 255 在线访谈页面

国家林业局

STATE FORESTRY ADMINISTRATION P.R. CHINA

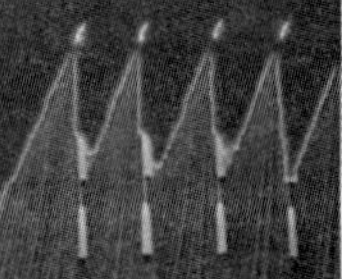

2012年湖南省林业工作会议

时间：2012年2月17日8:30

领导：梅克保、徐明华等

主题：湖南省林业工作会议于2012年2月17日上午8:30举行。这次会议的主要内容是：全面总结2011年林业工作，分析当前林业形势和任务，谋划部署2012年林业工作。

图片直播 图片实录

湖南省林业厅党组书记、厅长 邓三龙

湖南省林业厅党组副书记 副厅长 胡长清

湖南省林业厅党组成员 副厅长 唐苗生

文字直播 文字实录

[徐明华] 现在，全省森林蓄水、固土和碳汇功能有效提升，良好的生态环境成为招商引资、旅游度假、安居置业的最佳选择，在当前发展经济和减少排放的双重压力下，有力提升了全省环境承载能力，为经济发展赢得了更大空间。(02-17 08:45:50)

[徐明华] 二是林业的富民功能逐步发挥。(02-17 08:45:57)

[徐明华] 全省着力推动林业一二三产业协调发展，实现了林业产业总产值同比增长25.6%，超过全国全省GDP增长速度。(02-17 08:46:15)

[徐明华] 其中，油茶产业快速崛起，生态旅游日渐繁荣，毛竹产业蓄势待发，造福了三湘林农。特别是林改后，全民参与林业建设积极性高涨，农民林业收入占人均年收入的比重，由2008年的不到10%，增加到现在的20%以上，部分重点林区县达60%。(02-17 08:46:45)

[徐明华] 此外，全年中央和省级财政资金投入林业超过53亿元，同比增长16%，实现了连续4年持续较快增长。(02-17 08:46:47)

[徐明华] 三是林业的社会影响逐步扩大。(02-17 08:47:03)

[徐明华] 全社会对林业的依赖与日俱增，人们的日常饮食起居，地方的经济社会发展与林业联系更加紧密。(02-17 08:47:20)

[徐明华] 林地测土配方系统推广应用深入到千家万户，林地征占用审核审批有力支持了城市建设、招商引资、重点工程等经济社会发展重要领域，林木采伐指标阳光分配保障了生产经营者利益，国有林场危旧房改造实现了国有林场职工居有其屋。(02-17 08:47:42)

[徐明华] 现在，地方政府对林业的重视，社会大众对林业的关注，林区百姓参与林业建设的积极性，提升到了前所未有的高度。在省委、省政府组织的2011年绩效评估公众满意度调查中，省林业厅继续位列全省农口部门第一，体现了全社会对生态建设成效的充分肯定。(02-17 08:48:16)

[徐明华] 二、进一步加快林业改革发展步伐。(02-17 08:48:38)

[徐明华] 按照省第十次党代会提出的要求，加快绿色湖南和生态文明建设步伐，林业部门担负着重要的使命。为此，要在以下四个方面下功夫。(02-17 08:48:54)

[徐明华] 一要在林业改革中探索新路子。 (02-17 08:48:56)

[徐明华] 当前，全省要在抓好集体林权制度主体改革扫尾工作和解决遗留问题的基础上，突出抓好集体林权制度配套改革。抓好配套改革，是巩固主体改革成果的需要，是决定林改成功与否的关键所在。(02-17 08:49:32)

[徐明华] 要深化林木采伐制度改革，加快林业分类经营步伐，严格限制公益林采伐，适当扩大林权所有者对商品林的处置权；要完善森林资源评估机构和交易中心，加快森林资源流转，优化生产要素配置，促进资源转化为资产；要充分利用林权发证成果，建好林权权属数据库，切实保护林农权益。同时，积极推动国有林场改革全国试点省建设，出台实施意见，优化工作方案，落实配套措施，创造先进典型。(02-17 08:50:50)

[徐明华] 二要在造林绿化中创造新成绩。(02-17 08:50:53)

[徐明华] 2012年，全省计划营造林602万亩。各地一定要分解工作任务，落实工作责任，抢抓有利时节，强化督促检查，加强技术指导，做好苗木供应，确保任务不折不扣完成。(02-17 08:51:15)

[徐明华] 要在抓好偏远山场造林绿化，搞好“里子”工程的同时，突出抓好“三边”造林绿化，特别是公路、铁路两旁“天坑”植被恢复，做好“面子”工程。要统筹城乡绿化，实施身边增绿工程，深入开展森林城市、绿色村庄、绿色社区等创建活动，加快湘江生态经济带建设。(02-17 08:51:43)

[徐明华] 要认真落实森林抚育、低效林改造、封山育林、优材更替等森林经营措施，切实提高林地生产

主办：国家林业局 承办：国家林业局办公室 国家林业局信息化管理办公室

地址：北京市东城区和平里东街18号 联系电话：010-84238625 84238303 邮政编码：100714 电子信箱：webmaster@forestry.gov.cn

图 256 在线直播页面

二、在线审批系统

在线办事是政府网建设的一项重要内容，在线办事目的是利用现代信息手段，简化办事过程，规范办事程序，确保行政审批全程公开，国家各部委、局和大部分省级地方政府都在积极建设符合本部门、本单位特点的网上办事平台。在线审批系统将所有审批事项的办事指南和各个事项的业务表格都发布到外网网站上，为公众和企业提供办事指南、业务表格下载、查询、申报和监督办理结果等功能，方便企业、申报人，拉近政府与公众及企业的距离。本系统实现36项网上办事业务，企业和公众在网上提交项目审批申请和所需材料，可查看项目的审批进展情况和结果，与工作人员就具体事项进行在线互动沟通（图257～图260）。

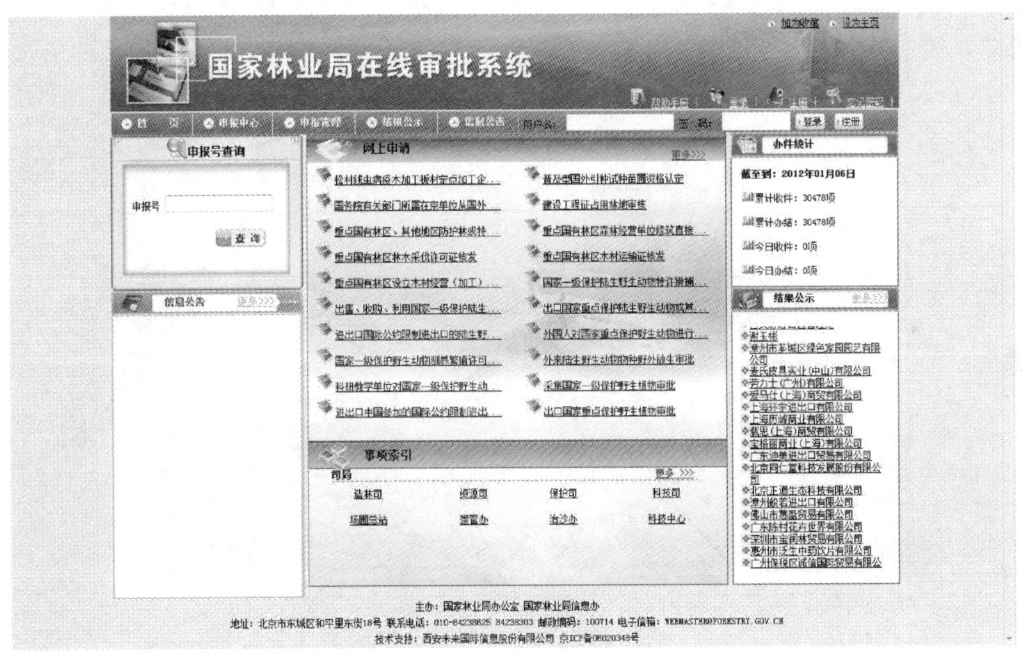

图257　在线审批系统首页

图 258　申报中心页面

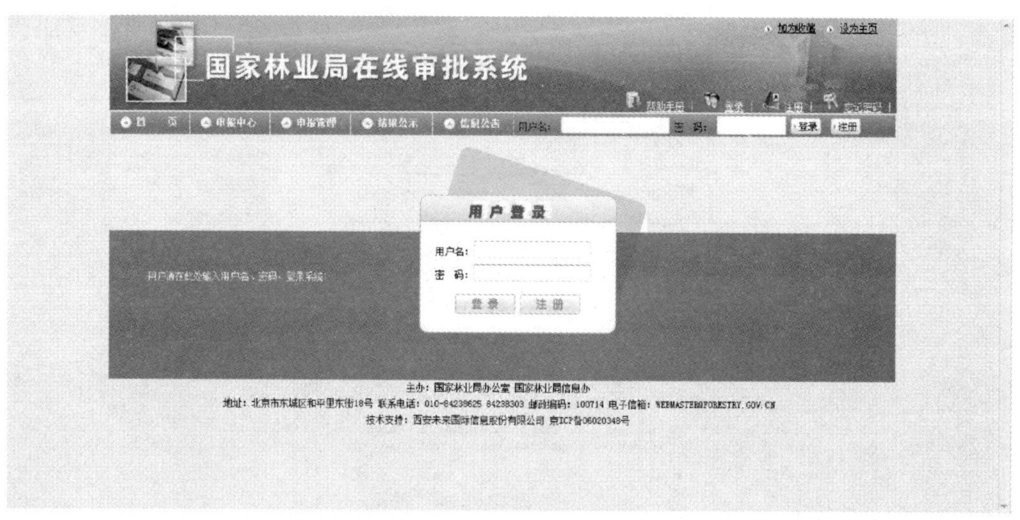

图 259　申报管理页面

ID	项目号	许可项目	申请人	省市区	申请日期	厅局文号	许可文号	司局	许可日期
5726	19	进出口中国参加的国际公约限制进出口野生植物审批	天津泰达药业有限公司	天津	2011-12-22	津林许[2011]133-137号	林护许准[2011]2788号	保护司	2011-12-29
5725	19	进出口中国参加的国际公约限制进出口野生植物审批	临朐荣昌农副产品有限公司	山东	2011-12-27	鲁林保字[2011]452号	林护许准[2011]2785号	保护司	2011-12-29
5729	19	进出口中国参加的国际公约限制进出口野生植物审批	亳州市盛林药业有限责任公司	安徽	2011-12-23	林审报[2011]44号	林护许准[2011]2789号	保护司	2011-12-29
5727	19	进出口中国参加的国际公约限制进出口野生植物审批	漳州市芗城区绿色家园园艺有限公司	福建	2011-12-22	闽林[2011]动植请176号	林护许准[2011]2787号	保护司	2011-12-29
5715	15	国家一级保护野生动物驯养繁殖许可证核发	自贡彩灯公园管理处	四川	2011-12-27	川林护函[2011]133号	林护许时[2011]293号	保护司	2011-12-29
5713	15	国家一级保护野生动物驯养繁殖许可证核发	西丰县文志梅花鹿养殖场	辽宁	2011-12-27	辽林护字[2011]183号	林护许补[2011]284号	保护司	2011-12-29
5716	15	国家一级保护野生动物驯养繁殖许可证核发	海城市溪柳镇老栓动物园	辽宁	2011-12-27	辽林护字[2011]184号	林护许时[2011]294号	保护司	2011-12-29
5726	19	进出口中国参加的国际公约限制进出口野生植物审批	佛山市顺德区奇弘贸易有限公司	广东	2011-12-26	粤林护[2011]790号	林护许准[2011]2786号	保护司	2011-12-29
5714	15	国家一级保护野生动物驯养繁殖许可证核发	谢玉彬	辽宁	2011-12-27	辽林护字[2011]181号	林护许补[2011]285号	保护司	2011-12-29
5723	13	进出口国际公约限制进出口的陆生野生动物或其产品审批	麦氏皮具实业(中山)有限公司	广东	2011-12-05	粤林护[2011]701号	林护许准[2011]2782号	保护司	2011-12-28
5721	13	进出口国际公约限制进出口的陆生野生动物或其产品审批	爱马仕(上海)商贸有限公司	上海	2011-12-05	沪林许[2011]994、1017号	林护许准[2011]2780号	保护司	2011-12-28
5724	13	进出口国际公约限制进出口的陆生野生动物或其产品审批	广东迪美进出口贸易有限公司	广东	2011-12-05	粤林护[2011]713、714、719号	林护许准[2011]2783号	保护司	2011-12-28
5722	13	进出口国际公约限制进出口的陆生野生动物或其产品审批	劳力士(广州)有限公司	广东	2011-12-05	粤林护[2011]704号	林护许准[2011]2781号	保护司	2011-12-28
5717	13	进出口国际公约限制进出口的陆生野生动物或其产品审批	宝格丽商业(上海)有限公司	上海	2011-12-05	沪林许[2011]1037号	林护许准[2011]2776号	保护司	2011-12-28
5719	13	进出口国际公约限制进出口的陆生野生动物或其产品审批	上海环宇进出口有限公司	上海	2011-12-05	沪林许[2011]1031号	林护许准[2011]2778号	保护司	2011-12-28

图 260　结果公示页面

三、场景式服务系统

国家林业局场景式服务系统依托于通用门户平台软件，通过整合政务资源目录系统，管理各司局及直属单位的业务资源，通过门户展现业务的场景服务事项。场景式服务主要分为信息汇集和信息发布两部分。

场景式服务系统主要包括：场景式服务主题、业务和服务资源的整合、设计场景和导航、整合场景服务资源等四大流程。

图 261 ~ 图 268 分别为林业种苗、植物保护、动物保护、林地林权、森林采伐、木材经营、森林旅游、科学研究场景式服务页面。这些场景式服务均分为国家林业局场景式服务和地方厅局场景式服务，形象化地介绍了办理各种服务的流程。

图 261　林业种苗场景式服务页面

图 262　植物保护场景式服务页面

图 263　动物保护场景式服务页面

图 264　林地林权场景式服务页面

图 265　森林采伐场景式服务页面

图 266　木材经营场景式服务页面

图 267　森林旅游场景式服务页面

图 268　科学研究场景式服务页面

四、数据采集系统

数据采集系统是基于林业信息化基础平台，利用应用支撑平台提供的表单组件等基础组件工具，实现对业务处理中数据的操作对象、工作流管理和数据项的权限进行定义的系统。其主要功能：自定义表单处理流程、规划表单数据映射关系，通过服务器端引擎发布、解释、合并、接收、处理和验证表单数据，驱动表单工作流程，完成处理和监控电子表单在组织内外运行的全过程管理和表单信息的入库管理。图形化设计工具 Form Designer，通过所见即所得的方式设计格式丰富的表单。设计好的表单以 xml 格式进行存储，以实现表单模板和表单数据的分离(图 269)。

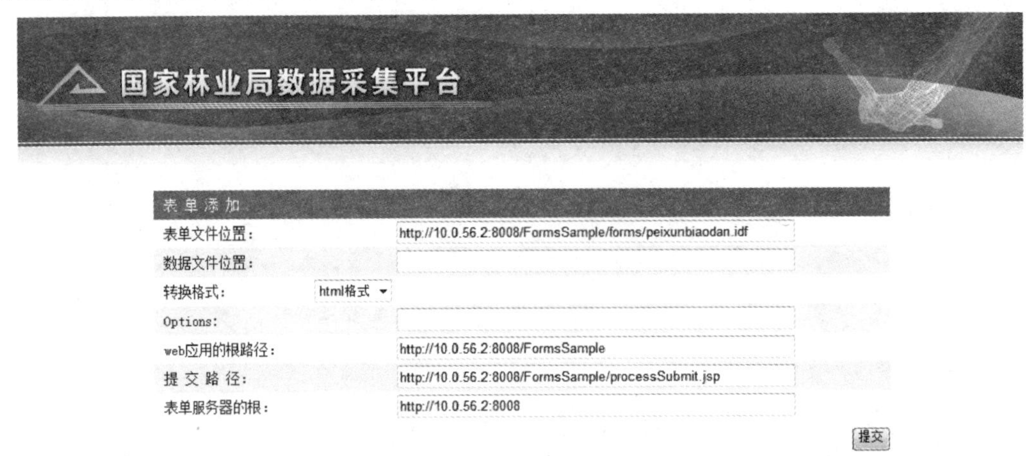

图 269　数据采集系统页面

五、在线信访系统

为实现信访工作“新格局、新秩序、新机制”和推进信访工作“制度化、规范化、法制化”，进一步完善于法周严、于事简便、与构建社会主义和谐社会总体要求相适应的信访体系，中国林业网开设了“在线信访”栏目，为公众信访提供一个快捷的通道，努力建立畅通、有序、务实、高效的信访工作新秩序，切实维护群众合法权益，有力地促进社会和谐稳定。在线信访系统由信访动态、信访查询、来信反馈、信访法规等栏目组成(图 270)。

图 270 国家林业局信访网首页

六、交互式多媒体系统

交互式多媒体系统又称多点触控系统，以新型的触控交互形式展现林业发展历程，集交互展示与3D技术于一身，使得展示更加直观炫酷。林业大事记，以时间轴的形式展现林业发展和规划。大楼导航，展示林业局大楼布局和各办公室具体信息。林业数据展示、网络博物馆、网络博览会和主题展览，均采用3D加触控的形式，交互性更强。电子杂志展示系统，触控手翻书观看林业内部期刊。公告信息，在无人操作时以屏保的方式展示林业局公告(图271～图273)。

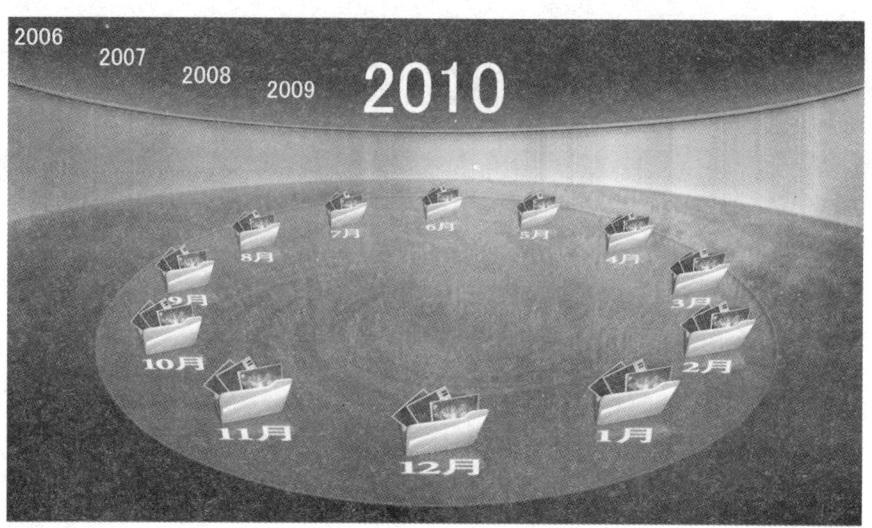

图 271　交互式多媒体系统林业大事记

图 272　交互式多媒体系统内墙

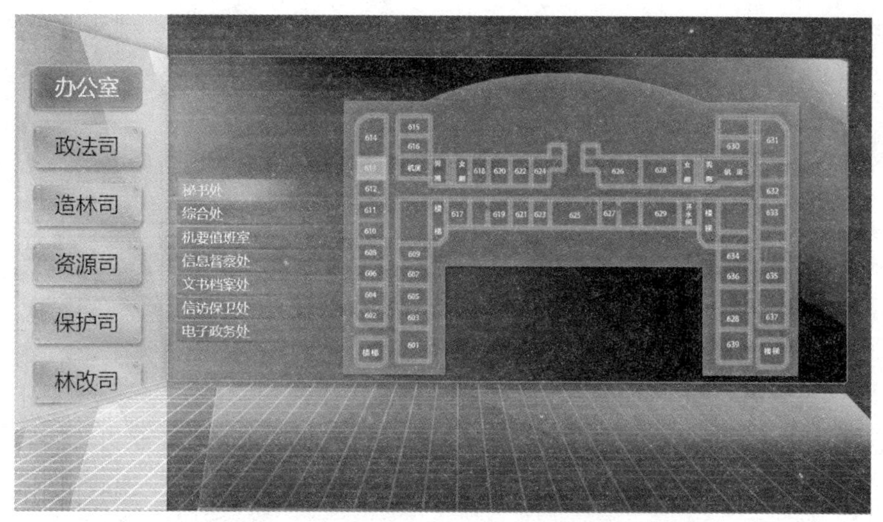

图 273　交互式多媒体系统楼层导航

七、空间信息展示系统

以遥感地理信息系统和计算机网络通讯技术为基础，建设了空间信息展示系统。整合森林资源监测、造林规划、荒漠化监测等业务系统所提供的基础空间数据(包括矢量地理专题图、栅格地图、遥感影像数据、地形图等等)，实现空间信息的综合管理、分布式共享、自动化传递、可视化分析，为业务管理部门和领导提供全面而直观的基础信息资料和决策分析平台，提高林业监管的现代化和科学化水平。

该平台采用国际标准，既保证了系统的先进性、稳定性，又保证了和其他系统的无缝兼容，以及将来的扩展性，避免重复建设，节约了投入。

林业空间数据共享服务平台由空间数据的获取、处理系统，空间数据管理和发布服务系统，分布式网络三维共享分析平台几部分组成。基于网络的空间数据共享软件，可以利用中心存储的空间数据库系统，也可以将分散在各地的空间数据在一个安全的以数字地球为导航的三维可视环境里进行交互式的空间数据查询和共享，并提供即时信息交流和网络会议功能(图 274)。

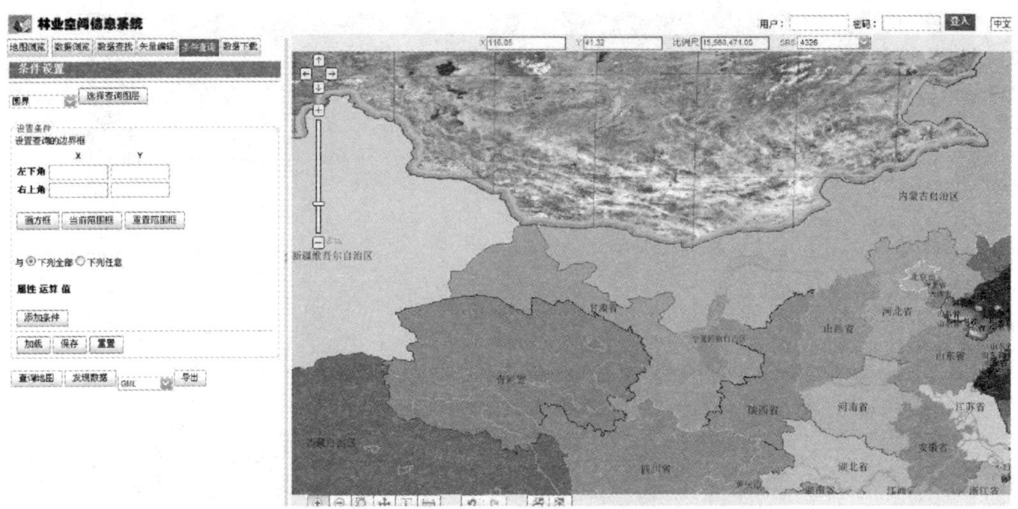

图 274　空间信息展示系统界面

八、共享信息查询系统

以共享共建国家林业局共享数据库为目标，通过数据交换系统采集司局共享数据，实现司局统计等数据和空间服务信息共享及查询(图 275)。

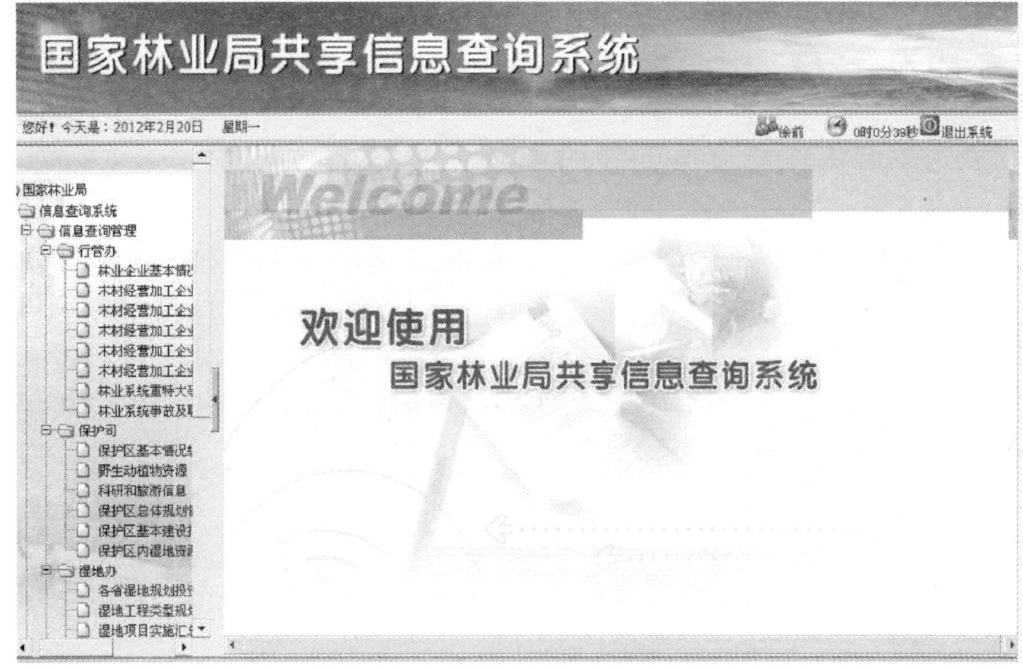

图 275　共享信息查询系统界面

九、林中漫步系统

为配合国家林业信息化建设，提供统一的林业三维可视化管理平台，方便林业监管，使更多人足不出户便能感受自然之美，国家林业局、北京航空航天大学虚拟现实系统与技术国家重点实验室展开充分合作，依托该实验室在虚拟现实领域的学科优势，在其自主开发并荣获国家科技进步一等奖的三维图形引擎渲染平台 BH_ Graph 上，利用计算机可视化技术实现在林业展示中的应用，通过地形自动半自动建模、并行渲染、大规模地形无缝衔接、大规模数据调度等技术将自然景观在计算机上栩栩如生地再现出来，为林业管理部门决策提供了科学的依据。民众可以通过联网的计算机“漫步”于山林古木、丛林野壑之中，在闲庭信步间，感受那份宁谧的自然之美、和谐之美。通过网络呈现真实、空间位置准确的沈阳棋盘山三维场景，全面展示棋盘山三维实景，将沈阳棋盘山国家森林公园的四季自然景观在计算机上再现出来，使更多人足不出户便能感受自然之美。本系统具有森林场景漫游、森林数据管理、林区测量规划等三项主要功能，从而辅助林业监管部门实现实时 3D 的林区管理(图 276)。

图 276　林中漫步系统效果

十、林权交易服务系统

林权交易服务平台集成了中国林业产权交易所、南方林业产权交易所、华东林业产权交易所、福建省永安林业要素市场、中国绿色融资担保网和贵州省黔东南州林业要素市场共六大林业产品、产权、林业知识服务平台，为公众提供一个良好林业信息服务、技术支持平台(图 277)。

主办：国家林业局 承办：国家林业局办公室 国家林业局信息化管理办公室
地址：北京市东城区和平里东街18号 联系电话：010-84238625 84238303 邮政编码：100714 电子信箱：WEBMASTER@FORESTRY.GOV.CN
技术支持：西安未来国际软件有限公司 京ICP备06020348号

图 277　林业产权交易服务平台界面

十一、林业产业年鉴系统

林业产业年鉴系统是《中国林业产业与林产品年鉴》基础数据上报系统。《中国林业产业与林产品年鉴》是一部全面、系统反映我国林业产业体系建设成就、经验及其发展动态的大型资料性工具书。每年一卷，限收录上年度信息资料。《中国林业产业与林产品年鉴》

的基本任务是面向市场、面向基层、面向林业产业现代化，为林业行业广大生产经营单位、林业行政机关、国内外林业投资者、林业研究工作者提供主要县(旗、市、区、局)林产品产销信息、国家和地方有关政策法规、各省(自治区、直辖市)林业产业动态及其先进地(市)和县(旗、市、区、局)经验与重点企业经营状况、林产品进出口贸易等资料。该系统为《中国林业产业与林产品年鉴》资料数据的申报搭建了良好的服务平台(图 278)。

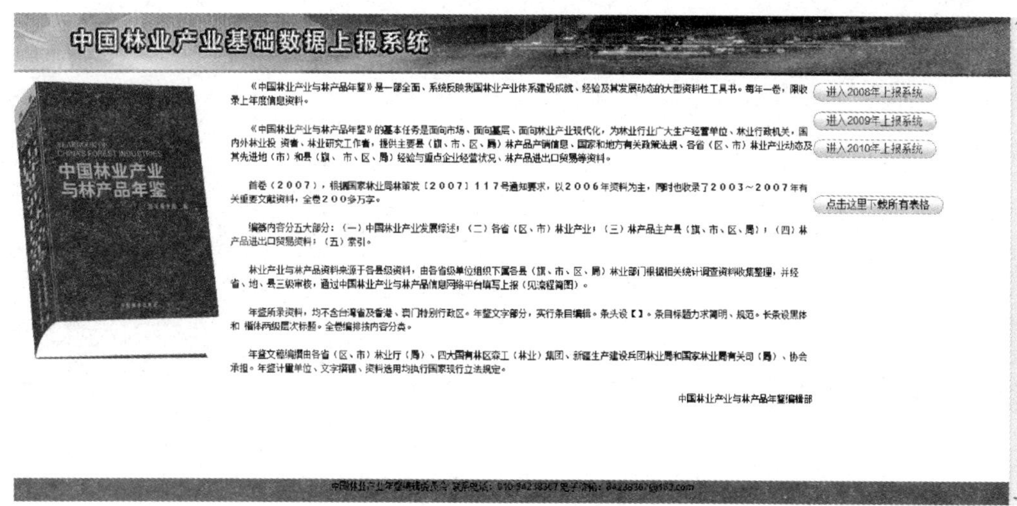

图 278　林业产业基础数据上报系统界面

十二、内网门户管理系统

国家林业局内网门户管理系统，依托国家林业局基础平台提供的安全支撑，对整个内网门户系统进行统一用户管理，实现单点登录；根据国家林业局建设“大内网”思想，对国家林业局内网门户网站进行改造建设，将外网信息资源通过安全的隔离设施同步到内网中，使用户通过内网也可以获取到最新的资讯信息；通过集成国家林业局内网办公业务系统和各专有业务系统，进一步完善国家林业局办公业务系统，提高国家林业局内部办公效率，节省办公经费，实现办公业务系统与现有电子公文交换系统的无缝集成(图 279)。

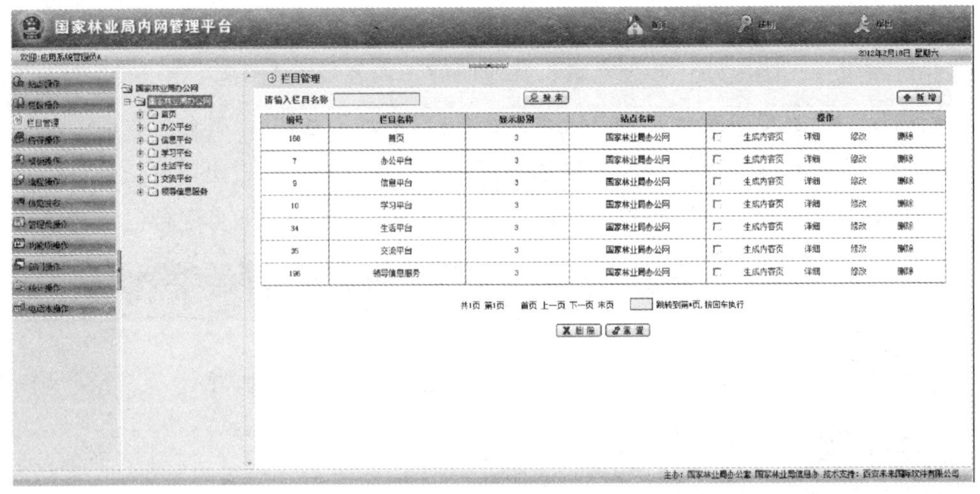

图 279　内网门户管理平台界面

十三、内网单点登录系统

单点登录系统是基于统一用户和授权管理系统和安全中间件之上的单点认证服务系统，为用户提供“一次登录，网内访问”的便利。单点登录系统通过调用统一用户和授权管理系统提供的身份认证接口和授权接口，为用户提供单点登录服务。

单点登录是一种方便用户访问多个系统的技术，用户只需在登录时进行一次认证，就可以在多个系统间自由穿梭，不必重复输入用户名和密码来确定身份。

系统通过对安全凭证的管理为用户提供基于身份认证的单点登录服务，包含单点登录、单点注销、用户在线管理等功能和服务。

统一身份认证平台通过统一用户和授权管理系统、单点登录系统、安全中间件为应用系统提供安全的单点登录服务，保证在进行身份认证和授权整合的同时，为应用提供健壮、冗余的安全支撑。单点登陆前台界面见图 280。

图 280　前台登录界面

十四、内网安全审计系统

根据国家林业局内网的实际应用情况建设审计监控系统，对国家林业局内网中的主机、网络、数据库及终端设备进行审计监控。实现了对上国家林业局内网人员操作行为的跟踪、检测、记录与响应，通过对审计数据的采集、分类汇总、关联分析等，构建风险分析、审计评估机制，完善责任认定体系，提高事后取证力度。

功能描述。审计监控系统由审计中心、主机审计监控子系统、网络审计监控子系统和数据库审计监控子系统组成。

系统部署。根据国家林业局内网安全强审计系统项目需求，结合强审计监控系统的产品形态与功能特点，在国家林业局内网的部署如图 281 所示。

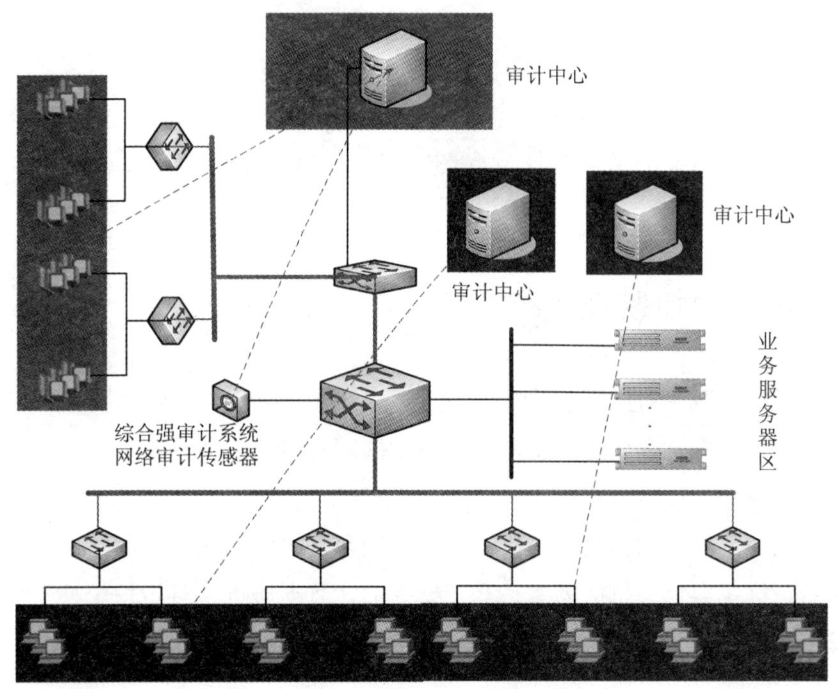

图 281　审计系统部署

十五、智能分析监管系统

网站智能分析监管系统是网络发展与管理的基础设施，它为网站建设和空间提升提供定量的、全面的、科学的依据。

此系统可以帮助系统管理员定位、锁住并屏蔽来自外部网络攻击，改变了以前存在的重“物理层、操作系统层、数据层、用户层”安全防护，轻“应用层”防护的局面，形成配套完整的、多层次的、立体的网络安全防护体系，保证系统安全运转。

网站智能分析监管系统的功能是：

用户来源分析：以量化指标分析、汇总访问者来自哪里(国外、国内以及地区分布)，访问者是如何来到网站的(直接进入、搜索引擎、电子邮件等)，及访问趋势预测。

用户行为分析：主要是分析、汇总访问者在网站上总停留了多长时间、都访问了哪些页面、在不同页面停留的时间等，以及趋势分析，从而得出网站热点所在，也从另一方面找到网站需要改进提高的部分。

恶意攻击分析：是应用层安全体系的一部分，可以快速锁定攻击来源、屏蔽攻击者、分析潜在攻击行为并提请系统管理员关注等等。

网络技术辅助分析：全面统计分析各台服务器、各个频道以及各个页面的流量、流速、并发处理能力等各项技术指标，以及运行趋势预测，为硬、软件系统采购、升级、改造提供科学的、量化的依据。

全面错误分析：自动定位网页断链，定位和判断各种错误来源，提示潜在问题源。

模拟压力测试：模拟高强度的访问压力，测试系统反映，为应对实际网络压力做技术准备，在重大会议、重要活动或事件造成网络访问量突然过高增长之前做模拟测试尤为必要。

十六、网络舆情监控系统

舆情监控系统实现了对网页、论坛、博客、新闻评论等网络资源的精确采集和解析，提供热点发现、热点跟踪、敏感信息监控、辅助决策支持、舆情预警等多种舆情服务。主要包括舆情采集模块、舆情分析模块。

舆情采集模块。网页结构自动分析，自动识别和分隔出论坛和新闻评论中的每一个帖子和评论信息，满足舆情分析的需要；基于模板的元数据解析，对于每个帖子可以解析出发帖人、发帖时间、帖子主题、帖子内容、点击数等元数据属性，这些属性是舆情分析的重要数据。

舆情分析模块。敏感信息监控和舆情预警，对特定的人物、地区、机构和类别或事件进行监控；热点发现和热点追踪，自动识别网络上的热点新闻事件，及时掌控论坛中的交互信息，发现网民的关注焦点和热点；网民观点归纳，采用文本聚类技术和褒贬分析技术，对论坛帖子中的网民评论进行聚类分析和褒贬分析，分析和归纳网民的主要观点，并统计网民的褒贬倾向分布情况，更准确地了解社情民意；辅助决策支持，对舆情分析结果生成各种量化的统计图表，为决策提供强有力的数据支持(图 282)。

图 282　舆情监控系统页面

十七、网页防篡改系统

网页防篡改系统用于当网页发生恶意篡改或删除时能够及时修复和防范，以保证系统的安全稳定运行。网页防篡改系统作为保护网站内容安全的系统，具备完善的保护机制，保护对象包括静态/动态页面、数据库、图片、文档等各类文件，一旦发生篡改，可以自动实时地进行文件恢复。此外，对所有互联网访问进行内容过滤，以确保发布内容的正确性、权威性。

十八、统一用户管理系统

统一用户管理系统实现了统一的用户和权限管理，是一个支持基于账号—密码与 USB - KEY 两种认证方式的认证源。系统可以科学地、直观地展示组织机构、用户以及职务的层级关系；同时也可以直观明了地管理应用系统中的具体权限。

统一用户管理系统为各个应用系统的用户与权限管理提供了一个安全、统一、高效、标准的解决方案，可以使应用系统无需关系用户与授权，解放了应用系统在用户管理和授权方面的消耗，提高了应用系统的整体效率。同时，统一集中式的管理，更利于构建高灵活性、高效性、高安全性与高可扩展性的平台(图 283)。

图 283　统一身份认证平台界面

THREE YEARS 2009-2012

SHUJUKU JIANSHE

数据库建设

林业基础数据库

整合改造了近百个专题数据库，建设了基础数据交换平台、空间数据管理和发布等应用系统，将局内各个数据库和应用系统集中在统一平台上，实现林业信息资源的有效整合、统一管理和资源共享。

一、森林资源数据库

森林资源数据包括森林资源规划设计调查数据、森林作业设计调查数据、年度核查和专业调查数据、森林资源管理数据、资源利用数据、其他标准、文档、技术规程等综合数据。

森林资源数据旨在为森林资源监测和管理服务，为各级林业管理部门提供信息查询、分析评价、辅助决策等综合服务。为公益林、商品林区划界定提供重要基础数据，是编制森林采伐限额的直接依据，也是森林经营宏观管理决策的重要依据，提高了森林资源管理部门相关政务决策的科学水平。同时为相关业务部门提供森林资源基础数据的应用和服务，推动林业信息共享和利用。

森林资源基础数据包括：森林资源连续清查数据库，森林资源规划设计调查数据库、森林资源年度变化数据库。

二、荒漠化资源数据库

全国荒漠化、石漠化和沙化3次监测成果，包括全国荒漠化和沙化监测数据、敏感地区荒漠化和沙化监测数据、全国沙化典型地区定位监测数据、全国石漠化监测数据。具体数据内容包括：荒漠化、石漠化和沙化土地类型，荒漠化、石漠化气候类型，沙尘暴监测和灾情评估信息分布数据，荒漠化、石漠化和沙化动态变化数据，全国荒漠化、石漠化和沙化土地分布图等。

荒漠化土地资源数据是分析荒漠化、石漠化和沙化土地动态变化的重要基础数据，制定防治荒漠化、石漠化规划的依据，也是评估防治荒漠化工程治理成效的重要依据，为我国荒漠化、石漠化和沙化土地监测和治理提供数据服务，为荒漠化、石漠化和土地沙化治理工程规划、监测和管理提供信息支持，同时为相关业务部门提供荒漠化、石漠化和沙化土地基础信息服务。

荒漠化土地资源基础数据是历次全国荒漠化和沙化土地调查基础数据和相关调查因子统计分析数据，其目的是掌握荒漠化土地数据，为业务系统的应用提供支撑。

三、湿地资源数据库

湿地资源数据包括湿地保护区物种信息、湿地物种信息、湿地保护区信息、湿地斑块信息、湿地鸟类信息、湿地鸟类分布信息、湿地湖泊库塘信息、湿地植物信息、湿地植物分布信息、重要湿地信息、湿地社会经济信息、湿地植被信息等内容。

湿地资源数据库包括湿地调查、监测、专项调查、重点工程、保护区数据；湿地标准、湿地履约的进程等数据；全国湿地保护区分布数据库；其他标准、文档、技术规程等综合数据。湿地资源基础数据库中的数据主要来源于国家湿地管理部门，国家级数据中心和省级数据分中心分别管理不同类型、不同区域范围的数据。湿地资源数据为及时、动态地提供决策信息，全方位为湿地管理业务工作和全国保护建设工程服务，同时为相关业务部门提供湿地基础信息服务。

湿地资源基础数据主要为湿地调查、监测及湿地自然保护区分布数据。

四、生物多样性资源数据库

生物多样性数据库包括全国野生动植物调查、监测、专项调查、拯救、驯养数据，以及自然保护区分布、建设、保护数据等。生物多样性数据库中的数据主要来源于国家野生动植物管理部门，国家级数据中心和省级数据分中心分别管理不同类型、不同区域范围的数据。

野生动物资源数据包括大熊猫调查分布信息、大熊猫分布信息、大熊猫潜在栖息地信息、大熊猫保护区信息、大熊猫干扰信息、大熊猫食物信息、大熊猫饲养信息、物种分布信息、物种省级分布信息、大熊猫调查队员信息等内容。

野生植物资源数据包括植物分布信息、植物基本情况信息、植物分布区域信息、植物利用信息、植物生境信息、植物生长信息等内容。

自然保护区数据包括保护区基本建设批复情况、保护区基建投资完成情况、保护区野生动植物资源情况、国内(国际)联系情况、保护区基本情况、保护区管理情况、保护区经费来源、新建保护区、保护区机构和负责人、保护区人员情况、保护区总体规划情况、保护区森林资源情况、保护区科研宣教情况、保护小区情况、保护区基本建设年度计划安排等内容。

生物多样性数据旨在为我国重点野生动植物监测服务，为及时、动态地提供决策信息，全方位为国家野生动植物及自然保护区管理业务工作和全国保护建设工程服务，同时为相关业务部门提供野生动植物基础信息服务，主要为基础数据类。

五、林业资源和地理空间基础信息库

自然资源和地理空间基础信息库自 2002 年开始筹划，2007 年正式批准实施，国家林业局负责林业数据分中心建设。林业资源和地理空间基础信息库建设是在信息安全体系的支撑下，搭建“林业信息库”的硬件、软件和网络等运行环境，编制统一的技术标准，对林业资源及地理空间数据进行整合改造，通过国家电子政务外网，建立基础信息交换系统，实现与国家数据主中心以及其他分中心的互联互通，为电子政务用户提供数据共享和访问服务，满足国家宏观管理用户对林业资源信息的需求。

根据项目要求，林业信息库共建设 27 个专题信息库、28 个专题信息产品库和 36 个综合信息库。建设内容涉及森林资源、荒漠化和沙化土地资源、沙尘暴、森林防火、营林、湿地、野生动植物、自然保护区、碳汇、林业有害生物和林业工程等方面，共 91 个数据库(表 1)。

表 1　数据库整合改造任务表

数据库编码	数据库名称
07ZT015	全国林业碳汇潜力分布数据库
07ZT020	太行山绿化工程建设数据库
07ZT021	全国经济林基础库
07ZT025	林业有害生物发生、防治及灾害信息库
07ZT026	森林植物及其产品检疫数据库

（续）

数据库编码	数据库名称
07ZT027	全国有害生物防治管理数据库
07ZC015	省（自治区）级1:25万重大林业有害生物分布图
07ZZ014	全国1:400万林业碳汇潜力综合信息库（2004）
07ZC016	国家1:400万重大林业有害生物分布图
07ZC024	太行山绿化工程建设动态分析报告
07ZC025	经济林信息动态分析报告
07ZZ018	全国1:400万经济林综合信息库（2005）
07ZZ024	太行山1:25万绿化工程建设动态信息库（2005）
07ZZ026	全国1:400万主要林业有害生物发生、防治及灾害空间分布信息库（2003）
07ZT001	全国森林资源图像数据库（1990～2005）
07ZT002	第六次全国连续清查基础成果数据库（1998～2003）
07ZT003	全国1:25万森林资源地理空间基础数据库（2000）
07ZT012	森林分布专题图像数据库
07ZC001	全国1:25万森林资源TM影像图
07ZC002	全国1:400万森林资源专题MODIS影像图
07ZZ022	第五次全国1:400万森林资源连续清查成果数据信息库（1998～2003）
07ZC003	全国1:25万天然林地理空间信息分布图
07ZC004	全国1:25万人工林地理空间信息分布图
07ZC005	全国1:25万森林资源分布图
07ZC006	全国1:25万分幅森林资源分布图
07ZC007	全国1:400万森林资源分布图
07ZZ006	全国1:400万森林资源综合信息库（2003）
07ZZ007	国际河流地区1:25万森林资源分布信息库（2003）
07ZZ008	南水北调工程区1:25万森林资源分布信息库（2003）
07ZZ021	第四次全国1:400万森林资源连续清查成果数据信息库（1993～1998）
07ZZ023	京津风沙源治理区1:25万森林资源监测信息库（2000）
07ZZ025	青藏铁路沿线1:25万森林资源监测信息库（2003）
07ZZ033	三峡库区1:25万森林资源分布信息库（2003）
07ZZ034	三峡库区1:25万森林资源评价信息库（2003）
07ZZ035	青藏铁路沿线1:25万森林资源评价信息库（2003）
07ZZ036	南水北调工程区1:25万森林资源评价信息库（2003）
07ZT013	全国野生动物信息库
07ZT014	全国野生植物信息库
07ZT016	全国自然保护区分布数据库
07ZC020	全国1:400万自然保护区分布图

（续）

数据库编码	数据库名称
07ZZ012	全国 1:400 万重点保护野生动物综合信息库(1996)
07ZZ013	全国 1:400 万重点保护野生植物综合信息库(1996)
07ZZ003	全国 1:400 万自然保护区划信息库(陆地)(2001)
07ZZ030	全国 1:400 万自然保护区分布及类型信息库(1996)
07ZT007	全国森林异常热源点数据库
07ZT008	全国 1:400 万森林防火设施分布数据库
07ZT009	森林异常热源点影像数据库
07ZZ004	全国 1:400 万森林火险区划信息库(2000)
07ZZ028	全国森林火灾监测火区图像空间分布信息库(1998)
07ZC012	全国 1:400 万森林火灾监测图
07ZC013	森林火灾监测影像图
07ZC014	全国 1:400 万森林防火设施分布图
07ZZ027	全国 1:25 万森林火灾监测信息库(1998)
07ZT011	全国林业营林生产统计数据库
07ZC019	全国 1:400 万林业营林生产分布图
07ZZ010	全国 1:25 万重大生态工程信息库(2003)
07ZZ011	全国 1:400 万营林和生产年度统计信息库(2005)
07ZT004	全国 1:400 万荒漠化和沙化土地类型数据库(2005)
07ZT005	全国 1:400 万荒漠化气候类型数据库(2000)
07ZT006	全国 1:400 万沙尘暴监测数据库(2004 -2006)
07ZT019	京津风沙源治理工程建设数据库
07ZC008	全国 1:25 万荒漠化土地类型图
07ZC009	全国 1:25 万沙化土地类型图
07ZC010	全国 1:400 万荒漠化气候类型分布图
07ZC011	全国沙尘暴监测和灾情评估报告
07ZC023	京津风沙源治理工程建设动态分析报告
07ZZ029	全国沙尘暴灾情评估信息库(2005)
07ZZ031	全国 1:400 万荒漠化土地类型分布信息库(2005)
07ZZ005	全国 1:400 万荒漠化气候区划信息库(1999)
07ZZ017	京津 1:400 万防沙治沙工程建设动态信息库(2000)
07ZT017	全国天然林保护工程建设数据库
07ZC021	天然林保护工程建设动态分析报告
07ZZ015	全国 1:400 万天然林保护工程建设动态分析信息库(1999)
07ZT018	全国退耕还林工程建设数据库
07ZC022	退耕还林工程建设动态分析报告

（续）

数据库编码	数据库名称
07ZZ016	全国1:400万退耕还林工程建设动态分析信息库(2005)
07ZT010	全国1:100万湿地分布数据库
07ZZ032	全国1:400万湿地分布综合信息库
07ZC018	全国1:400万湿地分布图
07ZC017	全国1:100万湿地分布图
07ZT023	森林生态效益定位观测数据库
07ZT024	森林土壤信息库
07ZC027	森林生态效益定位观测分析报告
07ZC028	森林土壤分布图
07ZZ020	全国1:400万森林生态效益定位观测分析信息库(2000)
07ZT022	林业重点工程社会经济效益监测数据库
07ZC026	林业重点工程社会经济效益监测报告
07ZZ019	全国林业重点工程社会经济效益监测样本综合信息库(2000)
07ZZ009	全国1:400万植被信息库(1999)
07ZZ001	全国1:400万森林区划信息库(1998)
07ZZ002	全国1:400万重点林业生态工程规划信息库(2000)

林业专题数据库

一、综合办公业务数据库

综合办公业务数据库包括综合办公业务数据、门户服务应用数据、林业社会经济数据等林业部门办公应用服务相关数据(图 284)。

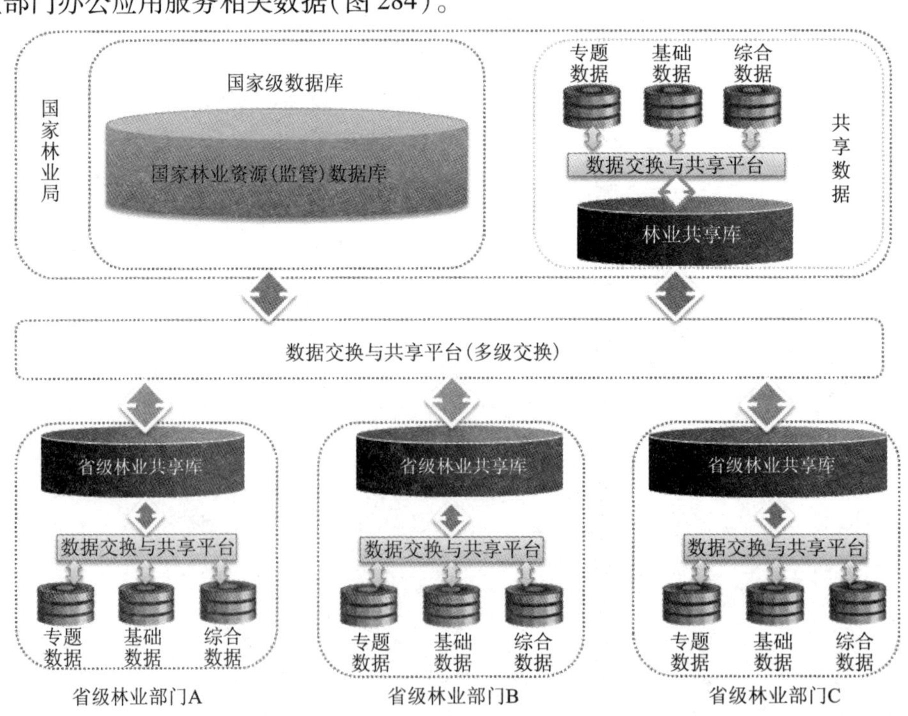

图 284 林业业务数据库示意

综合办公数据主要收集国家对林业监管及办公综合数据，包括往期项目建设的综合办公系统的公文信息、林业博物馆信息、林业博览会信息、行政审批系统信息、公文传输系统信息、林业基本建设项目监管信息以及其他政务办公资源数据。

二、门户服务应用数据库

门户服务数据库主要包括要闻信息、公开类信息、各类政府文件、在线服务信息、互动交流信息、图片信息、视频信息、森林公园站群和相关子站等的信息。

三、林业标准信息库

林业标准信息库建成了中国林业标准全文库和国外林业标准全文库，中国林业标准全文库收集了与林业相关的国家标准、行业标准和地方标准，国外林业标准全文库收集了国际林业标准、英国、日本、欧盟、美国、法国和德国林业相关标准。通过此标准库，可以根据标准名称、起草单位、标准类型、标准号、关键词、分类号、专业分类、发布日期、全部记录浏览、全文检索、组合检索来查找中国林业标准和国外林业标准(图 285)。

图 285　林业标准管理信息系统首页

四、中国林业科技成果库

新中国成立60年来，广大林业科技工作者前赴后继，坚持不懈地进行林业基础研究、高新技术研究和重大关键技术攻关，取得了大量林业科技成果。特别是改革开放30年来，在党中央、国务院的正确领导下，我国林业科技发展迅速，大批林业新品种得到普及，森林资源动态监测技术取得突破，速生丰产林、荒漠化及沙化治理等新型技术推广迈出重大步伐。本数据库收录了新中国成立以来近3万条林业科技成果信息。主要用于林业及相关行业的管理、科研、生产和教学人员进行科学决策、科研立项、科学研究、科技创新、成果验收和成果推广应用等。

数据结构：由成果号、地域分类、申报单位、分类号、学科分类、项目名称、英文名称、完成人信息、完成单位、任务来源、计划名称、研制时间、完成年份、组织鉴定单位、鉴定时间、主持鉴定单位、鉴定负责人、鉴定形式、不鉴定原因、研究类别、成果编号、成果水平、成果密级、成果发表情况、获奖信息、专利名称、主题词、内容及关键技术、推广情况、未推广原因、经济效益、社会效益、获取方式等字段组成。其中：地域分类、学科分类、年份、分类号、项目名称、完成人、完成单位、任务来源8个字段作为索引字段，用户可进行全文检索和字段检索浏览(图286)。

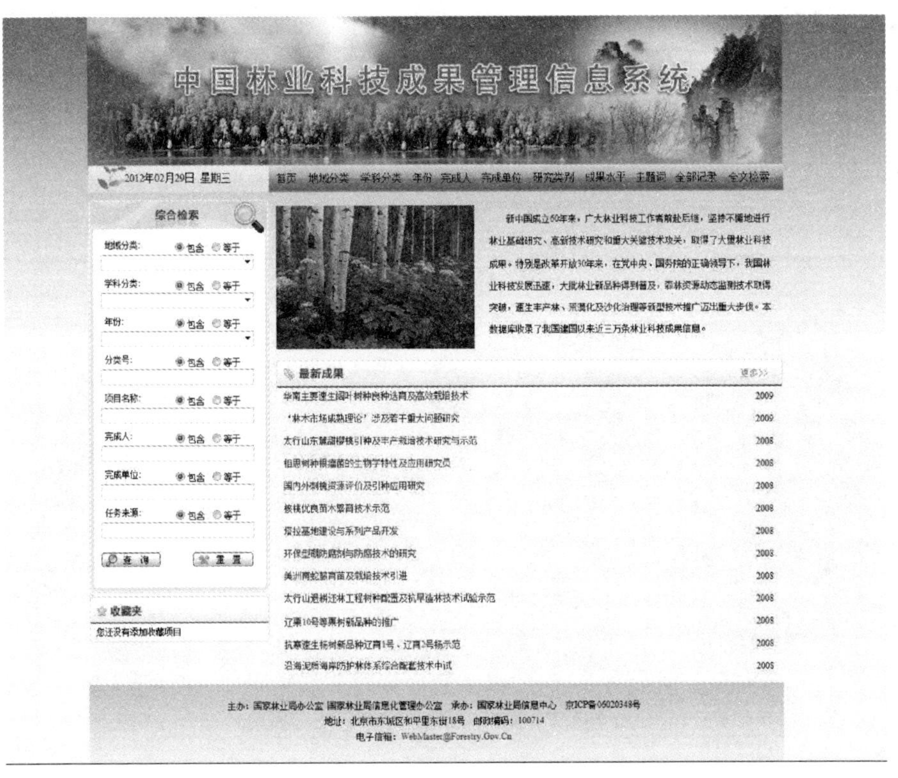

图286　中国林业科技成果管理信息系统首页

五、中国林业专家信息库

中国林业专家信息库包括全国林业系统各领域重点专家的多方面信息。专家库信息系统包括专家信息查询、专家信息维护和维护人员管理等模块(图 287)。

专 家 名 录(按姓名排序)

序号	姓名 ▲	性别	专 业	研究方向	职 称	职 务	单 位	所 在 地
1	艾文胜	男	经济林	经济林栽培与育种	副研究员	主任	湖南省林业科学院	湖南长沙
2	安家成	男	植物园林	植物、园林	教授	书记	广西生态工程职业技术学院	广西柳州
3	安清云	女	林学、林业财务	森林资产评估	副高级会计师	林业改革发展处科长	黑龙江省林业厅	黑龙江哈尔滨
4	白涛	男	林学	生态学及植物栽培	副教授	处长	湖北生态工程职业技术学院	湖北武汉
5	白万全	男	林学	外援林业项目管理、林业技术推广	高级工程师		宁夏林业国际合作项目管理中心	宁夏银川
6	柏广新	男	生态学	企业管理、森林经营	教授级高工	董事长、党委书记	吉林森工集团	吉林长春
7	柏章朋	男	建筑工程，工程设计	工程管理	高级工程师	副经理	国家林业局林产工业规划设计院	北京东城
8	包志毅	男	园林植物与观赏园艺	园林植物资源与植物景观	教授	园林学院副院长	浙江林学院	浙江临安
9	鲍滨福	男	木材科学与技术	木材科学与材质改良	教授	副校长	浙江林学院	浙江临安
10	鲍际平	男	森林工程，工程设计	林用车辆、林业机械	教授		北京林业大学	北京海淀
11	鲍伟东	男	野生动物保护，生态保护	猫科动物保护生态学	副教授		北京林业大学	北京海淀
12	毕华兴	男	水土保持与荒漠化防治	森林水文，林业生态工程	教授	系主任	北京林业大学	北京海淀
13	毕君	男	林业	森林培育与森林生态	正高级工程师	副院长	河北省林业科学研究院	河北石家庄
14	卜基保	男	林业	森林培育	高级工程师	副主任	安徽省林业高科技开发中心	安徽合肥
15	才丽华	女	林业机械	林业机械实验学	高级工程师		哈尔滨林业机械研究所	黑龙江哈尔滨
16	蔡炳城	男	森林保护，生态保护	野生动植物保护	教授级高工	处 长	中国野生动物保护协会	北京
17	蔡道雄	男	采运	森林培育及生态	研究员	中心主任	中国林业科学研究院热林中心	广西南宁
18	蔡凡隆	男	林业	营造林、荒漠化防治	正高	副总工程师	四川省林业调查规划院	四川成都
19	蔡芳	女	工业与民用建筑	林业工程	高级工程师	林业工程所总工兼副所长	国家林业局昆明勘察设计院	云南昆明
20	蔡国贵	男	森林保护	病虫防治检疫及生物制剂研发	教授级高级工程师	副调研员	福建省森林病虫害防治检疫总站	福建福州
21	蔡国军	男	林学、生态学	干旱、半干旱地区生态恢复	研究员	副院长	甘肃省林业科学研究院	甘肃兰州
22	蔡会德	男	林学	森林资源与环境监测、林业信息技术、森林资源资产评估	教授级高级工程师	森林资源与环境监测中心主任	广西林业勘测设计院	广西南宁
23	蔡绍平	男	林学	森林培育、森林生态	副教授		湖北生态工程职业技术学院	湖北武汉
24	蔡武华	男	林学	林场、森林公园、植物园建设与管理	高级工程师	副主任、副书记	福州市植物园	福建福州
25	蔡小虎	男	生态与环境，生态保护	植被恢复、生物能源与碳汇	副研	所长	四川省林业科学研究院	四川成都
26	蔡友铭	男	植物学	林木花卉、园林植物	国家农业技术推广研究员	副局长	上海市林业局	上海徐汇
27	蔡子良	男	经济管理	林业经营管理	研究员	中心党委书记	中国林科院热带林业实验中心	广西凭祥
28	曹昌楷	男	森林经理；造林经营；森林生态，生态保护	森林经理；造林经营；森林生态	教授级高级工程师	总工	四川省林业调查规划院	四川成都
29	曹福亮	男	森林培育	经济林培育与加工利用	教授	副校长	南京林业大学	江苏南京
30	曹健	男	林业	林木育种	教授级高级工程师	正科	湖北省林业局林木种苗管理总站	湖北武汉

共1466条数据，第1/49页 首页 下一页 尾页 跳转到第 页 GO

主办：国家林业局办公室 国家林业局信息办 技术支持：北京瑞尊理想软件技术有限公司

地址：北京市东城区和平里东街18号 联系电话：010-84238625,84238303 邮政编码：100714

图 287 中国林业专家信息库首页

专家信息查询。按照专家姓名、单位等对专家信息进行查询，察看专家详细信息。

专家信息维护。实现对专家信息进行录入、修改、删除等功能。

维护人员管理。可为维护人员建立账号，分配权限。具备权限的人员登录系统，可对专家信息进行维护。

六、中国野生动物馆

中国野生动物馆以三维形式形象地展现了我国目前野生动物的分类以及品种。野生动物馆共有科普展厅、兽类展厅、鸟类展厅、鱼类展厅、昆虫展厅、爬行展厅、两栖类展厅7个展厅，每个展厅均图文并茂地介绍了各种野生动物的知识(图288)。

图288　野生动物馆首页

七、中国树木博览园

树木博览园的建设主要依据“中国木本植物资源库”树木信息进行建设。按照门、纲、科、属进行分类，并按照树木是否常见和是否属于国家保护树木进行标注。按业务需求分为树木信息的维护、树木名录查询、常见树木查询、保护树木、树木知识、树木检索、人员管理6个模块(图289)。

树木信息维护。树木信息维护包括树木分类管理和树木信息管理，实现树木信息文字、图片的录入、修改、删除功能。

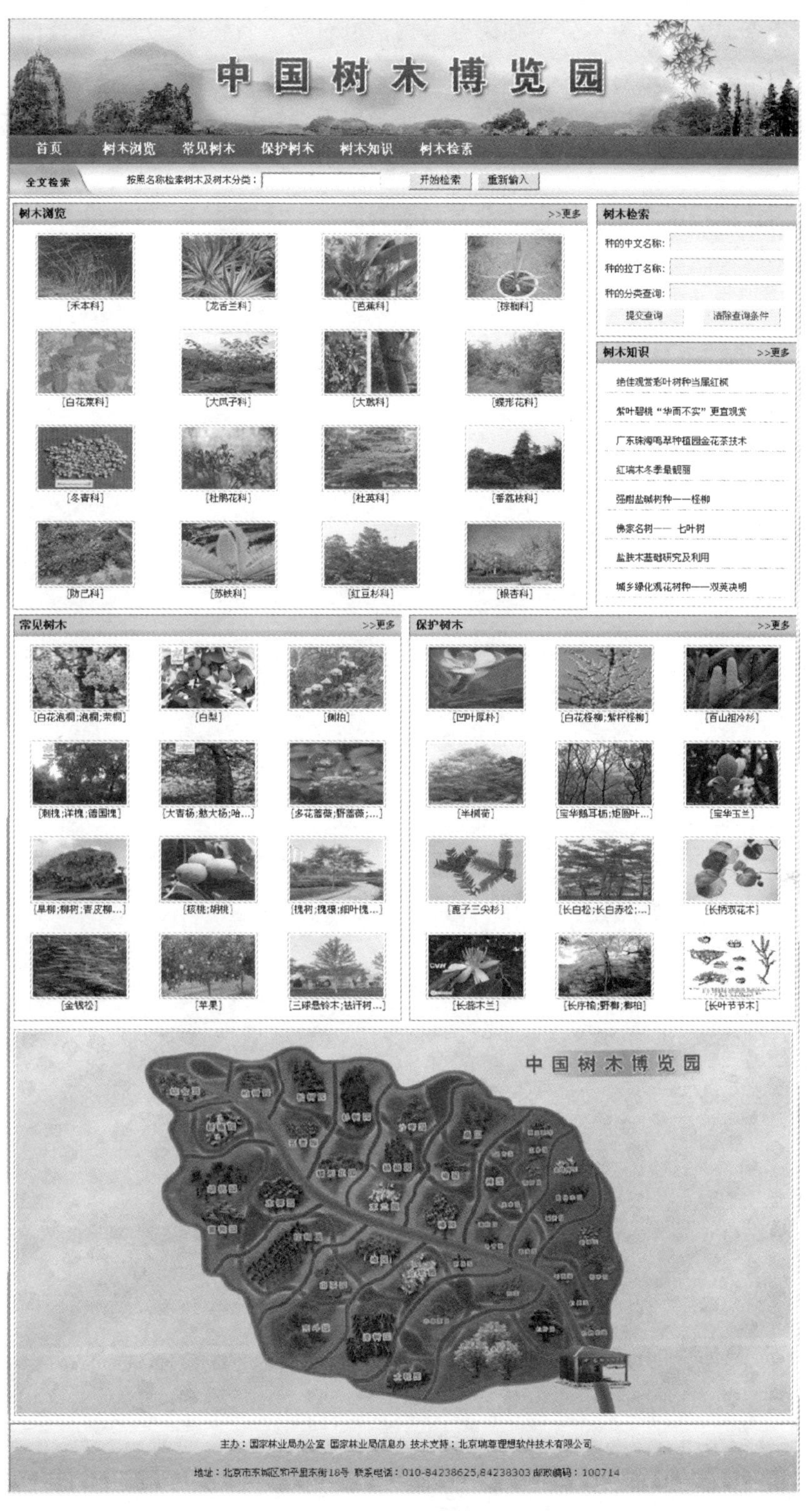

图 289　中国树木博览园首页

树木名录查询。按照树木分类和树木名称，可对树木名称进行浏览和查询。

常见树木查询。通过树木名称、类别等基本信息查询常见树木信息。

保护树木。列出国家保护树木信息，可通过树木名称进行查询，让公众了解国家保护树木。

树木知识。进行树木知识信息的发布和察看。

树木检索。按照树木名称、树木分类、树木信息的内容，实现树木的查询和全文检索。

人员管理。实现对维护人员信息和权限管理。

公共基础数据库

一、全国基础地理空间数据库

全国基础地理空间数据库包括各种类型的数字空间信息和空间参考信息，包括电子地图、数字遥感图像、三维空间图形和多媒体信息，空间地理数据属于基础数据，主要包括空间地理数据和遥感影像数据。基础地理数据库是收集和整理现有应用于林业的全国基础地理数据集(主要包括 1∶400 万，1∶100 万，1∶25 万等)，建立统一的基础地理背景数据库。

二、电子大讲堂

电子大讲堂包含要闻导读、精品推荐、国研试点、金融观察、区域发展、热点专题、国研网统计数据库和特供两会专题等栏目，为内网用户提供第一手的参考信息(图 290)。

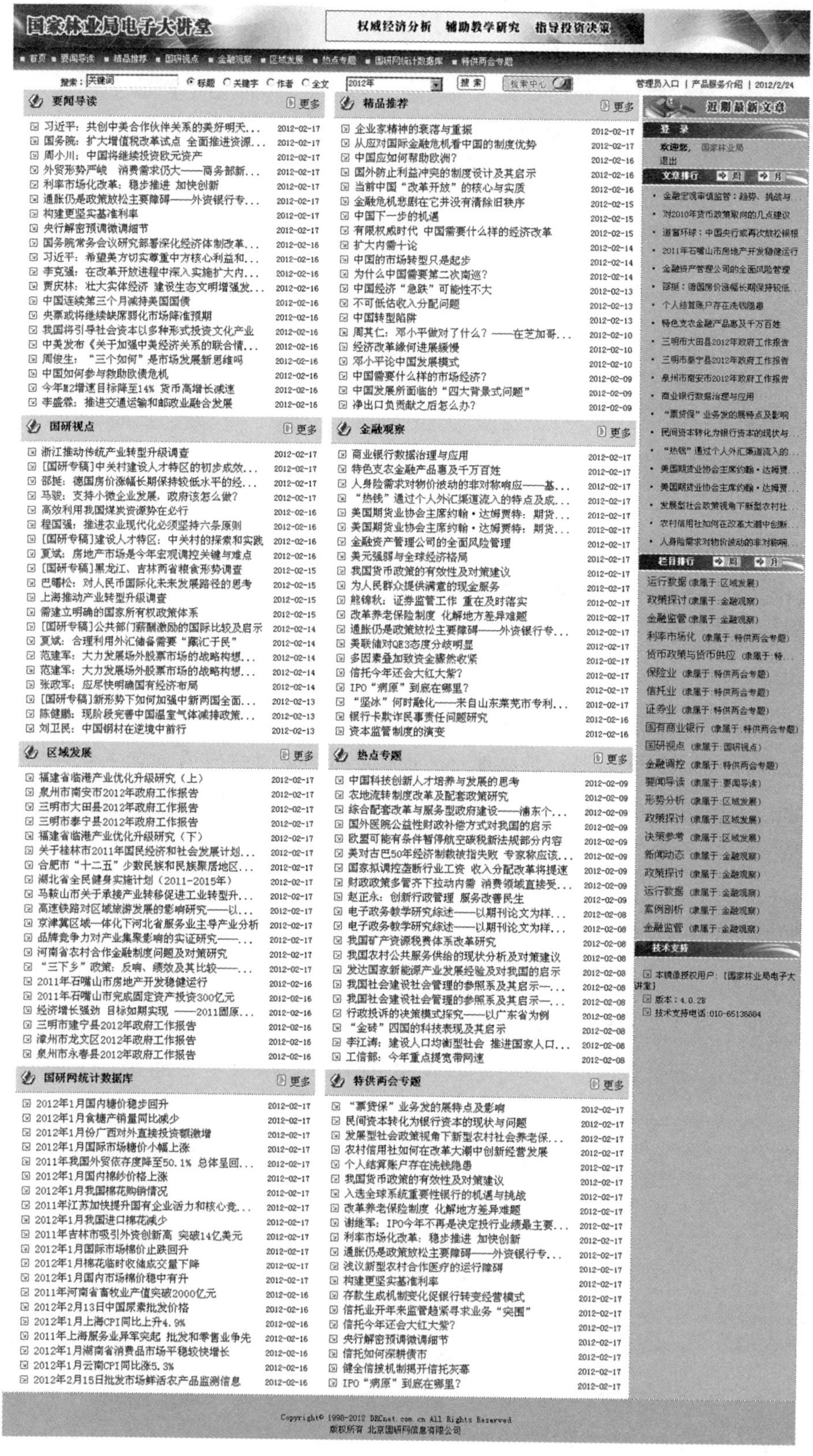

国家林业局电子大讲堂

权威经济分析　辅助教学研究　指导投资决策

■ 首页 ■ 要闻导读 ■ 精品推荐 ■ 国研视点 ■ 金融观察 ■ 区域发展 ■ 热点专题 ■ 国研网统计数据库 ■ 特供两会专题

搜索：关键词 ◉标题 ○关键字 ○作者 ○全文 2012年 搜索 检索中心　管理员入口 | 产品服务介绍 | 2012/2/24

要闻导读 更多

习近平：共创中美合作伙伴关系的美好明天...	2012-02-17
国务院：扩大增值税改革试点 全面推进资源...	2012-02-17
周小川：中国将继续投资欧元资产	2012-02-17
外贸形势严峻　消费需求仍大——商务部新...	2012-02-17
利率市场化改革：稳步推进 加快创新	2012-02-17
通胀仍是政策放松主要障碍——外资银行专...	2012-02-17
构建更坚实基准利率	2012-02-17
央行解密预调微调细节	2012-02-17
国务院常务会议研究部署深化经济体制改革...	2012-02-16
习近平：希望美方切实尊重中方核心利益和...	2012-02-16
李克强：在改革开放进程中深入实施扩大内...	2012-02-16
贾庆林：壮大实体经济 建设生态文明增强发...	2012-02-16
中国连续第三个月减持美国国债	2012-02-16
央票或将继续缺席弱化市场降准预期	2012-02-16
我国将引导社会资本以多种形式投资文化产业	2012-02-16
中美发布《关于加强中美经济关系的联合情...	2012-02-16
周俊生："三个如何"是市场发展新思维吗	2012-02-16
中国如何参与救助欧债危机	2012-02-16
今年M2增速目标降至14% 货币高增长减速	2012-02-16
李盛霖：推进交通运输和邮政业融合发展	2012-02-16

精品推荐 更多

企业家精神的衰落与重振	2012-02-17
从应对国际金融危机看中国的制度优势	2012-02-17
中国应如何帮助欧洲？	2012-02-16
国外防止利益冲突的制度设计及其启示	2012-02-16
当前中国"改革开放"的核心与实质	2012-02-16
金融危机悲剧在它并没有清除旧秩序	2012-02-15
中国下一步的机遇	2012-02-15
有限权威时代 中国需要什么样的经济改革	2012-02-15
扩大内需十论	2012-02-14
中国的市场转型只是起步	2012-02-14
为什么中国需要第二次南巡？	2012-02-14
中国经济"急跌"可能性不大	2012-02-13
不可低估收入分配问题	2012-02-13
中国转型陷阱	2012-02-13
周其仁：邓小平做对了什么？——在芝加哥...	2012-02-10
经济改革缘何进展缓慢	2012-02-10
邓小平论中国发展模式	2012-02-10
中国需要什么样的市场经济？	2012-02-09
中国发展所面临的"四大背景式问题"	2012-02-09
净出口负贡献之后怎么办？	2012-02-09

国研视点 更多

浙江推动传统产业转型升级调查	2012-02-17
[国研专稿]中关村建设人才特区的初步成效...	2012-02-17
邵挺：德国房价涨幅长期保持较低水平的经...	2012-02-17
马骏：支持小微企业发展，政府该怎么做？	2012-02-17
高效利用我国煤炭资源势在必行	2012-02-16
程国强：推进农业现代化必须坚持六条原则	2012-02-16
[国研专稿]建设人才特区：中关村的探索和实践	2012-02-16
夏斌：房地产市场是今年宏观调控关键与难点	2012-02-16
[国研专稿]黑龙江、吉林两省粮食形势调查	2012-02-15
巴曙松：对人民币国际化未来发展路径的思考	2012-02-15
上海推动产业转型升级调查	2012-02-15
需建立明确的国家所有权政策体系	2012-02-15
[国研专稿]公共部门薪酬激励的国际比较及启示	2012-02-14
夏斌：合理利用外汇储备需要"藏汇于民"	2012-02-14
范建军：大力发展场外股票市场的战略构想...	2012-02-14
范建军：大力发展场外股票市场的战略构想...	2012-02-14
张政军：应尽快明确国有经济布局	2012-02-14
[国研专稿]新形势下如何加强中新两国全面...	2012-02-13
陈健鹏：现阶段完善中国温室气体减排政策...	2012-02-13
刘卫民：中国钢材在逆境中前行	2012-02-13

金融观察 更多

商业银行数据治理与应用	2012-02-17
特色支农金融产品惠及千万百姓	2012-02-17
人身险需求对物价波动的非对称响应——基...	2012-02-17
"热钱"通过个人外汇渠道流入的特点及成...	2012-02-17
美国期货业协会主席约翰·达姆贾特：期货...	2012-02-17
美国期货业协会主席约翰·达姆贾特：期货...	2012-02-17
金融资产管理公司的全面风险管理	2012-02-17
美元强弱与全球经济格局	2012-02-17
我国货币政策的有效性及对策建议	2012-02-17
为人民群众提供满意的现金服务	2012-02-17
熊锦秋：证券监管工作 重在及时落实	2012-02-17
改革养老保险制度 化解地方差异难题	2012-02-17
通胀仍是政策放松主要障碍——外资银行专...	2012-02-17
美联储对QE3态度分歧明显	2012-02-17
多因素叠加致资金骤然收紧	2012-02-17
信托今年还会大红大紫？	2012-02-17
IPO"病原"到底在哪里？	2012-02-17
"坚冰"何时融化——来自山东莱芜市专利...	2012-02-17
银行卡欺诈民事责任问题研究	2012-02-16
资本监管制度的演变	2012-02-16

区域发展 更多

福建省临港产业优化升级研究（上）	2012-02-17
泉州市南安市2012年政府工作报告	2012-02-17
三明市大田县2012年政府工作报告	2012-02-17
三明市泰宁县2012年政府工作报告	2012-02-17
福建省临港产业优化升级研究（下）	2012-02-17
关于桂林市2011年国民经济和社会发展计划...	2012-02-17
合肥市"十二五"少数民族和民族聚居地区...	2012-02-17
湖北省全民健身实施计划（2011-2015年）	2012-02-17
马鞍山市关于承接产业转移促进工业转型升...	2012-02-17
高速铁路对区域旅游发展的影响研究——...	2012-02-17
京津冀区域一体化下河北省服务业主导产业分析	2012-02-17
品牌竞争力对产业集聚影响的实证研究——...	2012-02-17
河南省农村合作金融制度问题及对策研究	2012-02-17
"三下乡"政策：反响、绩效及其比较——...	2012-02-17
2011年石嘴山市房地产开发稳健运行	2012-02-16
2011年石嘴山市完成固定资产投资300亿元	2012-02-16
经济增长强劲 目标如期实现 ——2011固原...	2012-02-16
三明市建宁县2012年政府工作报告	2012-02-16
漳州市龙文区2012年政府工作报告	2012-02-16
泉州市永春县2012年政府工作报告	2012-02-16

热点专题 更多

中国科技创新人才培养与发展的思考	2012-02-09
农地流转制度改革及配套政策研究	2012-02-09
综合配套改革与服务型政府建设——浦东个...	2012-02-09
国外医院公益性财政补偿方式对我国的启示	2012-02-09
欧盟可能有条件暂停航空碳税新法规部分内容	2012-02-09
美对古巴50年经济制裁被指失败 专家称应该...	2012-02-09
国家拟调控垄断行业工资 收入分配改革将提速	2012-02-09
财政政策多管齐下拉动内需 消费领域直接受...	2012-02-09
赵正永：创新行政管理 服务改善民生	2012-02-09
电子政务教学研究综述——以期刊论文为样...	2012-02-08
电子政务教学研究综述——以期刊论文为样...	2012-02-08
我国矿产资源税费体系改革研究	2012-02-08
我国农村公共服务供给的现状分析及对策建议	2012-02-08
发达国家新能源产业发展经验及对我国的启示	2012-02-08
我国社会建设社会管理的参照系及其启示—...	2012-02-08
我国社会建设社会管理的参照系及其启示—...	2012-02-08
行政投诉的决策模式探究——以广东省为例	2012-02-08
"金砖"四国的科技表现及其启示	2012-02-08
李江涛：建设人口均衡型社会 推进国家人口...	2012-02-08
工信部：今年重点提宽带网速	2012-02-08

国研网统计数据库 更多

2012年1月国内糖价稳步回升	2012-02-17
2012年1月食糖产销量同比减少	2012-02-17
2012年1月份广西对外直接投资额激增	2012-02-17
2012年1月国际市场糖价小幅上涨	2012-02-17
2011年我国外贸依存度降至50.1% 总体呈回...	2012-02-17
2012年1月国内棉纱价格上涨	2012-02-17
2012年1月我国棉花购销情况	2012-02-17
2011年江苏加快提升国有企业活力和核心竞...	2012-02-17
2012年1月我国进口棉花减少	2012-02-17
2011年吉林市吸引外资创新高 突破14亿美元	2012-02-17
2012年1月国际市场棉价止跌回升	2012-02-17
2012年1月棉花临时收储成交量下降	2012-02-17
2012年1月国内市场棉价稳中有升	2012-02-17
2011年河南省畜牧业产值突破2000亿元	2012-02-16
2012年2月13日中国尿素批发价格	2012-02-16
2012年1月上海CPI同比上升4.9%	2012-02-16
2011年上海服务业异军突起 批发和零售业争先	2012-02-16
2012年1月湖南省消费品市场平稳较快增长	2012-02-16
2012年1月云南CPI同比涨5.3%	2012-02-16
2012年2月15日批发市场鲜活农产品监测信息	2012-02-16

特供两会专题 更多

"票货保"业务发的展特点及影响	2012-02-17
民间资本转化为银行资本的现状与问题	2012-02-17
发展型社会政策视角下新型农村社会养老保...	2012-02-17
农村信用社如何在改革大潮中创新经营发展	2012-02-17
个人结算账户存在洗钱隐患	2012-02-17
我国货币政策的有效性及对策建议	2012-02-17
入选全球系统重要性银行的机遇与挑战	2012-02-17
改革养老保险制度 化解地方差异难题	2012-02-17
谢继军：IPO今年不再是决定投行业绩最主要...	2012-02-17
利率市场化改革：稳步推进 加快创新	2012-02-17
通胀仍是政策放松主要障碍——外资银行专...	2012-02-17
浅议新型农村合作医疗的运行障碍	2012-02-17
构建更坚实基准利率	2012-02-17
存款生成机制变化促银行转变经营模式	2012-02-17
信托业开年来监管趋紧寻求业务"突围"	2012-02-17
信托今年还会大红大紫？	2012-02-17
央行解密预调微调细节	2012-02-17
信托如何深耕债市	2012-02-17
健全信披机制揭开信托灰幕	2012-02-17
IPO"病原"到底在哪里？	2012-02-17

近期最新文章

登 录

欢迎您，国家林业局

退出

文章排行 周 月

- 金融宏观审慎监管：趋势、挑战与...
- 对2010年货币政策取向的几点建议
- 道富环球：中国央行或再次放松银根
- 2011年石嘴山市房地产开发稳健运行
- 金融资产管理公司的全面风险管理
- 邵挺：德国房价涨幅长期保持较低...
- 个人结算账户存在洗钱隐患
- 特色支农金融产品惠及千万百姓
- 三明市大田县2012年政府工作报告
- 三明市泰宁县2012年政府工作报告
- 泉州市南安市2012年政府工作报告
- 商业银行数据治理与应用
- "票货保"业务发的展特点及影响
- 民间资本转化为银行资本的现状与...
- "热钱"通过个人外汇渠道流入的...
- 美国期货业协会主席约翰·达姆贾...
- 美国期货业协会主席约翰·达姆贾...
- 发展型社会政策视角下新型农村社...
- 农村信用社如何在改革大潮中创新...
- 人身险需求对物价波动的非对称响...

栏目排行 周 月

- 运行数据（隶属于：区域发展）
- 政策探讨（隶属于：金融观察）
- 金融监管（隶属于：金融观察）
- 利率市场化（隶属于：特供两会专题）
- 货币政策与货币供应（隶属于：特...
- 保险业（隶属于：特供两会专题）
- 信托业（隶属于：特供两会专题）
- 证券业（隶属于：特供两会专题）
- 国有商业银行（隶属于：特供两会专题）
- 国研视点（隶属于：国研视点）
- 金融调控（隶属于：特供两会专题）
- 要闻导读（隶属于：要闻导读）
- 形势分析（隶属于：区域发展）
- 政策探讨（隶属于：区域发展）
- 决策参考（隶属于：区域发展）
- 新闻动态（隶属于：金融观察）
- 政策探讨（隶属于：金融观察）
- 运行数据（隶属于：金融观察）
- 案例剖析（隶属于：金融观察）
- 金融监管（隶属于：金融观察）

技术支持

本镜像授权用户：[国家林业局电子大讲堂]

版本：4.0.2B

技术支持电话：010-65136864

Copyright© 1998-2012 DRCnet.com.cn All Rights Reserved

版权所有 北京国研网信息有限公司

图 290　电子大讲堂页面

三、电子图书馆

电子图书馆包含哲学、宗教、政治、法律、社会科学总论、经济、语言、文学、历史、地理、生物科学、综合性图书、工业技术、农业科学等，为内网用户提供丰富的图书资料(图 291)。

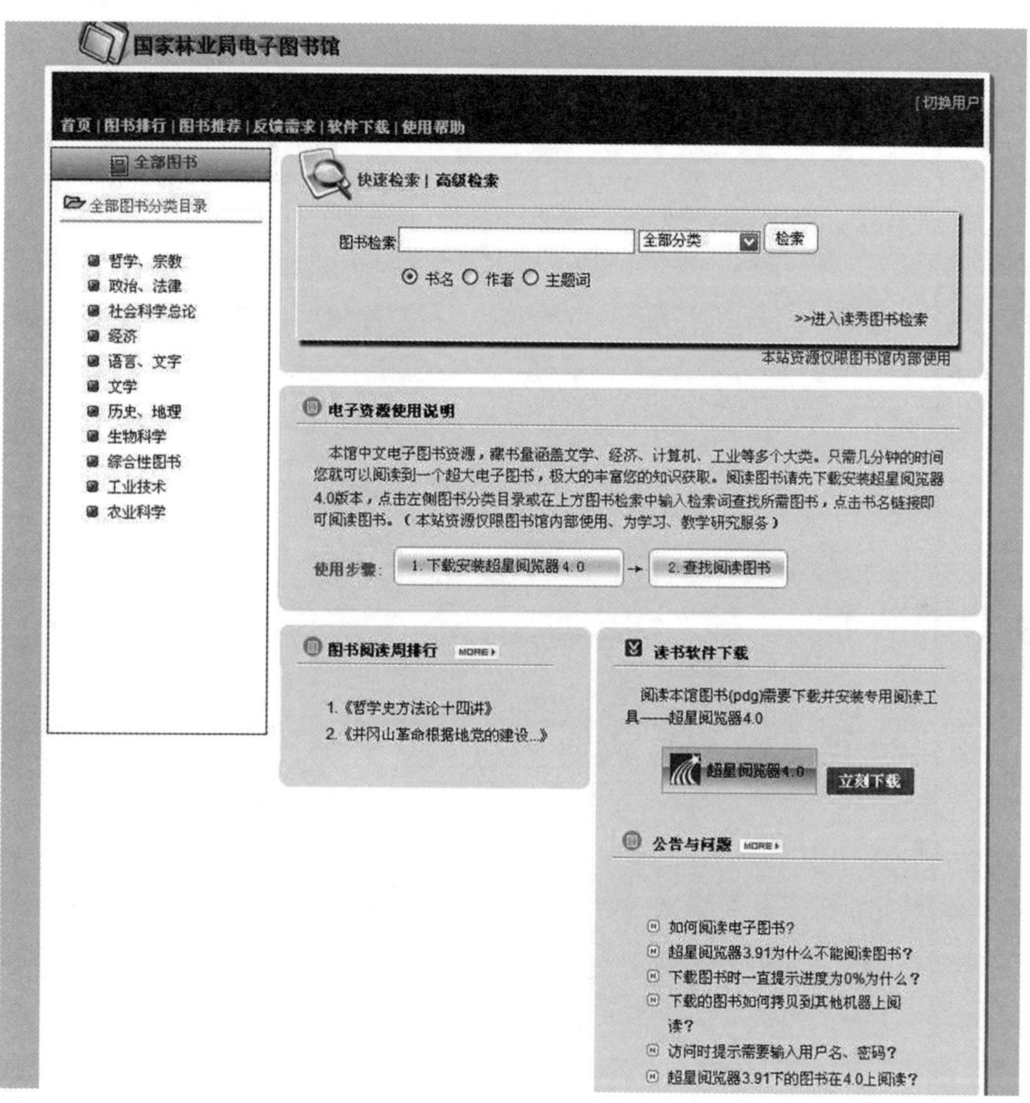

图 291　电子图书馆页面

四、电子阅览室

电子阅览室包括时政类、林业类、信息化类、财经类、文学类、综合类和学位论文等方面的杂志信息(图 292)。

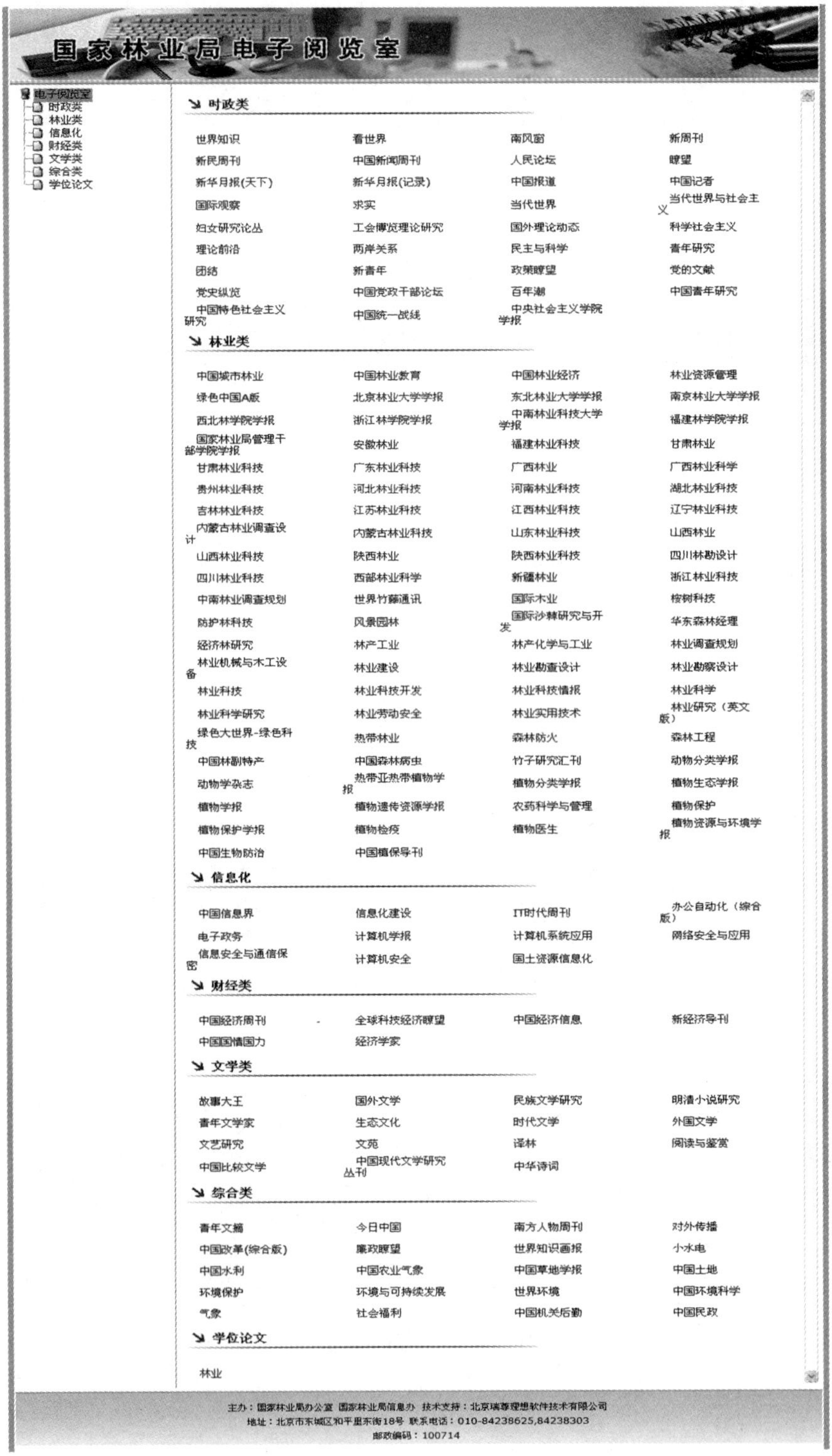

国家林业局电子阅览室

电子阅览室
- 时政类
- 林业类
- 信息化
- 财经类
- 文学类
- 综合类
- 学位论文

时政类

世界知识	看世界	南风窗	新周刊
新民周刊	中国新闻周刊	人民论坛	瞭望
新华月报(天下)	新华月报(记录)	中国报道	中国记者
国际观察	求实	当代世界	当代世界与社会主义
妇女研究论丛	工会博览理论研究	国外理论动态	科学社会主义
理论前沿	两岸关系	民主与科学	青年研究
团结	新青年	政策瞭望	党的文献
党史纵览	中国党政干部论坛	百年潮	中国青年研究
中国特色社会主义研究	中国统一战线	中央社会主义学院学报	

林业类

中国城市林业	中国林业教育	中国林业经济	林业资源管理
绿色中国A版	北京林业大学学报	东北林业大学学报	南京林业大学学报
西北林学院学报	浙江林学院学报	中南林业科技大学学报	福建林学院学报
国家林业局管理干部学院学报	安徽林业	福建林业科技	甘肃林业
甘肃林业科技	广东林业科技	广西林业	广西林业科学
贵州林业科技	河北林业科技	河南林业科技	湖北林业科技
吉林林业科技	江苏林业科技	江西林业科技	辽宁林业科技
内蒙古林业调查设计	内蒙古林业科技	山东林业科技	山西林业
山西林业科技	陕西林业	陕西林业科技	四川林勘设计
四川林业科技	西部林业科学	新疆林业	浙江林业科技
中南林业调查规划	世界竹藤通讯	国际木业	桉树科技
防护林科技	风景园林	国际沙棘研究与开发	华东森林经理
经济林研究	林产工业	林产化学与工业	林业调查规划
林业机械与木工设备	林业建设	林业勘查设计	林业勘察设计
林业科技	林业科技开发	林业科技情报	林业科学
林业科学研究	林业劳动安全	林业实用技术	林业研究（英文版）
绿色大世界-绿色科技	热带林业	森林防火	森林工程
中国林副特产	中国森林病虫	竹子研究汇刊	动物分类学报
动物学杂志	热带亚热带植物学报	植物分类学报	植物生态学报
植物学报	植物遗传资源学报	农药科学与管理	植物保护
植物保护学报	植物检疫	植物医生	植物资源与环境学报
中国生物防治	中国植保导刊		

信息化

中国信息界	信息化建设	IT时代周刊	办公自动化（综合版）
电子政务	计算机学报	计算机系统应用	网络安全与应用
信息安全与通信保密	计算机安全	国土资源信息化	

财经类

中国经济周刊	全球科技经济瞭望	中国经济信息	新经济导刊
中国国情国力	经济学家		

文学类

故事大王	国外文学	民族文学研究	明清小说研究
青年文学家	生态文化	时代文学	外国文学
文艺研究	文苑	译林	阅读与鉴赏
中国比较文学	中国现代文学研究丛刊	中华诗词	

综合类

青年文摘	今日中国	南方人物周刊	对外传播
中国改革(综合版)	廉政瞭望	世界知识画报	小水电
中国水利	中国农业气象	中国草地学报	中国土地
环境保护	环境与可持续发展	世界环境	中国环境科学
气象	社会福利	中国机关后勤	中国民政

学位论文

林业

主办：国家林业局办公室 国家林业局信息办 技术支持：北京瑞尊理想软件技术有限公司
地址：北京市东城区和平里东街18号 联系电话：010-84238625,84238303
邮政编码：100714

图 292　电子阅览室页面

五、数字电影院

数字电影院为内网用户提供了丰富的各类电影，包括最新电影、革命影片、经典影片、美国大片等(图 293)。

图 293　数字电影院页面

六、数字电视剧场

数字电视剧场提供了各类电视剧，包括纪实片、历史剧、战争剧、古装剧等，丰富了大家的业余生活(图 294)。

图 294　数字电视剧场页面

七、数字音乐厅

数字音乐厅提供各种类型音乐，包括红歌会、流行音乐、经典音乐、古典音乐等(图295)。

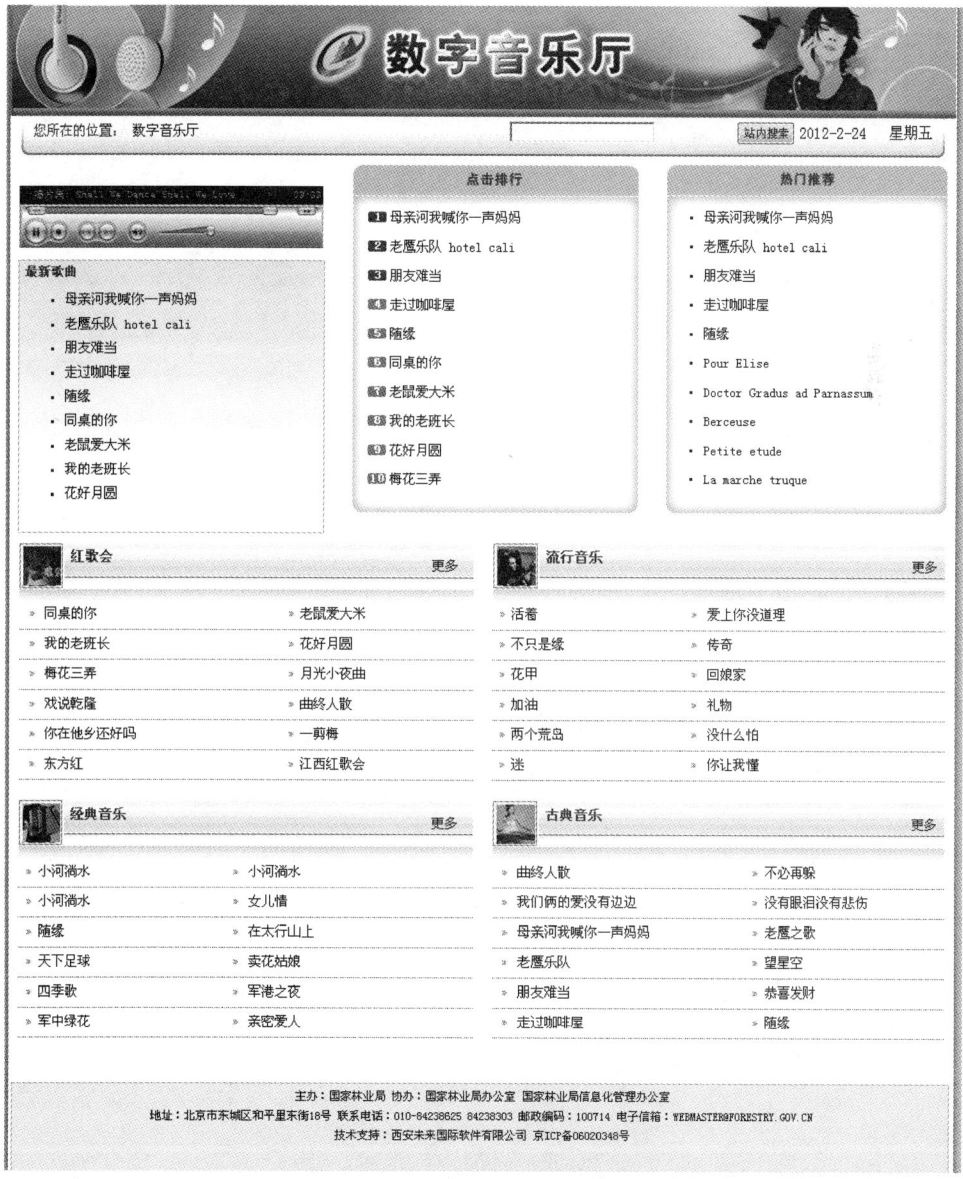

图 295 数字音乐厅页面

THREE YEARS 2009-2012

基础平台建设

JICHU PINGTAI JIANSHE

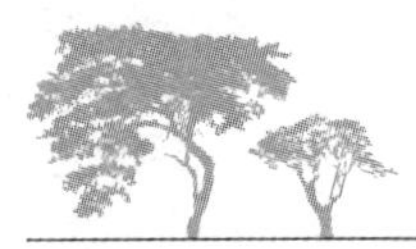

外网平台

一、外网网络扩建

国家林业局外网采用了千兆光纤骨干，百兆到桌面的以太网架构。在二层中心机房配备高性能的核心交换机，1 层到 11 层之间，每层的南北配线间各放置 24 口的交换机。所有二级楼层交换机具有千兆上联及堆叠功能，便于构建千兆的骨干网络。核心交换除了汇聚各个楼层配线间的光纤外，还连接大量的安全设备，在配置上将满足安全设备的需要。核心交换机配置两块路由交换引擎用于冗余备份，端口配置上主要以千兆的光纤和电网口为主，并且配置双电源，保证核心的稳定性和可用性(图 296)。

布线工程涉及主楼、四号楼以及邻近的相关单位。外网的流量比较大，安全性和网络管理问题复杂，新架设的网络设备能够符合这种全方位的要求。布线工程的总汇聚点位于办公大楼的北侧二层，网络设备采用集中方式放置与管理，计算机信息点为每个楼层房间 2 个点左右规模(1 个内网点、1 个外网点)、单人房间 2 个。

国家林业局办公网均采用超五类非屏蔽双绞线 UTP；网络布线拓扑结构为：二级星形结构，一级为光纤主干；二级为超五类非屏蔽双绞线 UTP。大楼外和附近单位光纤连接，采用室外铠装硬皮防腐蚀光缆。办公外网系统拓扑图见图 297。

二、存储系统建设

采用基于 SAN 的存储结构，为国家林业局各信息系统提供统一的数据存储服务。根

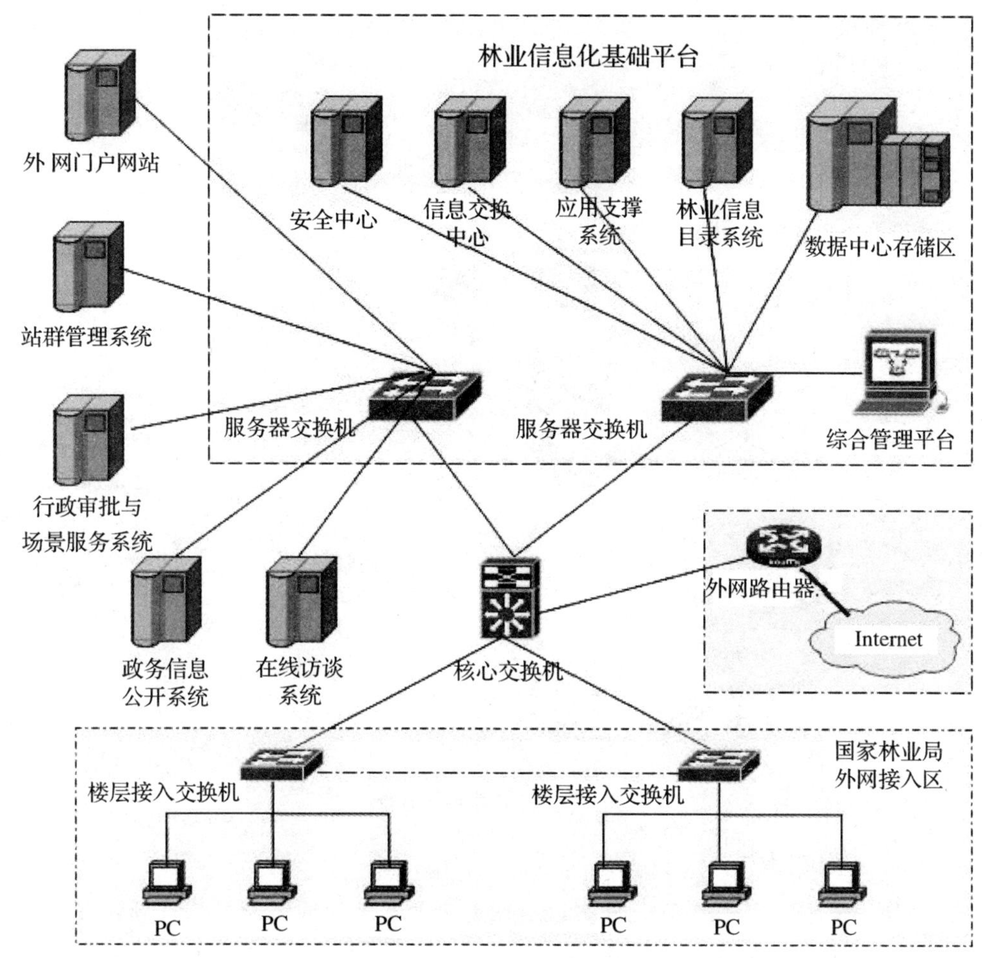

图 296　外网平台部署示意

据电子政务的要求在外网部署一套数据存储系统和数据备份系统。

国家林业局数据中心存储系统采用 SAN 存储模式。总体结构分为存储层、存储交换层、主机层、存储管理层和存储专业服务层 5 层。

存储层主要提供高可靠、高性能、可扩展的智能存储设备存储数据信息，由于在 SAN 中资源是完全的共享，但同时要保证数据访问的安全性，因此必须保证每个应用系统既能共享资源又能互不干扰。

存储交换层是 SAN 的核心连接设备，实现主机、存储设备的连接和提供高性能的数据通路。存储交换层必须提供充足的端口和解决存储管理层中任何单点故障。在光纤存储交换机中通过区域功能的划分，采用共享或独享方式实现为业务应用系统合理地分配存储系统性能资源，保证关键应用系统对高性能的要求，而其他应用系统可以共享的方式使用存储系统的性能。

主机层包括主机连接设备和逻辑卷管理两个子层。主机连接设备主要负责各主机与

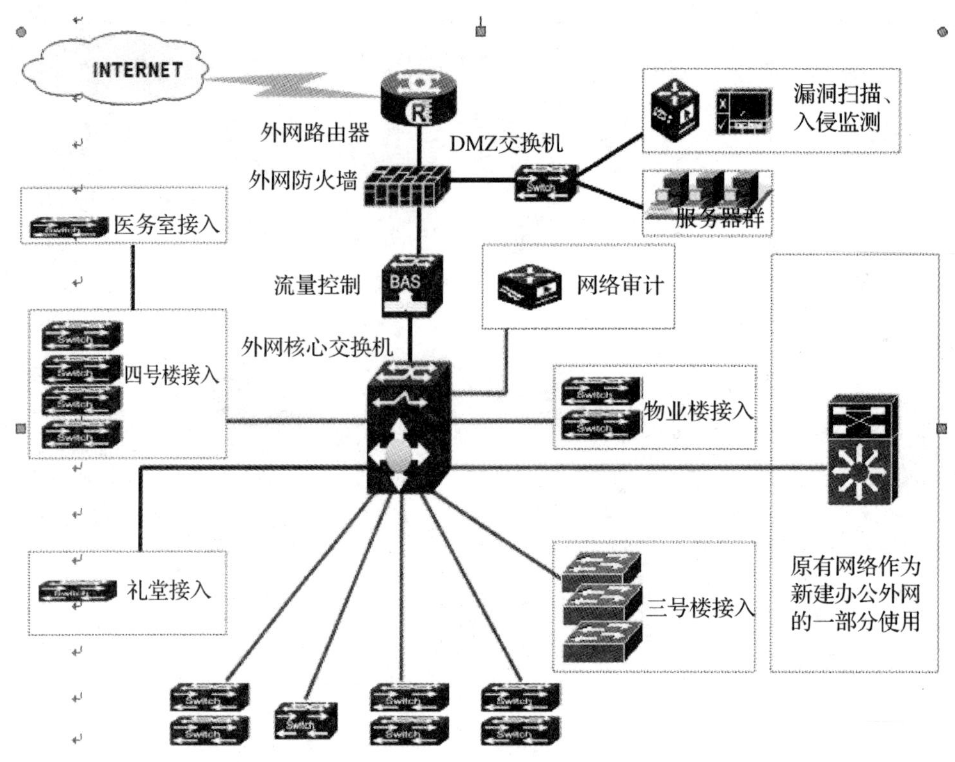

图 297　办公外网拓扑图

SAN 的连接，通过在主机上安装两块 HBA，分别连接到存储交换层的两台光纤交换机上，形成一个全冗余的交叉连接结构，同时通过在主机上安装与存储兼容的管理软件，实现通路的错误冗余和负载均衡，在提高主机访问带宽的同时保证了可用性，提供主机到 SAN 的光纤接口。HBA 卡提供了将 FC 协议解包成 SCSI 协议的功能，使得主机系统能够将 SAN 中的存储设备作为一个传统的 SCSI 设备来对待，简化了主机设备的复杂性，提高了 SAN 与主机系统的兼容性，使 SAN 系统能提供最广泛的主机平台支持。核心应用服务器采用基于共享 SAN 存储的双机双网卡高可用 HA。数据库服务器采用基于共享 SAN 存储的双机双网卡负载均衡 Cluster。

存储管理层是 SAN 存储整合的另一个需要重点考虑的部分，即存储管理整合。直观管理 SAN 中的存储资源。进行统一资源保护、分配和管理，存储系统配置和状态监控、性能分析、故障预警和报考等功能；同时存储安全管理、数据异地容灾功能管理和数据快速复制功能管理都能够集中进行。减少系统管理员的工作量，简化 IT 的管理流程。

根据建设需要及总体设计，各应用系统的数据存储均在数据中心，数据存储体系结构见图 298。

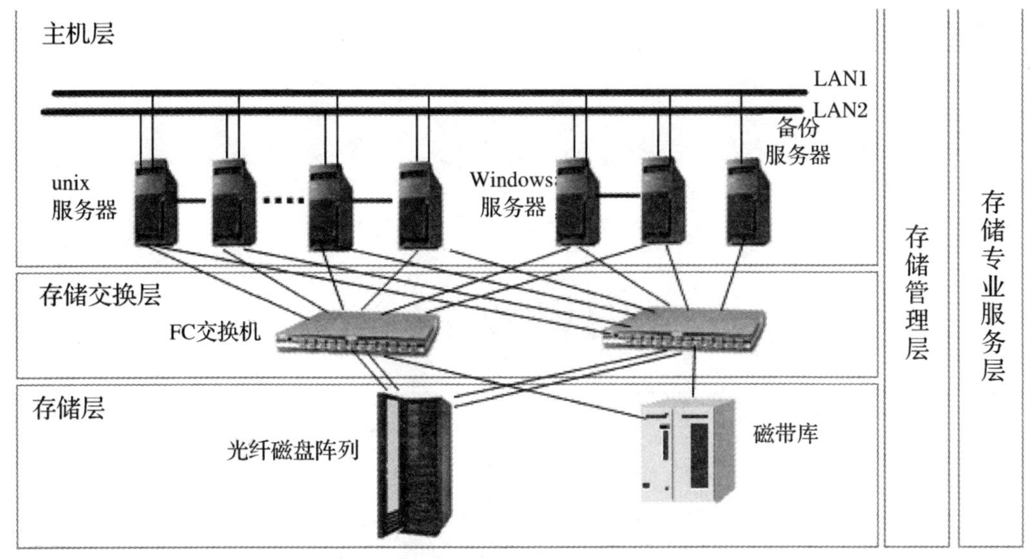

图 298　数据存储体系结构

内网平台

一、内网网络扩建

国家林业局办公内网核心交换配置一块 24 口的千兆模块，用于连接各楼层汇聚的接入层交换机。

内网范围从 1 楼至 11 楼每个房间一个信息点，每个楼层房间的网线都集中在本楼层的配线间中。

接入层采用系列可堆叠智能交换机，在楼层或高密度办公区域多台堆叠为终端 PC 提供 10/100M 到桌面的带宽保障，并通过千兆链路与核心交换机互联，图 299 为办公内网系统拓扑图。

二、存储系统建设

根据电子政务要求在内网部署了一套数据存储系统和数据备份系统。

内网数据中心的存储系统采用与外网一样的存储模式。根据建设需要及总体设计，各应用系统的数据存储均在数据中心。

三、应用支撑平台

应用支撑为各应用系统提供所需的资源共享、信息交换、业务访问、业务集成、流程控制、安全控制和系统管理等方面的基础性和功用性的支撑服务，同时它也是应用系统的开发、部署和运行的技术环境。应用支撑具有开放和扩展性，并能够适应业务需求的动态

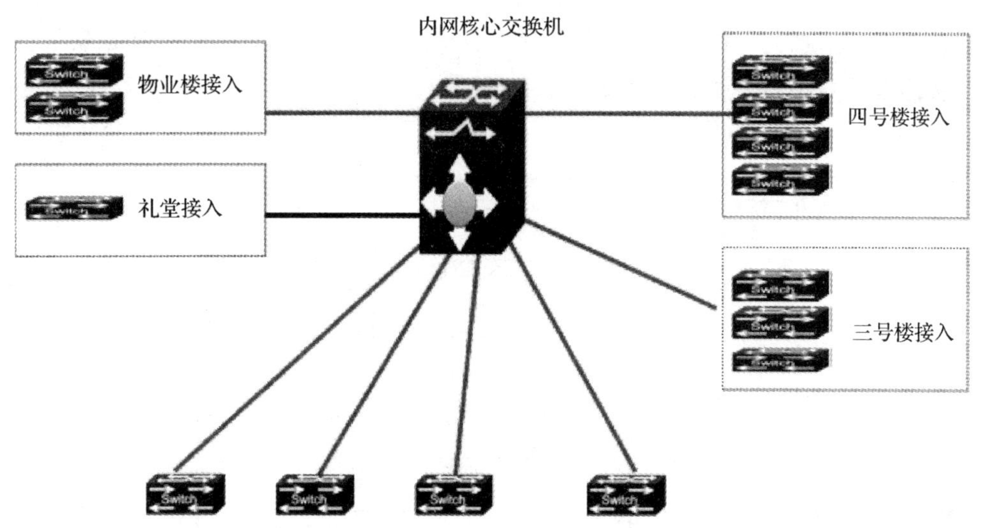

图 299　办公内网拓扑图

变化。

林业应用支撑为业务应用系统开发提供各类基础组件、中间件，提高系统建设效率；同时解决业务应用之间的互通、互操作等问题。应用支撑由注册服务、鉴权服务、状态管理服务、电子签章管理服务、即时业务服务、应用资源整合服务、电子政务客户端服务等组成。其架构包括：目录体系和交换体系、业务流程管理、林业数表模型、林业基础组件、林业常用工具软件等，其主要建设内容可分为目录体系、交换体系和快速应用搭建平台 3 个部分。

1. 目录体系

目录体系是按照统一的标准规范，对分散在各部门的信息资源进行整合和组织，形成逻辑上集中，物理上分散，可统一管理和服务的林业信息资源目录，为使用者提供统一的信息资源发现和定位服务，实现林业部门间信息资源共享交换和信息服务的林业信息资源管理体系。

信息资源目录一般由信息资源分类目录和信息资源目录组成。

信息资源分类目录由按不同应用主题建立的信息分类体系组成。信息资源目录有基础信息目录、部门信息资源目录、应用共享信息资源目录等，通常由描述信息资源的名称、主题、摘要或数据元素、分类、来源、提供部门等元数据组成。信息资源包括业务职责、政策法规、规章制度、业务流程、业务系统信息资源、业务数据库信息资源等。

概念模型。信息资源目录体系的概念模型包括支撑标准、数据库、信息资源目录等 3

部分(图 300)。

功能模型。信息资源目录体系的技术模型包括网络层、信息资源层、核心服务层、门户层、标准规范与管理体系及信息安全体系(图 301)。

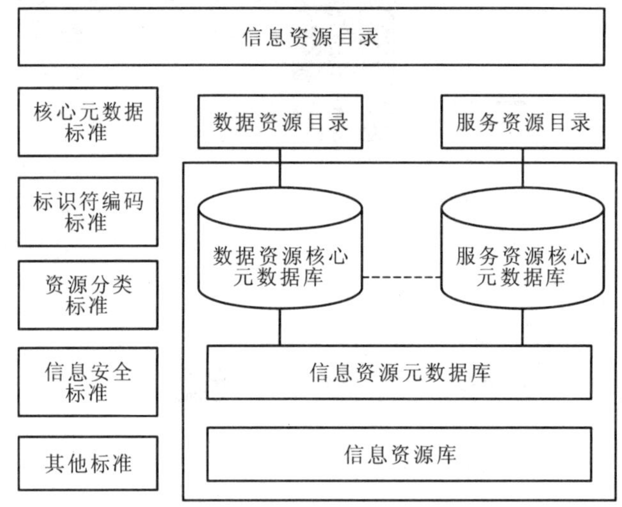

图 300　信息资源目录体系概念模型

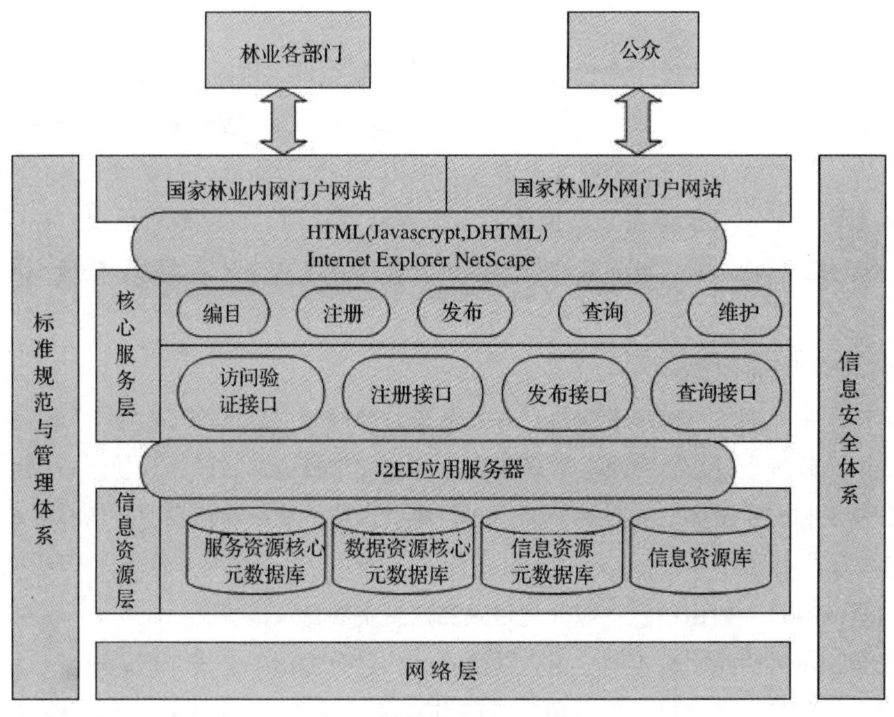

图 301　信息资源目录体系功能模型

2. 交换体系

交换体系是实现异构数据源之间数据交换与共享、异构应用系统之间流程整合与协同的基础。信息交换体系由应用适配服务层、共享交换服务层、跨域交换层、流程管理服务层以及安全支撑和监控管理组成(图302)。

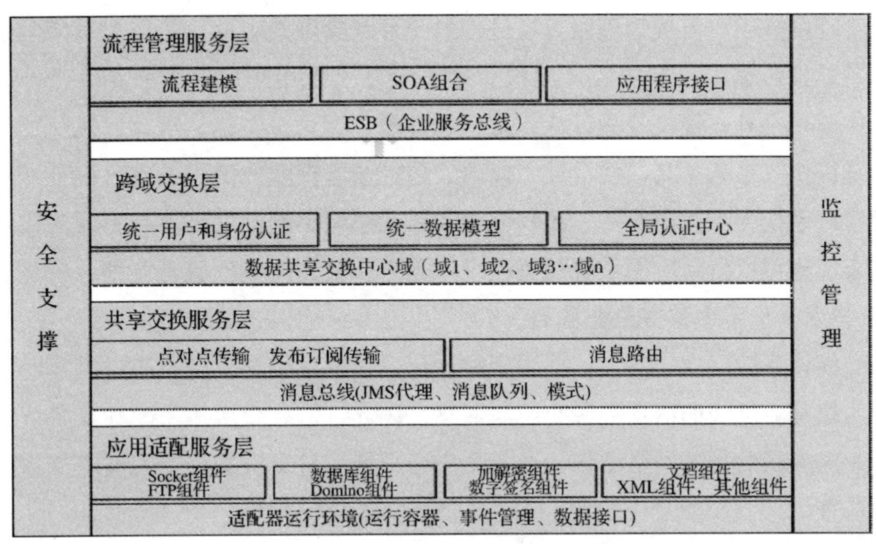

图302　交换体系逻辑结构示意

应用适配服务层。应用适配服务层是与具体应用系统便捷连接的模块化软件，主要解决应用系统与应用集成系统之间的连接与信息交换等问题，实现信息的提取、封装、打包、分类、加密、压缩和传送等功能。同时，提供应用适配器开发框架，以适应不同应用系统的连接。应用适配器系统通过配置、定义的方式实现和应用系统的连接，以提高部署效率，降低实施成本。

共享交换服务层。共享交换服务层是整个平台的核心，它是基于JMS、LDAP和XML Schema，由一系列中间件、服务、Web Service接口以及数据库组成，采用支持Web Service的XML消息软总线的消息通讯技术，提供功能强大的消息订阅/发布和消息队列功能，支持点到点的异步传输模式。提供基于Web Service的数据传输、数据转换和规则化的数据移动。数据交换中心(由共享交换服务层、跨域交换服务层和流程管理服务层)对数据传输进行集中控制和管理。其设计功能有：可靠的消息传输功能，基于元数据的全局视图建立，数据的存储、校验和数据交换。交换中心设置工作数据库，它的基础功能是缓存用于交换的数据，并记录下每笔交换的情况，以供将来分析，如性能分析、故障分析、数据流量和流向分析。同时它还存储相关的全局目录和路由信息(如网络拓扑、系统配置、用户信息)。

跨域交换层。跨域交换层的功能需求来自业务系统存在于不同的行政管理域和地域。不同级别的数据交换所涉及的机构部门也处于不同的级别，这通过一个交换中心往往不能很好地解决这样一个庞大体系中的复杂交换，相反，若通过将多个可信的数据共享和交换中心按照行政层次和区域进行级联则可以较好地解决这个问题。此外，若一个行政机构跨越的区域较大，还可以通过同一层次上的交换中心的互联来分担该层的交换负载，并通过相互之间的协同，共同完成该层次的交换工作。

流程管理服务层。流程管理服务层是信息交互与管理的中枢，是应用系统间业务流程整合和信息纵横传输的控制中心。流程管理系统基于应用集成技术和 Web Service 技术，独立于具体应用之外，提供流程设计、重组、部署、管理、监控、审计、优化的环境。流程管理系统提供一系列工具以便设计、修改、监控与管理业务流程及各流程节点对应的服务。流程管理系统支持面向服务、流程驱动的体系结构，既可以将现有不同应用系统的流程协同起来，也可以将新应用系统的流程统一起来，最终将业务流程调整、管理、设置的权力从 IT 技术人员手中移交给业务人员。

信息交换体系的层次结构。依据国家林业信息化建设要求，需要通过国家和省级基础平台实现两级林业部门的信息资源交换与共享，因此，信息交换体系配置在各级中心。按照国家林业局专网的物理网络结构，在各个中心部署信息交换系统，实现应用系统之间数据传输的任务。

四、应用服务架构平台

林业应用服务架构平台(下称：FA-SAP)创建了一套林业应用的基础服务架构平台。它采用 SOA 架构方法，将业务流程和底层活动分解为基于标准的服务。在基于 FA-SAP 的系统中，系统功能是由一些松耦合并且具有统一接口定义方式的服务构件组合起来，构件是 FA-SAP 系统的基本单元(图 303)。

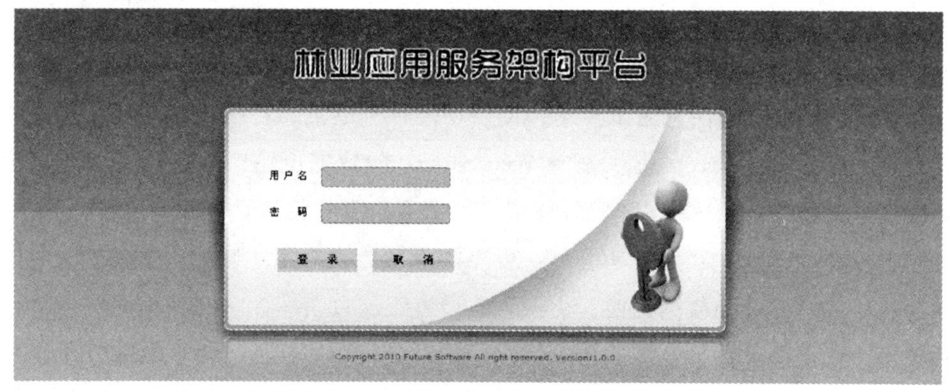

图 303　林业服务架构平台登录页面

五、林业多级数据交换中心

林业多级数据交换系统实现林业各单位之间的数据交换和共享，包括文件数据和关系数据库数据，各单位无需做任何代码开发工作，只需通过多级数据交换系统适配器模块和本单位业务系统对接即可实现数据的交换和共享，系统对交换的数据进行加密、签名，保证数据在传输过程中的安全性。

系统通过跨域通信代理模块与其他省份林业信息共享与交换平台对接，实现数据的跨区域交换。通过系统，全局监控管理中心能够对各省份林业信息共享与交换平台进行监控和管理。

六、林业多元数据融合平台

林业多元数据融合与集成系统实现对各单位地理空间数据的采集及不同地理空间数据格式之间的转换，地理空间数据的叠加、融合，以及通过监控管理系统对数据采集过程进行监控和管理。

专网平台

在国家林业局专网的基础上，增加了大连、宁波、厦门、青岛、深圳 5 个计划单列市和武汉专员办、林学会等节点，驻福建、昆明、长春、成都、西安、贵阳、合肥 7 个专员办配置 E1 直通电缆一套，为建成专员办独立的视频会议系统提供网络基础。2010 年国家林业局专网扩建完成后，专网的覆盖节点由 37 个增加至 72 个，联通了全国各省级林业部门和国家林业局京内外直属单位，建成了集传输文字、视频、语音等各类信息数据的高标准高速公路。通过与部分省所建专网的联通，国家林业局专网的触角已经延伸到县。

机房建设

基于林业信息化基础平台进行全面扩容，建成了高标准的内网、外网、专网，形成了全国林业信息高速公路。建设完成了物理隔离的中国林业网（外网）和国家林业局办公网（内网），扩展了林业专网，实现了网络全覆盖，并改造建成了高标准的国家林业中心机房。

一、机房网络

机房新建后，办公网络采用千兆光纤骨干，百兆到桌面的以太网架构。中心在二层机房放置高性能的核心交换机，除了汇聚各个楼层配线间的光纤外，还链接大量的安全设备，在配置上满足安全设备的需要。核心交换机采用神州数码的 DCRS-7608 系列 10 插槽的机箱，配置两块路由交换引擎用于冗余备份，端口配置上主要以千兆的光纤和电网口为主，并且配置双电源，保证核心的稳定性和可用性（图 304）。

二、基础设施

国家林业中心机房使用面积 450m^2，在主楼的二层北侧。机房基础设施改造主要包括以下 4 个方面的内容。

配电系统。原设计的配电系统是按照 60kVA 的容量计算的，随着信息化的建设，服务器、阵列盘、网络设备、网络安全设备及配套的外部设备等大量增加，原配电系统的设计已不能满足需要。按照等级保护的要求，对原有的配电系统进行了扩容。从原有的 60kVA 扩充到 120kVA，铺设了从一层配电室到二层机房的动力电缆，增加了各个配电柜的容量，增加机房内电缆和插座的数量及相配套的设施，并加大了电源系统的安全性。

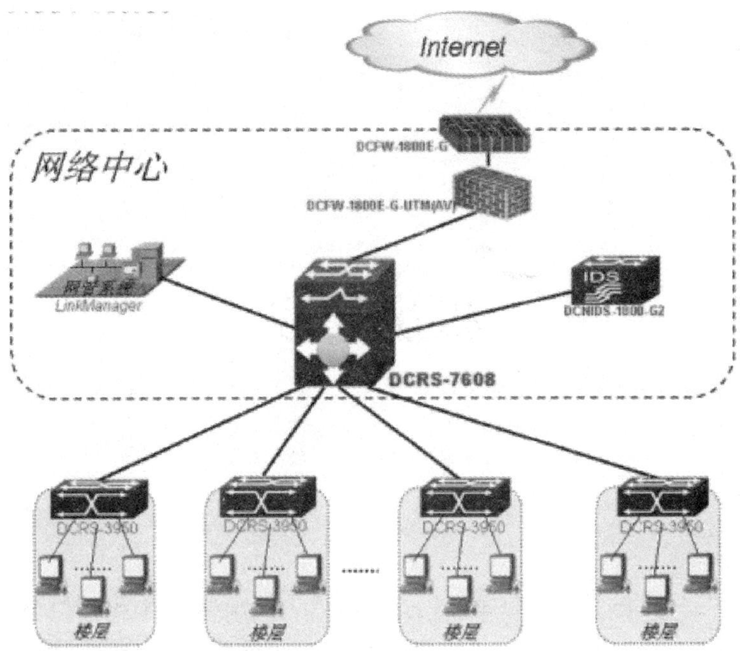

图 304　主楼计算机网络拓扑图

机柜等设施。新增计算机服务器及网络设备机柜 40 个，KVM 控制器 10 套。

装饰工程。根据等级保护及防火的要求，除了在中心机房分隔出几个功能区外，将原有的天花板设计更新为防火性能更好的材料，墙壁更新设计为防尘和防火性能更好的彩钢板，地板选用承重、防静电等性能更好的钢制地板，机房内增加新风设备等。

机房办公家具。由于机房控制系统的需要，增加监控系统的控制台，此外，购买了机房使用的桌椅及资料柜。

图 305 至图 307 为国家林业中心机房图片。

图 305　国家林业中心机房外观

图 306　国家林业中心机房内外网区

图 307　国家林业中心机房会商室

三、机房装修

天花板装修：按照抹灰工程质量验收标准和施工规范对天棚进行高级抹灰处理。抹灰平整、光滑、无凸凹、无起伏、不能有大的空鼓或裂缝。为了防止天棚抹灰面脱落灰尘或微细沙尘，天棚结构表面刷防尘油漆。

防尘：计算机机房采取了防尘措施。装饰材料选用不易积灰、不易起尘、易于清洁、防火保温的饰面材料，机房单独设出入口并在缓冲间设更衣换鞋间及鞋套机，更衣换鞋后方可进入机房。

吸音：机房选用微孔铝合金吸音天花板，不会产生灰尘，耐用可靠且十分美观，顶棚上面留有 300～500mm 的高度空间。铝合金天花板具有屏蔽、易清洗、自重轻、不燃烧、耐腐蚀、施工方便等优点，兼有防尘功能。

墙面：机房墙体采用防火墙面，周围进行防潮处理。墙壁表面采用彩钢板，具有保护墙体、屏蔽、保温、不燃烧、不吸水、防潮、易清洁、不保留灰尘、不易破损、装饰效果好等优点。

防火：机房内铺设电缆、设备较多，必须注意机房的消防安全，为严格控制建筑物耐火等级。所有材料的防火等级都为 A 级或 B1 级。

防静电：机房内铺设防静电地板，地板平整度保证每米≤2mm，平滑、整洁。

线路保护：机房内所有线槽都采用不锈钢制桥架、镀锌钢管或喷塑金属软管保护。

四、门禁系统

门禁系统采用“HID”读卡识别系统。这种识别系统已经广泛应用于机房的门禁方面，相比传统的读卡器更能有效控制人员访问。针对中心机房，建设了门禁系统，以控制各个出入口，每个门分别加装读卡识别系统。通过对机房管理人员的分级授权，可以做到安全有效地管理进出机房的人员。

THREE YEARS 2009-2012

标准规范建设

BIAOZHUN GUIFAN JIANSHE

现有标准的梳理

一、推荐使用的林业信息化相关标准规范

国家林业局于2009年12月31日下发《国家林业局关于推荐使用林业信息化相关标准规范的通知》(林信发〔2009〕311号)，全文如下。

各省、自治区、直辖市林业厅(局)，内蒙古、吉林、龙江、大兴安岭森工(林业)集团公司，新疆生产建设兵团林业局，国家林业局各司局、各直属单位：

为贯彻落实全国林业信息化工作会议精神和《全国林业信息化建设纲要》要求，进一步加快林业信息化建设步伐，提升林业信息化标准编制水平，确保林业信息化标准建设效率，我局组织有关单位和人员，通过向全国林业系统发调查函、网络查阅以及到相关标准组织机构查询等形式，开展了全国林业信息化标准建设摸底调查工作，对与林业信息化相关的标准规范进行了研究分析。经汇总，林业信息化相关标准规范297个，其中：国际标准38个、国家标准160个、行业标准55个、地方标准27个、相关法律法规17个。

经认真研究，并广泛征求各方面意见，在上述标准规范中，推荐使用152个(其中：国家标准133个，行业标准19个)，参考使用113个(其中：国际标准38个，国家标准12个，行业标准36个，地方标准27个)，要遵循的标准编写规则和标准化法律法规32个(其中：标准编写规则15个，标准化法律法规及规章17个)。现印发给你们，请结合工作实际，认真予以执行。

附件：1. 推荐使用的林业信息化相关标准目录
2. 参考使用的林业信息化相关标准目录
3. 林业信息化要遵循的标准编写规则和标准化法律法规目录

附件 1

推荐使用的林业信息化相关标准目录

序号	标准类型	标准名称	编号	备注
1	国家标准	电子政务数据元 第 1 部分：设计和管理规范	GB/T 19488. 1 - 2004	代替 GB/T15660 - 1995
2		电子政务数据元 第 2 部分：公共数据元目录	GB/T 19488. 2 - 2008	
3		电子政务系统总体设计要求	GB/T 21064 - 2007	
4		电子政务业务流程设计方法通用规范	GB/T 19487 - 2004	
5		电子政务主题词表编制规则	GB/T 19486 - 2004	
6		国家电子政务网络技术和运行管理规范	GB/T 21061 - 2007	
7		XML 在电子政务中的应用指南	GB/Z 19669 - 2005	
8		信息技术 词汇 第 1 部分：基本术语	GB/T 5271. 1 - 2000	
9		信息技术 词汇 第 3 部分：设备技术	GB/T 5271. 3 - 2008	
10		信息技术 词汇 第 4 部分：数据的组织	GB/T 5271. 4 - 2000	
11		信息技术 词汇 第 6 部分：数据的准备与处理	GB/T 5271. 6 - 2000	
12		信息技术 词汇 第 7 部分：计算机编程	GB/T 5271. 7 - 2008	
13		信息技术 词汇 第 8 部分：安全	GB/T 5271. 8 - 2001	
14		信息技术 词汇 第 12 部分：外围设备	GB/T 5271. 12 - 2000	
15		信息技术 词汇 第 13 部分：计算机图形	GB/T 5271. 13 - 2008	
16		信息技术 词汇 第 14 部分：可靠性、可维护性与可用性	GB/T 5271. 14 - 2008	
17		信息技术 词汇 第 16 部分：信息论	GB/T 5271. 16 - 2008	
18		信息技术 词汇 第 20 部分：系统开发	GB/T 5271. 20 - 94	
19		信息技术 词汇 第 25 部分：局域网	GB/T 5271. 25 - 2000	
20		信息技术 词汇 第 27 部分：办公自动化	GB/T 5271. 27 - 2001	
21		信息技术 代码值交换的通用结构 第 1 部分：编码方案的标识	GB/T 18139. 1 - 2000	
22		信息技术 代码值交换的通用结构 第 2 部分：编码方案的登记	GB/T 18139. 2 - 2000	
23		信息技术 开放系统互连 公共管理信息协议 第 1 部分：规范	GB/T 16645. 1 - 2008	
24		信息技术 开放系统互连 公共管理信息协议 第 2 部分：协议实现一致性声明形式表	GB/T 16645. 2 - 2000	
25		信息技术 开放系统互连 基本参考模型 第 3 部分：命名与编址	GB/T 9387. 3 - 2008	
26		信息技术 开放系统互连 开放系统安全框架 第 1 部分：概述	GB/T 18794. 1 - 2002	
27		信息技术 开放系统互连 开放系统安全框架 第 4 分：抗抵赖框架	GB/T 18794. 4 - 2003	

（续）

序号	标准类型	标准名称	编号	备注
28	国家标准	信息技术 开放系统互连 开放系统安全框架 第5部分：机密性框架	GB/T 18794.5－2003	
29		信息技术 开放系统互连 开放系统安全框架 第6部分：完整性框架	GB/T 18794.6－2003	
30		信息技术 开放系统互连 开放系统安全框架 第7部分：安全审计和报警框架	GB/T 18794.7－2003	
31		信息技术 开放系统互连 联系控制服务元素的无连接协议 第1部分：协议规范	GB/T 17545.1－1998	
32		信息技术 开放系统互连 联系控制服务元素的无连接协议 第2部分：协议实现一致性声明形式表	GB/T 17545.2－2000	
33		信息技术 开放系统互连 目录 第1部分：概念、模型和服务的概述	GB/T 16264.1－2008	
34		信息技术 开放系统互连 目录 第2部分：模型	GB/T 16264.2－2008	
35		信息技术 开放系统互连 目录 第8部分：公钥和属性证书框架	GB/T 16264.8－2005	
36		信息技术 开放系统互连 局域网媒体访问控制(MAC)服务定义	GB/T 16646－1996	
37		信息技术 开放系统互连 命名与编址指导	GB/T 17976－2000	
38		信息技术 开放系统互连 网络层安全协议	GB/T 17963－2000	
39		信息技术 开放系统互连 一致性测试方法和框架 第1部分：基本概念	GB/T 17178.1－1997	
40		信息技术 开放系统互连 应用层结构	GB/T 17176－1997	
41		信息技术 开放系统互连 远程数据库访问 第1部分：类属模型、服务与协议	GB/T 17533.1－1998	
42		信息技术 开放系统互连 远程数据库访问 第2部分：SQL 专门化	GB/T 17533.2－1998	
43		信息技术 开放系统中文界面规范	GB/T 16681－2003	
44		信息技术 软件包 质量要求和测试	GB/T 17544－1998	
45		信息技术 软件测量 功能规模测量 第1部分：概念定义	GB/T 18491.1－2001	
46		信息技术 软件工程 CASE 工具的采用指南	GB/Z 18914－2002	
47		信息技术 软件工程术语	GB/T 11457－2006	
48		信息技术 软件生存周期过程	GB/T 8566－2007	
49		信息技术 软件生存周期过程 风险管理	GB/T 20918－2007	
50		信息技术 软件生存周期过程 配置管理	GB/T 20158－2006	
51		信息技术 软件生存周期过程指南	GB/Z 18493－2001	
52		信息技术 软件维护	GB/T 20157－2006	
53		信息技术 实现元数据注册系统(MDR)内容一致性的规程 第1部分：数据元	GB/T 23824.1－2009	

（续）

序号	标准类型	标准名称	编号	备注
54	国家标准	信息技术 实现元数据注册系统(MDR)内容一致性的规程 第3部分：值域	GB/T 23824.3－2009	
55		信息技术 数据库语言 SQL 第1部分：框架	GB/T 12991.1－2008	
56		信息技术 数据元的规范与标准化 第1部分：数据元的规范与标准化框架	GB/T 18391.1－2001	
57		信息技术 数据元的规范与标准化 第2部分：数据元的分类	GB/T 18391.2－2003	
58		信息技术 数据元的规范与标准化 第3部分：数据元的基本属性	GB/T 18391.3－2001	
59		信息技术 数据元的规范与标准化 第4部分：数据定义的编写规则与指南	GB/T 18391.4－2001	
60		信息技术 数据元的规范与标准化 第5部分：数据元的命名和标识原则	GB/T 18391.5－2001	
61		信息技术 数据元的规范与标准化 第6部分：数据元的注册	GB/T 18391.6－2001	
62		信息技术 信息技术安全管理指南 第1部分：信息技术安全概念和模型	GB/T 19715.1－2005	
63		信息技术 信息技术安全管理指南 第2部分：管理和规划信息技术安全	GB/T 19715.2－2005	
64		信息技术 安全技术 信息安全管理实用规则	GB/T 22081－2008	
65		信息技术 安全技术 信息安全管理体系 要求	GB/T 22080－2008	
66		信息技术 安全技术 信息安全事件管理指南	GB/Z 20985－2007	
67		信息技术 安全技术 信息技术安全性评估准则 第1部分：简介和一般模型	GB/T 18336.1－2008	
68		信息技术 安全技术 信息技术安全性评估准则 第2部分：安全功能要求	GB/T 18336.2－2008	
69		信息技术 安全技术 信息技术安全性评估准则 第3部分：安全保证要求	GB/T 18336.3－2008	
70		信息安全技术 服务器安全技术要求	GB/T 21028－2007	
71		信息安全技术 数据库管理系统安全技术要求	GB/T 20273－2006	
72		信息安全技术 数据库管理系统安全评估准则	GB/T 20009－2005	
73		信息安全技术 信息系统安全等级保护定级指南	GB/T 22240－2008	
74		信息安全技术 信息系统安全等级保护基本要求	GB/T 22239－2008	
75		信息安全技术 信息系统物理安全技术要求	GB/T 21052－2007	
76		信息安全技术 包过滤防火墙评估准则	GB/T 20010－2005	
77		信息安全技术 路由器安全评估准则	GB/T 20011－2005	
78		信息化工程监理规范 第1部分：总则	GB/T 19668.1－2005	
79		信息化工程监理规范 第3部分：电子设备机房系统工程监理规范	GB/T 19668.3－2007	

（续）

序号	标准类型	标准名称	编号	备注
80	国家标准	信息化工程监理规范 第4部分：计算机网络系统工程监理规范	GB/T 19668.4－2007	
81		信息化工程监理规范 第5部分：软件工程监理规范	GB/T 19668.5－2007	
82		信息化工程监理规范 第6部分：信息化工程安全监理规范	GB/T 19668.6－2007	
83		信息技术 服务质量：框架	GB/T 18903－2002	
84		信息技术 可扩展置标语言(XML)1.0	GB/T 18793－2002	
85		信息技术 可移植操作系统界面 第1部分：系统应用程序界面(POSIX.1)	GB/T 14246.1－1993	
86		信息技术 数据管理参考模型	GB/Z 18219－2008	
87		信息技术 数据元素值格式记法	GB 18142－2000	
88		信息技术 文本与办公系统 文件归档和检索(DFR)第2部分：协议规范	GB/T 16973.2－1997	
89		信息技术 文件描述和处理语言 超文本置标语(HTML)	GB/T 18792－2002	
90		1:25000、1:50000、1:100000 地形图航空摄影测量内业规范	GB/T 12340－2008	代替 GB 12340－90
91		1:25000、1:50000、1:100000 地形图航空摄影测量外业规范	GB/T 12341－2008	代替 GB 12341－90
92		1:25000、1：50000、1:100000 地形图航空摄影测量数字化测图规范	GB/T 17157－1997	
93		1:500、1:1000、1:2000 地形图航空摄影测量数字化测图规范	GB/T 15967－2008	代替 GB 15967－95
94		1:500、1:1000、1:2000 外业数字测图技术规程	GB/T 14912－2005	代替 GB 14912－1994
95		1:500、1:1000、1:2000 地形图数字化规范	GB/T 17160－2008	
96		1:5000、1:10000 地形图航空摄影测量内业规范	GB/T 13990－92	
97		1:5000、1:10000 地形图航空摄影测量外业规范	GB/T 13977－92	
98		国家基本比例尺地图图式 第1部分：1:500、1:1000、1:2000 地形图图式	GB/T 20257.1－2007	代替 GB/T 7929－95
99		国家基本比例尺地图图式 第2部分：1:5000、1:10000 地形图图式	GB/T 20257.2－2006	代替 GB/T 5791－93
100		国家基本比例尺地图图式 第3部分：1:25000、1:50000、1:100000 地形图图式	GB/T 20257.3－2006	代替 GB 12342－1990
101		国家基本比例尺地形图分幅和编号	GB/T 13989－92	
102		全球定位系统(GPS)测量规范	GB/T 18314－2009	代替 GB/T 18314－2001

（续）

序号	标准类型	标准名称	编号	备注
103	国家标准	测绘基本术语	GB/T 14911 - 2008	代替 GB/T 14911 - 94
104		遥感影像平面图制作规范	GB/T 15968 - 2008	代替 GB 15968 - 95
105		专题地图信息分类与代码	GB/T 18317 - 2009	代替 GB/T 18317 - 2001
106		地理点位置的纬度、经度和高程的标准表示法	GB/T 16831 - 1997	
107		地理格网	GB 12409 - 90	
108		地理空间数据交换格式	GB/T 17798 - 2007	代替 GB/T 17798 - 1999
109		地理信息 核心空间模式	GB/T 23706 - 2009	
110		地理信息 空间模式	GB/T 23707 - 2009	
111		地理信息 时间模式	GB/T 22022 - 2008	
112		地理信息 一致性与测试	GB/T19333. 5 - 2003	
113		地理信息 元数据	GB/T 19710 - 2005	
114		地理信息 术语	GB/T 17694 - 2009	
115		地图学术语	GB/T 16820 - 1997	
116		基础地理信息标准数据基本规定	GB 21139 - 2007	
117		基础地理信息城市数据库建设规范	GB/T 21740 - 2008	
118		基础地理信息要素分类与代码	GB/T 13923 - 2006	代替 GB/T 15660 - 1995
119		基础地理信息要素数据字典 第 1 部分：1:500、1:1000、1:2000 基础地理信息要素数据字典	GB/T 20258. 1 - 2007	
120		基础地理信息要素数据字典 第 2 部分：1:5000、1:10000 基础地理信息要素数据字典	GB/T 20258. 2 - 2006	
121		基础地理信息要素数据字典 第 3 部分：1:25000、1:50000、1:100000 基础地理信息要素数据字典	GB/T 20258. 3 - 2006	
122		基础地理信息要素数据字典 第 4 部分：1:250 000、1:500 000、1:1 000 000 基础地理信息要素数据字典	GB/T 20258. 4 - 2007	
123		城市地理信息系统设计规范	GB/T 18578 - 2001	
124		城市地理要素——城市道路、道路交叉口、街坊、市政工程管线编码结构规则	GB/T 14395 - 1993	
125		地形数据库与地名数据库接口技术规程	GB/T 17797 - 1999	
126		中国植物分类与代码	GB/T 14467 - 93	
127		县级以下行政区划代码编制规则	GB/T 10114 - 2003	
128		中华人民共和国行政区划代码	GB/T2260 - 2007	代替 GB/T 2260 - 2002

（续）

序号	标准类型	标准名称	编号	备注
129	国家标准	世界各国和地区名称代码	GB/T 2659 – 94	
130		中国土壤分类与代码	GB/T 17296 – 2009	代替 GB/T 17296 – 2000
131		企业标准体系 技术标准体系	GB/T 15497 – 2003	
132		出版物上数字用法的规定	GB/T 15835 – 1995	
133		标点符号用法	GB/T 15834 – 1995	
134	行业标准	1:5000、1:10000 地形图航空摄影测量数字化测图规范	CH/T 1006 – 2000	
135		测绘产品检查验收规定	CH 1002 – 1995	
136		测绘产品质量评定标准	CH 1003 – 1995	
137		测绘作业人员安全规范	CH 1016 – 2008	
138		地图符号库建立的基本规定	CH/T 4015 – 2001	
139		基础地理信息数据档案管理与保护规范	CH/T 1014 – 2006	
140		基础地理信息数字产品 数据文件命名规则	CH/T 1005 – 2000	
141		基础地理信息数字产品 数字影像地形图	CH/T 1013 – 2005	
142		基础地理信息数字产品 土地覆盖图	CH/T 1012 – 2005	
143		基础地理信息数字产品 1:10000、1:50000 生产技术规程 第 1 部分：数字线划图(DLG)	CH/T1015. 1 – 2007	
144		基础地理信息数字产品 1:10000、1:50000 生产技术规程 第 2 部分：数字高程模型(DEM)	CH/T1015. 2 – 2007	
145		基础地理信息数字产品 1:10000、1:50000 生产技术规程 第 3 部分：数字正射影像图(DOM)	CH/T1015. 3 – 2007	
146		基础地理信息数字产品 1:10000、1:50000 生产技术规程 第 4 部分：数字栅格底图(DRG)	CH/T1015. 4 – 2007	
147		基础地理信息数字产品 1:10000、1:50000 数字线划图	CH/T 1011 – 2005	
148		基础地理信息数字产品 1:10000、1:50000 数字高程模型	CH/T 1008 – 2001	
149		基础地理信息数字产品 1:10000、1:50000 数字栅格地图	CH/T 1010 – 2001	
150		基础地理信息数字产品 1:10000、1:50000 数字正射影像图	CH/T 1009 – 2001	
151		基础地理信息数字产品元数据	CH/T 1007 – 2001	
152		坐标格网尺	CH 8003 – 91	

附件2

参考使用的林业信息化相关标准目录

序号	标准类型	标准名称	编号	备注
1	国际标准	信息技术 词汇．第1部分：基本术语	ISO/IEC 2382－1－1993	
2		信息技术 词汇．第4部分：数据的组织	ISO/IEC 2382－4－1999	
3		信息技术 词汇．第5部分：数据的表示法	ISO/IEC 2382－5－1999	
4		信息技术 词汇．第7部分：计算机程序	ISO/IEC 2382－7－1989	
5		信息技术 词汇．第8部分：安全性	ISO/IEC 2382－8－1998	
6		信息技术 词汇．第9部分：数据通信	ISO/IEC 2382－9－1995	
7		信息技术 词汇．第14部分：可靠性、可维护性和可使用性	ISO/IEC 2382－14－1997	
8		信息技术 词汇．第15部分：程序设计语言	ISO/IEC 2382－15－1999	
9		信息技术 词汇．第17部分：数据库	ISO/IEC 2382－17－1999	
10		信息技术 词汇．第20部分：系统开发	ISO/IEC 2382－20－1990	
11		信息技术 词汇．第23部分：文本处理	ISO/IEC 2382－23－1994	
12		信息技术 词汇．第24部分：计算机集成制造	ISO/IEC 2382－24－1995	
13		信息技术 词汇．第25部分：局域网	ISO/IEC 2382－25－1992	
14		信息技术 词汇．第26部分：开放系统互连	ISO/IEC 2382－26－1993	
15		信息技术 词汇．第27部分：办公室自动化	ISO/IEC 2382－27－1994	
16		信息技术 词汇．第31部分：人工智能．机器学习	ISO/IEC 2382－31－1997	
17		信息技术 词汇．第32部分：电子邮件	ISO/IEC 2382－32－1999	
18		信息技术 词汇．第34部分：人工智能．神经网络	ISO/IEC 2382－34－1999	
19		信息技术 数据元记录器 第1部分：框架	ISO/IEC 11179－1－2004	
20		信息技术 数据元记录 第4部分：数据定义表述	ISO/IEC 11179－4－2004	
21		信息技术 数据元记录器 第6部分：注册	ISO/IEC 11179－6－2005	
22		信息技术 实现元数据注册(MDR)内容一致性的规程．第1部分：数据元素	ISO/IEC TR 20943－1－2003	
23		信息技术 实现元数据注册(MDR)内容一致性的规程．第3部分：值域	ISO/IEC TR 20943－3－2004	
24		信息技术 数据元的规范和标准化．第1部分：数据元规范和标准化的框架	ISO/IEC 11179－1－2004	
25		信息技术 数据元的规范和标准化．第2部分：数据元的分类法	ISO/IEC 11179－2－2005	
26		信息技术 数据元的规范和标准化．第3部分：数据元的基本属性	ISO/IEC 11179－3－2003	
27		信息技术 数据元的规范和标准化．第5部分：数据元的命名和识别原理	ISO/IEC 11179－5－2005	
28		信息技术 文本和办公系统．文件归档和检索．第1部分：抽象服务定义和规程	ISO/IEC 10166－1－1991	
29		信息技术 文本和办公系统．文件归档和检索．第2部分：协议规范	ISO/IEC 10166－2－1991	

（续）

序号	标准类型	标准名称	编号	备注
30	国际标准	信息技术 文本和办公系统．文献打印应用(DPA)．第3部分：管理抽象服务定义和程序	ISO/IEC 10175－3－2000	
31		信息技术 安全技术 信息安全管理实用规则	ISO/IEC 27002－2005	
32		信息技术 安全技术 信息安全管理体系要求	ISO/IEC 27001－2005	
33		信息技术 数据管理参考模型	ISO/IEC TR 10032－2003	
34		信息技术 数据交换用数据元的组织和表示导则．编码方法和原则	ISO/IEC TR 9789－1994	
35		信息技术 数据元素值格式记法	ISO/IEC 14957－1996	
36		地理信息 数据质量测量	ISO/TS 19138－2006	
37		地理信息 专用标准	ISO 19106－2004	
38		地理信息 坐标空间基准	ISO 19111－2007	
39	国家标准	政务信息资源交换体系 第1部分：总体框架	GB/T 21062.1－2007	
40		政务信息资源交换体系 第2部分：技术要求	GB/T 21062.2－2007	
41		政务信息资源交换体系 第3部分：数据接口规范	GB/T 21062.3－2007	
42		政务信息资源交换体系 第4部分：技术管理要求	GB/T 21062.4－2007	
43		政务信息资源目录体系 第1部分：总体框架	GB/T 21063.1－2007	
44		政务信息资源目录体系 第2部分：技术要求	GB/T 21063.2－2007	
45		政务信息资源目录体系 第3部分：核心元数据	GB/T 21063.3－2007	
46		政务信息资源目录体系 第4部分：政务信息资源分类	GB/T 21063.4－2007	
47		政务信息资源目录体系 第6部分：技术管理要求	GB/T 21063.6－2007	
48		基于文件的电子信息的长期保存	GB/Z 23283－2009	
49		自然保护区总体规划技术规程	GB/T 20399－2006	
50		企业标准体系表编制指南	GB/T 13017－2008	
51	行业标准	古树名木代码与条码	LY/T 1664－2006	
52		林地分类	LY/T 1812－2009	
53		森林采伐作业规程	LY/T 1646－2005	
54		森林火灾成因和森林资源损失调查方法	LY/T 1846－2009	
55		森林生态系统定位观测指标体系	LY/T 1606－2003	
56		森林生态系统定位研究站建设技术要求	LY/T 1626－2005	
57		数字林业标准与规范 第1部分：森林资源非空间数据标准	LY/T1662.1－2008	
58		数字林业标准与规范 第2部分：林业数字矢量基础地理数据标准	LY/T1662.2－2008	
59		数字林业标准与规范 第3部分：卫星遥感影像数据标准	LY/T1662.3－2008	

（续）

序号	标准类型	标准名称	编号	备注
60	行业标准	数字林业标准与规范 第 4 部分：林业社会经济数据标准	LY/T1662. 4 – 2008	
61		数字林业标准与规范 第 5 部分：林业政策法规数据标准	LY/T1662. 5 – 2008	
62		数字林业标准与规范 第 6 部分：林业文献资料数据标准	LY/T1662. 6 – 2008	
63		数字林业标准与规范 第 7 部分：数据库建库标准	LY/T1662. 7 – 2008	
64		数字林业标准与规范 第 8 部分：数据库软件规范	LY/T1662. 8 – 2008	
65		数字林业标准与规范 第 9 部分：数据库管理规范	LY/T1662. 9 – 2008	
66		数字林业标准与规范 第 10 部分：元数据标准	LY/T1662. 10 – 2008	
67		数字林业标准与规范 第 11 部分：退耕还林工程数据标准	LY/T1662. 11 – 2008	
68		退耕还林工程信息管理规程	LY/T1762 – 2008	
69		中国森林火灾编码	LY/T1627 – 2005	
70		用于森林资源调查的 SPOT – 5 卫星影像处理与应用技术规程	LY/T1835 – 2009	
71		卫星遥感图像产品质量控制规范	DZ/T0143 – 94	
72		浅覆盖区区域地质调查细则(1：50000)	DZ/T0158 – 95	
73		地学数字地理底图数据交换格式	DZ/T0188 – 1997	
74		互联网公共上网服务场所 信息安全管理系统 数据交换格式	GA 659. 1 – 659. 9 – 2006	
75		城市警用地理信息数据采集与更新规范	GA/T 627 – 2006	
76		公安信息化标准管理信息分类与代码	GA/T760. 1 ~ 760. 12 – 2008	
77		信息安全技术 应用软件系统安全等级保护通用测试指南	GA/T 712 – 2007	
78		信息安全技术 防火墙安全技术要求	GA/T 683 – 2007	
79		信息安全技术 交换机安全技术要求	GA/T 684 – 2007	
80		信息安全技术 网关安全技术要求	GA/T 681 – 2007	
81		信息安全技术 虚拟专用网安全技术要求	GA/T 686 – 2007	
82		公路数据库编目编码规则	JT/T 132 – 2000	
83		交通统计信息交换格式	JT/T 486 – 2002	
84		气象数据集核心元数据	QX/T39 – 2005	
85		水利工程基础信息代码编制规定	SL213 – 98	
86		国土资源信息核心元数据标准	TD/T 1016 – 2003	

（续）

序号	标准类型	标准名称	编号	备注
87	地方标准	数字林业 森林资源数据代码	DB35/T683 －2006	福建省林业厅
88		数字林业 森林经营区划代码与用户命名规则	DB35/T686 －2006	
89		数字林业 森林资源矢量数据采集技术规范	DB35/T685 －2006	
90		数字林业 森林资源数据库基本规则	DB35/T682 －2006	
91		数字林业 森林资源基本图图式	DB35/T684 －2006	
92		数字林业 森林资源分类编码 森林资源调查信息分类	DB21/T1579 －2008	辽宁省林业厅
93		数字林业 森林资源分类编码 空间数据代码	DB21/T1580 －2008	
94		数字林业 森林资源分类编码 属性代码	DB21/T1581 －2008	
95		数字林业 森林区划标准	DB21/T1576 －2008	
96		数字林业 制图 森林资源制图专用线型和符号	DB21/T1585 －2008	
97		数字林业 森林资源规划设计调查数据采集	DB21/T1592 －2008	
98		数字林业 数据库 分类技术规范	DB21/T1586 －2008	
99		数字林业 数据库 省级系统图层	DB21/T1587 －2008	
100		数字林业 数据库 省级图像库建设技术规范	DB21/T1588 －2008	
101		数字林业 数据库 省级矢量图库建设技术规范	DB21/T1589 －2008	
102		数字林业 数据库 森林资源调查数据库结构	DB21/T1590 －2008	
103		数字林业 数据库 森林资源调查数据表结构	DB21/T1591 －2008	
104		数字林业 元数据标准	DB21/T1593 －2008	
105		数字林业 视频监控技术规范	DB21/T1594 －2008	
106		数字林业 制图 分布图	DB21/T1582 －2008	
107		数字林业 制图 分类图	DB21/T1583 －2008	
108		数字林业 制图 基本图	DB21/T1584 －2008	
109		数字林业 建设与管理标准	DB21/T1574 －2008	
110		数字林业 应用系统开发集成规范	DB21/T1575 －2008	
111		数字林业 数据共享与交换	DB21/T1577 －2008	
112		数字林业 信息安全与单点登录标准	DB21/T1578 －2008	
113		县级森林资源管理信息系统建设规范	DB33/T641 －2007	浙江省林业厅

附件3

林业信息化要遵循的标准编写规则和标准化法律法规目录

序号	标准类型	标准名称	编号	备注
1	标准编写规则	标准编写规则 第1部分：术语	GB/T 20001.1－2001	
2		标准编写规则 第2部分：符号	GB/T 20001.2－2001	
3		标准编写规则 第3部分：信息分类编码	GB/T 20001.3－2001	代替GB/T 7026－1986
4		标准化工作导则 第1部分：标准的结构和编写	GB/T 1.1－2009	代替GB/T 1.1－2000、GB/T 1.2－2002
5		标准化工作指南 第1部分：标准化和相关活动的通用词汇	GB/T 20000.1－2001	
6		标准化工作指南 第2部分：采用国际标准	GB/T 20000.2－2009	代替GB/T 20000.2－2001
7		标准化工作指南 第3部分：引用文件	GB/T 20000.3－2003	
8		标准化工作指南 第4部分：标准中涉及安全的内容	GB/T 20000.4－2003	
9		标准体系表编制原则和要求	GB/T 13016－2009	代替GB/T 13016－1991
10		分类与编码通用术语	GB/T 10113－2003	
11		信息分类和编码的基本原则与方法	GB/T 7027－2002	代替GB/T 7027－1986
12		国家标准制定程序的阶段划分及代码	GB/T 16733－1997	
13		术语学基本词汇	GB/T 15237－94	
14		文件格式分类与代码编制方法	GB/T 13959－92	
15		校对符号及其用法	GB/T 14706－93	
16	标准化法律法规及规章	中华人民共和国标准化法	中华人民共和国主席令第十一号	
17		中华人民共和国标准化法实施条例	中华人民共和国国务院令第53号	
18		国家标准管理办法	国家技术监督局令第10号	
19		行业标准管理办法	国家技术监督局令第11号	
20		地方标准管理办法	国家技术监督局令第15号	
21		林业标准化管理办法	国家林业局令 第9号	
22		全国专业标准化技术委员会章程	国家技术监督局令第7号	
23		标准档案管理办法	国家技术监督局令第25号	
24		采用国际标准管理办法	国家质量监督检验检疫总局令第10号	

（续）

序号	标准类型	标准名称	编号	备注
25	标准化法律法规及规章	标准出版发行管理办法	国家技术监督局令第26号	
26		国家标准化指导性技术文件管理规定	质技监局标发（1998）181号	
27		国家标准英文版翻译出版工作管理暂行办法	质技监局标发（1998）18号	
28		关于加强强制性标准管理的若干规定	国标委计划【2002】15号	
29		关于推进采用国际标准的若干意见	国质检标联【2002】209号	
30		关于国家标准制修订计划项目管理的实施意见	国标委计划【2004】28号	
31		采用快速程序制修订应急国家标准的规定	国标委计划联【2004】35号	
32		关于进一步加强标准版权保护 规范标准出版发行工作的意见	国质检标联【2004】361号	

二、林业资源调查监测公共因子分类补充规定

国家林业局于2009年9月1日下发《国家林业局关于印发〈林业资源调查监测公共因子分类补充规定〉的通知》（林信发〔2009〕204号），全文如下。

各省、自治区、直辖市林业厅（局），内蒙古、吉林、龙江、大兴安岭森工（林业）集团公司，新疆生产建设兵团林业局，国家林业局各司局、各直属单位：

为统一林业资源调查中公共因子，促进信息资源共享，规范国家森林资源连续清查、湿地资源调查、荒漠化和沙化监测等林业资源调查中林地、湿地、地貌、流域、土壤等的类型划分，经认真研究，我局制定了《林业资源调查监测公共因子分类补充规定》（见附件），作为对林业资源调查技术规定的补充。现印发给你们，请遵照执行。

附件：林业资源调查监测公共因子分类补充规定

附件

林业资源调查监测公共因子分类补充规定

全国森林资源连续清查、全国湿地资源调查、全国荒漠化和沙化监测等成果，对于分析我国林业资源状况和动态变化意义重大。为便于充分利用和共享这些林业公共信息资源成果，需要将《国家森林资源连续清查技术规定》、《全国湿地资源调查技术规程》和《全国荒漠化和沙化监测技术规定》中林地、湿地、地貌、流域、土壤类型这些公共性和基础性的调查监测因子统一分类。

一、林地、湿地类型的划分

林地、湿地类型的划分执行国家林业局最新公布的《国家森林资源连续清查技术规定》和《全国湿地资源调查技术规程》。

二、地貌类型的划分

地貌类型的划分见《地貌类型划分表》。

地貌类型划分表

地貌类型	
极高山	海拔≥5000m 的山地
高　山	海拔≥3500m 且 <5000m 的山地
中　山	海拔≥1000m 且 <3500m 的山地
低　山	海拔≥500m 且 <1000m 的山地
丘　陵	海拔 <500m，相对高差 <100m
平　原	海拔 <500m，相对高差 50m

三、流域划分

流域类型的划分采用最新的《水利工程基础信息代码编制规定》(SL213－1998)中有关一级和二级流域(水系)的分类，详见《流域划分表》。

流域划分表

一级流域	二级流域
内流区	呼伦贝尔内流区
	乌裕尔河内流区
	准噶尔内流区
	内蒙古内流区
	白城内流区
	霍林河内流区
	扶余内流区
	塔里木内流区
	河西走廊—阿拉善河内流区
	鄂尔多斯内流区
	柴达木内流区
	西藏内流区
广西、云南、西藏、新疆诸国际河流	额尔齐斯河水系
	伊犁河、额敏河水系
	澜沧江—湄公河水系
	狮泉河—印度河水系
	怒江—伊洛瓦底江水系
	雅鲁藏布江—布拉马普特拉河水系
	元江—红河水系
黑龙江流域	黑龙江水系
	额尔古纳河水系
	松花江水系
	乌苏里江水系
	绥芬河水系
	图们江水系
辽河流域	辽河干流水系
	大凌河及辽东沿海诸河水系
	鸭绿江水系
	辽东半岛诸河水系
淮河流域	沂沭泗水系
	淮河干流水系
	里下河水系

（续）

一级流域	二级流域
黄河流域	黄河干流水系
	汾河水系
	山东半岛及沿海诸河水系
	渭河水系
浙、闽、台诸河	浙东、闽东及台湾沿海诸河水系
	瓯江水系
	闽江水系
	钱塘江水系
珠江流域	西江水系
	韩江水系
	北江水系
	东江水系
	珠江三角洲水系
	粤、桂、琼沿海诸河水系
长江流域	雅砻江水系
	嘉陵江水系
	汉江水系
	岷江水系
	长江干流水系
	太湖水系
	洞庭湖水系
	乌江水系
	鄱阳湖水系
海河流域	滦河水系
	子牙河水系
	黑龙港及运东地区诸河水系
	徒骇、马颊河水系
	漳卫南运河水系
	潮白、北运、蓟运河水系
	永定河水系
	大清河水系

四、土壤分类

土壤类型划分采用《中国土壤分类与代码》(GB/T 17296 - 2009)，详见《土壤类型表》。

土壤类型表

土　纲	土　类
铁铝土	砖红壤
	赤红壤
	红　壤
	黄　壤
淋溶土	黄棕壤
	黄褐土
	棕　壤
	暗棕壤
	白浆土
	棕色针叶林土
	灰化土
半淋溶土	燥红土
	褐　土
	灰褐土
	黑　土
	灰色森林土
半水成土	草甸土
	潮　土
	砂姜黑土
	林灌草甸土
	山地草甸土
高山土	草毡土
	黑毡土
	寒钙土
	冷钙土
	冷棕钙土
	寒漠土
	冷漠土
	寒冻土
干旱土	棕钙土
	灰钙土
钙层土	黑钙土
	栗钙土
	栗褐土
	黑垆土

（续）

土　纲	土　类
漠土	灰漠土
	灰棕漠土
	棕漠土
初育土	黄绵土
	红黏土
	新积土
	龟裂土
	风沙土
	石灰（岩）土
	火山灰土
	紫色土
	磷质石灰土
	粗骨土
	石质土
盐碱土	草甸盐土
	滨海盐土
	酸性硫酸盐土
	漠境盐土
	寒原盐土
	碱　土
水成土	沼泽土
	泥炭土
人为土	水稻土
	灌淤土
	灌漠土

重点标准的制定

信息化标准是解决“信息孤岛”的根本途径，也是不同信息系统之间数据交换和互操作的基础。当前，各级林业部门正在加快推进林业信息化工作，网络基础设施条件不断改善，各类数据库和应用系统不断涌现，建立完善的林业信息化标准体系，是实现我国林业信息化又好又快发展的前提条件。制定林业信息化标准指南，编制林业信息术语、元数据、信息分类与编码等一系列标准与规范，为林业应用系统、应用支撑、数据库和基础设施建设提供依据，是林业信息化建设的重要内容。

一、林业信息化标准体系

标准体系是林业信息化建设的基础性工作，根据《全国林业信息化建设纲要》，林业信息化标准由总体标准、信息资源标准、应用标准、基础设施标准和管理类标准组成。总体标准是标准化体系的基础标准，是制定其他标准的基础，主要包括：林业信息化标准指南、林业信息术语、林业信息文本图形符号和其他综合标准；林业信息资源标准主要包括：林业信息分类与编码、林业信息资源的表示和处理、林业信息资源定位、林业数据访问、目录服务和元数据等标准；应用标准主要包括：林业信息资源业务应用流程控制、林业资源成果文档格式、林业资源业务功能建模、林业资源业务流程建模、林业资源业务应用规程、信息资源目录和交换体系等标准；基础设施标准主要包括：信息安全基础设施和计算机设备等标准；管理类标准为林业信息化建设和系统运行管理提供管理办法和制度等，包括林业信息化建设中的数据库、应用系统、应用支撑、基础设施建设和运行等方面的管理办法和制度(图 308)。

按照林业信息化标准清查情况和全国林业信息化建设的需求，组织相关专家共同研究，提出了优先制定的、急需的标准，包括《林业信息化标准体系》、《林业信息化标准指南》、《林业信息术语》、《林业基础信息代码编制规范》、《林业信息资源目录体系框架》、《林业信息资源交换体系框架》、《林业信息交换技术标准》、《林业信息交换技术管理标准》、《林业信息元数据标准》。

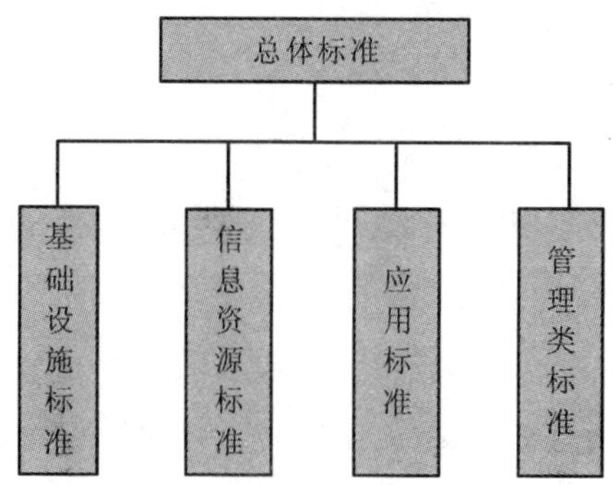

图 308　全国林业信息化标准结构

二、林业信息化标准指南

《林业信息化标准指南》是控制整个林业信息化建设标准体系最关键的标准，它是对整个标准化体系的设计和整个工作的部署，用于指导林业信息化建设与应用的标准化工作。

针对林业信息化建设与应用的需求，在标准规范体系的基础上，《林业信息化标准指南》提出指导林业信息化标准工作的目标任务、原则、标准化工作内容，标准体系，林业信息采集、组织、交换、共享服务和应用采用的模式与规范、标准工作部署、标准支撑体系设计以及标准规范宣贯、培训等。

《林业信息化标准指南》主要内容包含：林业信息化建设标准化的目标任务；林业信息标准化的基本原则；林业信息标准化的工作内容；林业信息化的标准体系；林业信息化标准化工作部署；林业信息化标准审定机制；林业信息标准化支撑体系；标准化组织机构；标准化人员；标准化工作程序；标准化平台工具；林业信息化标准规范的宣贯和培训等。

三、林业信息术语

《全国林业信息化建设纲要》指出，标准规范体系的建立是林业信息化的基础工作，林业信息术语的统一则是林业信息化标准规范体系建设的前提。目前林业信息化尚未有统一的术语，《林业信息术语》的编制，将统一林业信息相关的名词、术语和技术词汇，避免产生歧义，保证林业信息化标准规范体系的顺利进行。《林业信息术语》的编制，将为林业信息术语的统一提供保证，从而正确指导各项林业信息化标准规范的制定和修订工作，促进林业信息化建设。

《林业信息术语》从信息流、信息系统建设过程、林业生产业务 3 条线路提炼相关术语，并通过融合，保证术语涵盖应用于各个方面。林业信息术语主要包括林业信息的组织、准备与处理、数据表示、应用系统开发、信息交换服务、基础设施建设以及林业生产业务等方面的基本概念。

参照相关的法律法规、技术标准等，根据实用范围和标准编写的规范要求，《林业信息术语》选词的范围以能覆盖林业信息化主要内容的基本术语为主；仅纳入林学专业与信息技术的框架词或常用词，一般不纳入；林学专业与信息技术已陈旧的术语及相关仪器、器材的术语不纳入；本标准术语词条原则上只赋予一个英文对应词，若常见有几个英文对应的词，只列出两个，且以权威性的著作为准。

四、林业基础信息编码规范

目前，由于林业各项业务分类、编码缺乏一致性规范，各地、各部门林业信息难以统一与共享，严重阻碍了林业信息化进程。为了保证林业各级、各类业务统一编码原则和方法，保证林业信息分类编码的一致性，为林业各专项分类编码提供依据，为林业管理及林业信息化建设提供统一代码，实现林业基础信息资源快速检索、提高林业信息分类管理效率、实现林业信息共享，特编制《林业基础信息编码规范》。

本标准以《全国林业信息化建设纲要》为指导，按照《GB/T 20001. 3 - 2001 标准编写规则 第3部分：信息分类编码》和GB/T7027 - 2002 信息分类和编码的基本原则与方法，确定林业基础信息分类编码的基本原则和方法，代码的组成、格式，林业基础信息代码规范格式，用于指导各专项林业信息分类编码。

本标准主要内容包括总则、术语、林业分类编码原则、林业信息分类方法、林业信息编码方法等内容及相关附录、说明条文。总则部分包括编制目的、内容、适用范围，引用标准及本标准与国家及行业现行代码标准的兼容处理方法；术语部分定义《林业基础信息编码规范》所涉及的易产生歧义性理解的主要名词术语；林业信息分类编码原则部分包括林业信息分类原则与林业信息编码原则；林业信息分类方法部分按照造林绿化、森林资源管理、森林防火等业务特点，确立林业信息分类的基本框架，采取以林业业务为指标的混合分类法划分，用以规范指导后续各专项林业信息分类。林业信息编码部分包括对代码类型、代码特征、代码表现形式、代码设计、代码赋值约定等的规定；附录部分包括林业基础信息代码规范编写格式等，具体内容根据实际情况添加。

五、林业信息资源目录体系框架

根据林业信息化建设需求，在国内外现有标准规范的基础上，依据国家信息资源目录体系标准，构建林业信息资源目录体系技术总体架构，对分布在全国各级林业部门的林业信息资源进行标准化编目，并对产生的元数据进行集中化的管理与维护，从而更好地提供林业信息资源查询、检索和定位服务。

本标准主要对总体框架、技术要求、核心元数据、林业信息资源分类对林业信息资源标识编码规则以及技术管理要求等进行规范，这几个部分对于目录系统的不同部分分别进行了规定，能够相互配合实现目录系统的建设。该标准对于目录系统建立时涉及的核心内容进行了规定，对具体情况下的需求实现并未做规定，也不涉及具体的机构组织。标准的编制充分考虑当前已有的目录系统的相关标准及实际中广泛应用的产品标准，同时针对林业信息资源采用元数据对共享信息资源特征进行描述，形成统一规范的目录内容，制订林业信息资源目录体系框架，为林业信息资源共享提供检索、定位和交换服务。

六、林业信息资源交换体系框架

交换体系是按照统一的标准和规范，为支持跨部门、地域间、层级间信息共享以及政务协同而建设的信息服务体系，围绕各类应用主题满足部门内信息的纵向汇聚和传递、部门间在线实时信息的横向交换、部门间业务协同等需求，为各级林业部门的业务协同、公共服务和辅助决策等提供信息交换和共享服务。目前，林业信息资源面临信息源多头采集，重复采集，数据命名、类型、格式差异，数据不能及时同步更新，业务部门间的数据不一致，技术多样化等问题，通过标准规范及管理制度的约束和规范，在林业信息化建设中能够做到有章可循、标准统一，再借助网络、数据库等技术手段，可以从根本上解决上述问题。

林业信息资源交换体系是依托林业内外网络和信息安全基础设施，为跨地域、跨业务的林业信息资源交换与共享提供的电子林业信息服务基础设施。依据国家林业信息资源交换体系标准的要求，不同服务模式的业务应用通过调用交换平台提供的交换服务，实现对信息资源的访问和操作，技术标准和管理制度为信息资源的交换和共享提供技术和管理的保障。

七、林业信息交换技术标准

林业信息交换技术标准为林业信息资源一致性和技术平台的互联、互通、互操作提供基本的保证，围绕信息采集、组织、分类、保存、发布与使用等信息生命周期各环节建立规范和标准。本标准重点关注与技术平台互联互通互操作有关的技术标准，如各种通信协议、业务格式标准、业务表示方法和业务流程等。引用国家标准，并根据林业信息资源特点进行扩充，主要是扩充空间数据的共享交换，例如需要扩充 XML 格式为 KML 格式。重点编制以下规范：

技术平台对外服务接口规范。规定技术平台的数据交换服务、目录服务接口及其调用方法，安全服务与各应用系统之间单点登录和信息服务的接口定义及其调用方法。包括数据库交换服务接口、文件交换服务接口、元数据查询接口、元数据注册接口、单点登录接口、信息服务接口、用户同步接口(与 CA 认证平台同步)等。

前置交换系统相关规范。对各级林业部门及其业务应用前置交换系统所需的网络、服务器、数据库等提出配置要求，规范前置交换机器的 IP 地址、交换节点服务器的命名规则、各项配置要求，方便各级林业部门及其业务应用技术人员快速搭建本单位前置交换系统。

中心交换系统相关规范。对交换中心所需的网络、服务器、数据库等提出配置要求，规范中心节点服务器的命名规则、各项配置要求。

技术平台内部各模块接口规范。技术平台由目录服务子系统、数据交换子系统、平台管理子系统多个部分组成，还要与CA认证平台及门户等做接口，从而实现集中认证及单点登录。为保证平台内部各系统之间的无缝集成，需要规范内部接口，如用户元数据查询接口、角色元数据查询接口、元数据注册接口、统一管理整合接口等。

八、林业信息交换技术管理标准

引用国家标准，并根据林业信息资源特点进行扩充，涉及组织机构、角色、用户、应用系统、交换节点等的编码规则，以标识其在技术平台上的唯一合法身份。

林业信息资源交换体系的建设涉及信息资源提供方、信息资源管理方、信息资源使用方、技术平台管理运维单位、技术平台建设单位等相关部门及人员，管理对象包括信息资源、技术平台。制订林业信息资源交换体系方面的管理制度是林业信息资源能够长效共享交换的关键因素，包括信息资源管理维护制度、技术平台管理维护制度两类。

信息资源管理维护制度。通过信息资源公开制度，鼓励公开内部可共享信息资源，规范约束信息资源提供方及时准确提供最新共享信息资源，明确信息资源提供方的信息公开职责，做到“一数一源”，公开信息资源的备案制度，奖惩考核办法等。通过信息资源动态管理制度，明确共享交换信息资源采集、注册、存储、更新、注销管理办法，保证共享数据库中信息资源的鲜活性，对共享数据库中数据资源实现动态管理。信息资源安全管理办法，明确信息资源供需双方共享交换信息安全保密协议制度，保证信息资源在采集、存储、备份、访问授权、传输、使用等过程中的安全。信息资源共享查询制度，明确信息资源使用方共享查询信息资源的管理流程，获取信息资源后的备案制度等。

技术平台管理维护制度。明确信息资源提供方、信息资源使用方、技术平台管理运维单位、技术平台建设单位等相关部门及人员在平台运行维护、日常管理中的责权利关系和岗位职责等。平台对外服务指南说明技术平台为各部门应用系统提供的支撑服务，技术平台支持的不同接入方式，每种接入方式的特点及其适用范围，将应用系统接入到技术平台过程中所遵循的工作流程等。平台安全运营管理制度从技术平台部署环境、设备安全，运行安全，信息安全，人员安全，运营管理，安全审计等各方面做出规定，全面保护技术平台安全运营。

九、林业信息元数据标准

元数据是关于数据的数据。《林业信息元数据》是林业信息化的基础建设内容。通过该标准，可以对信息对象的内容属性进行描述，能比较完整地反映出信息对象的全貌；利用元数据组织信息对象，建立它们之间的关系，为用户提供多层次多途径的检索体系，从而有利于用户便捷快速地发现其真正需要的信息资源；支持用户在不必浏览信息对象本身的情况下，能够对信息对象有基本的了解和认识，从而决定对检出信息的取舍；提供信息资源本身的位置方面的信息，如 URL 等信息，由此可准确获知信息对象之所在，便于信息的获取；提供所定义的信息资源与外部资源的交换接口，为实现更大范围的信息共享提供相应的技术支持。

《林业信息元数据》主要内容包括：林业信息资源的数据标识、覆盖范围、质量、空间和时间模式、空间参照系和分发等信息。为林业信息资源的编目、发布、共享以及数据交换和网络查询服务提供支持。

十、林业信息资源应用标准

林业信息网络系统建设规范：规定全国林业信息主干网网际互联，国家林业管理部门和直属单位内部局域网建设以及网络测试方面的基本要求和技术指标。

林业数据库设计总体规范：规范林业行业数据库设计的总体要求标准，性能技术等指标要求。

林业信息 WEB 服务应用规范：规定允许 Web 服务使用消息进行通信的传输和消息规范，定义 Web 服务的接口，规范的描述使 Web 服务能够表达它的接口和功能。

林业工程管理信息分类与代码：规范林业工程管理业务中涉及的数据信息等分类标准和代码编制规则。

十一、林业信息目录体系及林业信息分类技术规范

主要包括林业信息目录体系技术规范、野生动植物保护信息分类与代码、森林火灾信息分类与代码、湿地资源管理信息分类与代码、荒漠化信息分类与代码等标准。

十二、运维服务标准规范

运维服务支持和交付流程规范：主要包含服务台管理、事件管理流程规范、问题管理

流程规范、发布管理流程规范、变更管理流程规范、配置管理流程规范、服务级别管理流程规范、财务管理流程规范、能力和可用性管理流程规范、运维安全管理规范、持续性管理规范、服务报告管理规范等。

运维服务安全保障体系建设：主要包含安全体系架构、安全管理方针、信息安全目标、安全职责、人员安全控制程序、机房环境安全管理、网络管理安全、系统安全管理规范、应用安全管理规范等。

十三、省级机房建设管理规范

为规范林业信息机房建设和管理，提高系统网络运行效率，确保林业信息化成果在安全、稳定的环境下运行，在广泛征求各方面意见的基础上，2011 年 11 月，国家林业局制定印发了《全国林业省级单位机房建设管理规范》。以下是全国林业省级单位机房建设管理规范的内容。

第一章　总　则

第一条　为提高全国林业系统信息网络的运行效率，确保网络及应用系统安全、稳定运行，按照国家有关信息化规范和林业信息化建设“统一规划、统一标准、统一制式、统一平台、统一管理”的原则，制定本规范。

第二条　本规范所称机房是指信息网络数据中心机房及其相关配套系统。

第三条　国家林业局信息办（信息中心）负责各省、自治区、直辖市林业厅（局），内蒙古、吉林、龙江、大兴安岭森工（林业）集团公司，新疆生产建设兵团林业局，各计划单列市林业局（以下简称各省级单位）机房建设和管理的指导、检查、督查工作。

第四条　各省级单位机房建设和管理工作由该省级信息办或信息中心负责。

第五条　各省级单位需建设一个统一完整的省级机房。设有多个机房的省级单位应当加紧整合改造，搭建林业信息化统一基础设施平台。

第六条　机房建设应当遵循可扩展性、可管理性、灵活性、安全性、环保节能性的原则。

第七条　机房划分为：内网区（与互联网物理隔离网络）、外网区（与互联网逻辑隔离网络）和辅助区等。各区域应当相互隔离，内、外网区应当设置独立门禁控制系统。

第八条　各省级单位应当根据实际情况考虑建设省级灾难备份中心，或者与国家林业中心机房互为灾难备份，确保重要数据的安全性及主要业务的连续性。

第九条　机房需指定专职机房管理员。管理员应当具备相应的专业技能和管理能力。各区域应当设置独立权限管理。

第十条　本规范不包含涉密机房。机房规划时应当预留涉密机房空间，并参照现行国家标准适时建设。

第二章　机房建设

第十一条　机房选址。选址应当遵循以下原则：大型设备的运输线路和电缆等管线铺设线路应当尽量短。远离建筑物外墙结构柱子，以减少雷击造成的电磁感应侵害。机房应当避免设在建筑物高层或者地下室，以及用水设备的下层或者隔壁，新建机房或者老楼改造均需对机房所在楼层承荷进行加固设计，地板负载标准值应当在800～900kg/m^2；选址应当考虑机房专用空调室外机的安装位置。

第十二条　机房组成。机房由内网区、外网区和辅助区等组成。内网区、外网区：放置服务器、网络设备、网络配线架(机柜)等。辅助区一般包括：UPS电源间、消防设施控制间、监控室、模拟演示大厅、机房管理员办公室和值班室。辅助房间可根据实际情况适当合并。机房管理员办公室必须与内网区、外网区分离。

第十三条　建筑要求。应当根据当地中长期信息化发展需求计算机房面积，且机房内、外网区总面积应当符合有关标准，即A级机房为80m^2以上、AA级机房为150m^2以上、AAA级机房为300m^2以上，净高不宜小于2.6m。辅助区总面积为内网区、外网区总面积的0.5～1倍。机房主体结构应当具有耐久、抗震、防火、防止不均匀沉陷等性能。

第十四条　机房布置。机房中设备布置、间距等应当考虑人员安全、设备运输、检修、通风散热等，并根据具体情况进行设计。

第十五条　机房装修。机房内部装修应当注意以下几点：

(一)机房耐火等级不低于二级。顶棚、壁板、隔断(包括壁板和隔断的夹芯材料)应当采用不燃烧体。如采用大面积玻璃隔断、门等，应当采用防火玻璃并设置标识。

(二)高分子绝缘材料未经表面改性处理时，不得用于机房的表面装饰工程。

(三)机房应当铺设活动地板，高度宜为200～350mm。活动地板下的地面和四壁装饰应当选用不起尘、不易积灰、易于清洁的饰面材料，如安装下气流空调，则活动地板架空400mm。

(四)机房内安装用水设备时，应当采取有效地防止给排水漫溢和渗漏的措施，并配置漏水报警装置。

第三章　配套系统

第十六条　供电系统。机房主要设备供电要求如下：

(一)机房应当由不间断电源系统供电并留有余量，其他电力负荷不得由计算机主机电源和不间断电源系统供电。

(二)机房低压配电系统应采用频率50Hz、电压220/380V TN－S或者TN－C－S系统。

(三)机房电源应当采用地下电缆进线，当不得不采用架空进线时，在低压架空电源进线处或者专用电力变压器低压配电母线处，应当装设低压避雷器。

(四)当城市电网电源质量不能满足计算机供电要求时，应当根据具体情况采用相应的电源改善措施和隔离防护措施。

第十七条 接地与防雷系统。机房接地、防雷应当至少满足下列要求:

(一)等电位联结是静电防护的必要措施，是接地构造的重要环节，对于机房环境的静电净化和人员设备的防护至关重要，在机房内不应当存在对地绝缘的孤立导体。

(二)机房外部防雷主要由建筑物自身防雷系统承担，室外直接接入机房金属线缆必须做防浪涌处理，弱电线缆不裸露在外部环境。

(三)弱电桥架使用扁铜软线带跨接，进行可靠接地，电源系统至少采取二极防浪涌处理，重要负载末端采取防浪涌处理。

第十八条 空调系统。内、外网区需设置独立、专用机房空调，并满足机房温、湿度为：夏季温度(23 ±2) ℃、冬季温度(20 ±2)℃、全年相对湿度45%~65%，且温度变化率 <5℃/h 并不得结露。满足上述要求时空调负荷应当留有15%~20%余量。

第十九条 照明系统。机房照明宜分区设置开关。技术夹层内(吊顶内和活动地板下)应当设照明，采用单独支路或者专用配电箱(盘)供电。机房应当配置备用照明、通道疏散照明及疏散指示标志灯。

第二十条 消防报警系统。机房应当严格按照下列要求安装报警系统:

(一)设备房间应当采用感烟和感温探测器组合，感烟探测器应当使用吸气式烟雾探测火灾报警系统。

(二)消防措施应当同时保证人员和设备的安全，避免灭火系统误动作造成损失。

(三)对于含有可燃物的技术夹层，也应当同时设置两种火灾探测器。

(四)机房设备房间应当设置气体灭火系统，火灾报警系统应当与灭火系统联动。凡设置气体灭火系统的机房区域，必须配置专用空气呼吸器或者氧气呼吸器。

第二十一条 安防系统。机房安保由实时监视摄像系统和其他安全设施组成，全方位监控机房总体运行状况。机房门禁系统应当能接受相关系统的联动控制自动释放电子锁。

第二十二条 综合布线系统。信息业务的传输介质应当采用光缆或者五类及以上等级的对绞电缆。当机柜或者机架成行排列或者按功能区域划分时，宜在主配线架和机柜或者机架之间设置配线列头柜。

第二十三条 噪声、电磁干扰及静电系统。内、外网区的噪声在系统停机状态下，噪声不应大于68dB(A)。机房电磁场干扰环境场强不应当大于800A/M。机房内的导体必须与大地做可靠的连接，不得有对地绝缘的孤立导体。

第四章 机房管理

第二十四条 人员出入。外单位人员进入机房，应当向单位信息化主管部门提出申请。整个过程应当有信息化主管部门工作人员全程陪同，外单位人员不得进行与申请内容无关的事情。严禁携带易燃易爆等危险品进入机房。机房内严禁吸烟，严禁带入各类液体和使用带强磁场、微波辐射等设备及与机房工作无关的电器。

第二十五条 设备出入。各类设备出入机房必须填写书面申请，经主管领导同意，在相关人员监督下进行并做好登记，由专人归档、保存，同时必须保证相应设备的安全和运行正常。

第二十六条 监控管理。机房监控系统为24小时实时监控，严禁擅自关闭监控系统和录像功能。严禁在未经允许的情况下，改动监控位置和系统设置。如发生异常情况应当立即上报相关部门。

第二十七条 事故管理。发生火灾、失窃及其他事故时，机房工作人员须立即报告有关领导及有关部门并迅速采取妥善措施，注意保护现场。

第二十八条 保密管理。服务器、网络设备、用户资料、系统资料、相关操作程序和密码实行专人管理，同时承担保密责任。

第二十九条 管理员职责。机房管理人员有权对任何危害机房及其设备安全的行为进行制止和处理。机房管理员或者技术值班人员应当定期对机房内设备及线路进行检查和维护。保持中心机房(包括供电房)及其设备的正常运行和清洁卫生。应当熟练掌握防停电、防火、防盗、防静电、防雷击等基本应急程序。

第五章 附 则

第三十条 除上述规范，还应当同时参照以下文件，并应参考其最新版本。

GB50174－2008《电子信息系统机房设计规范》

GB/T2887－2000《电子计算机场地通用规范》

GB6650－86《计算机机房用活动地板的技术要求》

GB50052－95《供配电系统设计规范》

GB50222－95《建筑内部装饰设计防火规范》

GB50116－98《火灾自动报警系统设计规范》

GB50034－92《工业企业照明设计标准》

GB50243－2002《通风与空调工程施工质量验收规范》

GB/T50311－2000《建筑与建筑群综合布线系统工程设计规范》

GB50057－94《建筑防雷设计规范》

GB50343－2004《建筑物电子信息系统防雷技术规范》

第三十一条 本规范由国家林业局信息办负责解释。

第三十二条 本规范自印发之日起施行。

标准委员会工作

一、成立标准委员会

根据国家标准化管理委员会的批复意见(标委办综合〔2008〕63 号)和国家林业局有关要求，2009 年 4 月 14 日，全国林业信息数据标准化技术委员会(以下简称标委会)成立大会暨第一届委员会全体会议在北京举行(图 309)。会议由标委会副主任委员、国家林业局信息办主任李世东主持，共 27 位委员参加了会议。与会委员在学习讨论国家林业局局长贾治邦、国家标准化管理委员会主任纪正昆讲话精神的基础上，审议通过了标委会章程、标委会秘书处工作细则、本届标委会工作任务以及 2009 年标委会的工作计划等。标委会主任委员、国家林业局办公室主任封加平作了重要讲话。标委会及其秘书处的正式成立，掀开了林业信息化发展的新篇章。

图 309　2009 年 4 月 14 日，全国林业信息数据标委会成立暨第一届全体会议在京举行

二、制定标准委员会工作制度

制定了《全国林业信息数据标准化技术委员会章程》(以下简称《章程》)和《全国林业信息数据标准化技术委员会秘书处工作细则》(以下简称《工作细则》)。《章程》包括总则、工作任务、组织机构、工作程序、经费、附则等6个部分。《工作细则》包括总则、工作任务、工作制度、经费管理、附则等5个部分。《章程》和《工作细则》的出台，为规范标委会管理、促进林业信息化标准建设起到了重要作用。

三、开展标准宣贯交流等工作

标委会成立以来，积极开展标准宣贯和对外交流合作工作。一是收集整理林业信息化相关标准规范，下发各省参照执行。二是利用林业CIO高级研修班、信息技术应用培训班、标委会年会等，讲解标准编制方法、解读重要国标和行标、研讨标准制修订计划(图310)。三是加强与林业其他专业技术标委会的交流合作，促进业务应用类标准的制修订和贯彻执行。四是积极参与《中国林业年鉴》、《中国现代农业标准化》、《中国林业信息化发展报告》等书籍的编写，介绍林业信息化标准化工作，提高人们的标准化意识，为林业信息化标准建设营造良好的发展环境。

图310　首届全国林业CIO高级研修班2011年7月在清华大学举办

THREE
YEARS
2009-
2012

安全运维建设

ANQUAN YUNWEI JIANSHE

运维服务系统

一、运维服务内容

国家林业局信息系统运行维护包括机房基础设施类运行维护、机房硬件设备类运行维护、电脑终端类运行维护、PC 服务器类运行维护、小型机类运行维护、内外网存储备份类运行维护、内外网主机操作系统类运行维护、内外网数据库类运行维护、内外网中间件类运行维护、网站类基础设施运行维护、应用系统类运行维护、CA 密匙制作类运行维护、会商室及监控机运行维护、网络及信息安全类维护、林业行业视频会议系统运行维护、专网 SDH 链路及各省厅接入设备运行维护、各单位托管设备运行维护、硬件设备、中心机房安全保障、其他系统运行维护等。

通过实时监控和维护，提高业务连续性和系统可用性，建立运维的规范，规定日常监查内容、月度巡检、应急预案处置等受理和处理流程。强化日常维护管理，充分利用各种技术手段，保障网络、设备、业务系统的高效安全运行，做好平台的实时监控，减少故障发生次数和修复历时，提高运维效率。

二、运维服务组织

2010 年 10 月，国家林业局信息系统运维工作管理委员会成立，委员会通过建立、维护和改进 ITSM 流程，以提高国家林业局的运维工作管理能力，主要职责是管理、组织、协调，保证业务系统的正常运行。在运维工作管理委员会之下的运维工作实体有：

呼叫中心。负责呼叫中心业务受理、事件创建、派发及事件流程执行跟踪及回访，运维事件表单完整性及准确性监督；并负责运维人员纪律检查监督；负责月度事件汇总分析，知识库整理，运维文档管理，并协调各运维组关系。

监控中心。对国家林业信息系统实行 7 ×24 小时监控服务，通过服务台监控软件及现场检查等方式对系统进行不间断检查，主动发现网络、设备和业务应用运行过程中的故障或隐患，进行预处理、派单、时限管控，是维护服务的第一责任人。

技术支持组。技术支持组驻现场服务，提供现场运行监控，日常技术支持，突发事件应急处理，定期设备安全巡检，重大事件与二三线技术联络与协调配合。

三、运维服务系统

运维服务系统采用国家林业局信息化基础平台的综合运维管理系统，对国家和省两级基础平台进行实时监控，确保国家林业局信息化基础平台及其上运行的业务系统安全稳定，并依据统一的运维流程和规范指导维护工作，形成“统一规范、统一流程、统一监控、分级处理”的运维体系。

运维监控管理系统能从应用层面对网络系统的关键应用进行实时监测，一旦系统出现异常，警报系统将通过声音、E－mail、手机短信息、脚本等方式及时通知相关人员，通过服务管理系统进行流程的管理；通过完善的性能分析报告，更能帮助系统管理人员及时预测、发现性能瓶颈，提高网络系统的整体性能，同时为运维服务的战略规划提供依据，有效降低由于系统故障带来的损失、运维成本和管理的复杂度，从而保证网络系统7 ×24 小时正常、持续、稳定的运行(图 311 至图 313)。

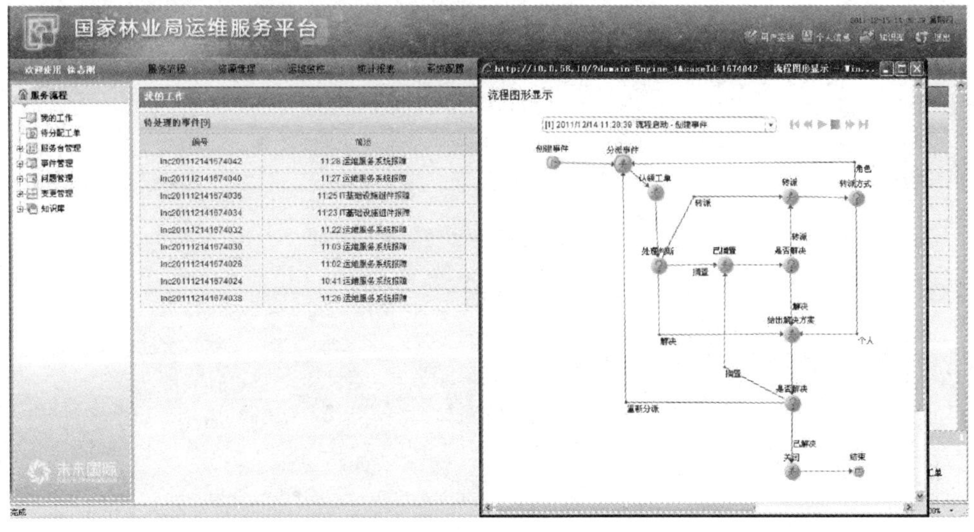

图 311　运维管理服务流程界面

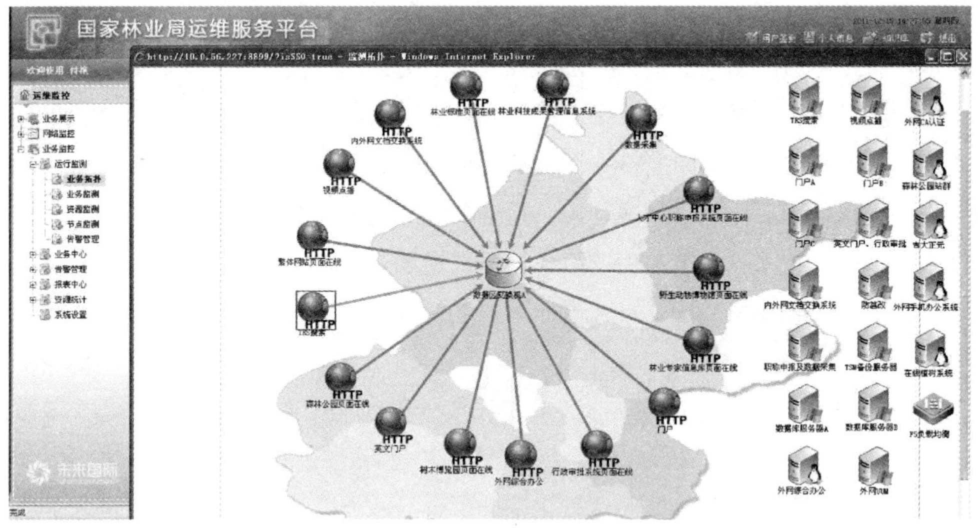

图 312　运维管理业务拓扑检测界面

图 313　运维管理平台资源检测界面

安全管理系统

一、网络安全方案

网络安全是安全支撑平台中最重要的一个部分，包含以下几个部分：防火墙系统、入侵检测漏洞扫描系统、风险管理审计、安全控制措施、审计及管理。

防火墙系统。在互联网和访问互联网区域的边界之间配置千兆防火墙。

入侵检测漏洞扫描系统。包括网络入侵检测、主机入侵检测和脆弱性扫描(漏洞扫描)3 个部分。

访问控制策略。根据实际网络情况，制定网络配置方案，通过交换机的端口控制、路由器的路由策略、防火墙的策略、VPN 的策略等进行网络层的访问控制，所有配置参数需要评估、检查、审核、监督。

审计监测策略。在各个部署着有被攻击可能服务器的网段，部署入侵检测系统，对入侵检测系统的日志进行周期性的审计审核，保证入侵检测系统的正常运行，并分析入侵发生的情况，从而制定新的有效的访问控制策略。

网络层脆弱性监测。在系统中部署基于网络的漏洞扫描系统，对整个系统的所有服务器进行网络漏洞扫描，形成扫描日志，定期审计审核，分析漏洞，制定新的堵漏策略。

基于数字证书的策略。在部分的应用中通过数字证书的认证建立 SSL 通道，实现 TCP 层的安全连接，实现该层的访问控制。

网络安全管理措施。制定了网络设备的部署结构、参数配置登记制度。定期进行参数配置的审核，部署结构发生变化或配置参数发生更改，均需要申请、审核、审批、执行、验收的程序，操作过程留有证据，以便事后审计。

制定入侵监测日志审计制度。确定责任人周期性或突发性地(入侵报警时)对日志进行审核，分析判断系统入侵情况，判断是否需要改变防火墙、路由器等的策略等。

制定漏洞扫描系统的日志审计制度。确定责任人周期性地审计扫描日志，判断系统脆弱性程度，以便制定降低脆弱性的手段。

二、系统安全方案

防病毒系统采用分布式网络防毒墙系统，包括防毒墙、病毒管理监控中心和病毒防治终端。

安全审计系统。用于网络安全事件的事后查询和取证工作。部署于用户网络环境中具有关键资产的网段，审计的对象通常为重要的网络业务数据。

系统安全策略。除了采用防病毒措施外，还采取其他一些加固系统安全的措施，包括对安全支撑平台中的主机中的操作系统及数据库操作系统进行相应的口令设置、权限配置，必要时引入基于 eKey 的操作者身份认证；对系统的操作日志进行周期性的转储审计工作；根据服务的优先级分配系统资源，低优先级的服务不能影响高优先级的服务；通过对主机配置一定的策略监视 CPU、硬盘、内存、网络等资源的使用情况，超过设定的阈值就报警；制定主机操作的权限制度，制定主机日志的审核制度等系统安全管理措施，对系统关键进程和账户进行监控等措施。

三、应用系统安全

应用层安全服务策略主要解决用户的身份认证和资源访问控制问题。单点登录通过统一授权的用户身份认证，实现了在多个应用系统中，用户只需要登录一次就可以访问所有相互信任的应用系统。

本系统由 6 个部分组成，分别是 CA 数字证书 PMI TSA、安全中间件、统一用户子系统、单点登录子系统、安全审计子系统、信息交换与共享平台。

CA 数字证书 PMI TSA：由 CA 机构提供数字证书和 PMI 属性证书，为统一用户提供数字证书认证和基于角色控制模型的属性证书认证。

安全中间件：安全中间件位于电子政务安全和应用支撑平台中安全与应用支撑体系和电子政务应用体系之间，是安全与应用支撑体系方案的一个重要组成部分，是连接 PKI 和 PMI 等安全支持系统与协同办公系统等应用系统的桥梁，为用户层访问后台应用系统提供安全审核时的安全的、冗余的、健壮的、可扩展的标准接口。各个应用系统通过安全中间件与 PKI/PMI 服务组件相互作用、协同工作，从而保证整个系统的安全性。

统一用户子系统：统一用户全称为统一用户授权管理系统，全面管理应用系统的组织机构、人员、职务和应用系统的资源、角色、类型、操作，同时为单点登录系统和应用系统提供身份认证和权限认证接口。

单点登录子系统：又称为统一身份认证平台，依托统一用户的基础数据，为用户提供统一身份服务，达到用户只需要登录一次，随处访问的要求，并且用户只需要维护一套账户，保障了应用系统使用的安全性。

安全审计子系统：记录统一用户和单点登录系统的重要操作，为安全审计提供基本的数据支持。

信息交换共享平台：旨在解决数据实时同步问题。信息交换共享平台是基于消息队列的数据共享和交换平台，为系统提供数据层面（异构 Ldap 之间数据实时同步）和应用层面（统一用户的机构、用户、岗位信息与应用系统的数据同步）实时数据同步提供基础支持（图 314）。

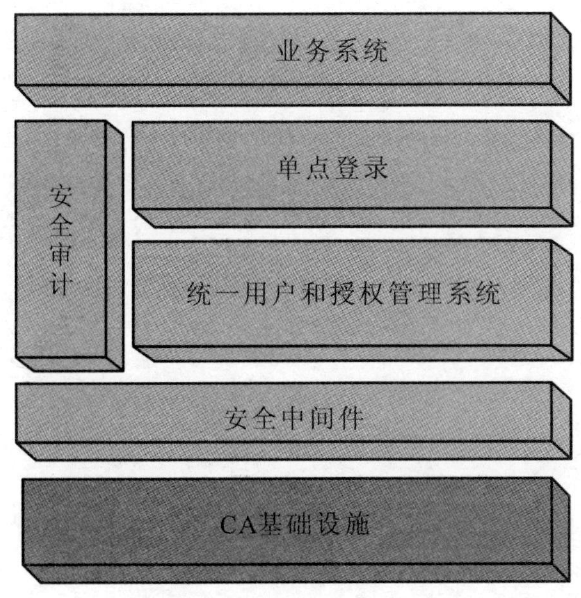

图 314　应用系统安全结构

四、事故恢复及备份方案

安全策略。对电源、重要主机、重要交换机、路由器、重要线路、存储等都进行冗余设计。

管理措施。制定备份机制的管理制度，备份介质保存保管制度，定期检查审核备份系统的状态，保证事故发生时，备份系统的可用性。

五、安全管理体系

按照 BS7799 的要求，建立了一套信息安全管理体系的运行机制，按照 PDCA 模型实现信息安全管理体系的有效性、实效性，动态保证系统的安全；成立了信息安全管理机构，明确业务过程中各角色的信息安全职责；进行组织内的信息资产分类登记制度，信息资产包括硬件、软件、数据等形式，落实每种信息资产的责任人；切实落实各个层面的管理措施，对各种作业文件进行周期性的审核，发现处理各种安全事件，周期性或系统发生变更时对整个系统的安全措施进行新的评审，形成新的安全管理体系。再按照 PDCA 模型进行闭环运行。

综合管理系统

为保证基础平台的可管理、可监控，出现异常时及时报警，采用先进标准、技术和设备构建基础平台的综合管理体系，实现对网络、主机、系统软件、中间件、应用系统的监控。根据对综合管理体系设计要求和运行维护服务平台的设计要求，综合管理平台由监控管理、服务管理等部分组成。

一、监控管理

监控管理子系统对各组成部分(不同品牌的网络设备、各种操作系统、服务器、进程、数据库、中间件、业务系统等)进行监控管理，由点到面的集中管理整个网络环境，同时还具备很强的可扩展能力，能够方便地进行功能扩展和规模扩展，能够兼顾各种层次的运维管理需求，系统的易用性强，方便管理人员进行日常运维工作，有效减轻运维压力。监控管理子系统提供对整个网络的性能监控及分析、流量监控及分析、故障监控、故障分析及定位、资产及配置文件的管理、强大的报表分析功能，同时能集成第三方工具。同时为服务流程管理子系统和 CRM 服务业务管理子系统提供资产数据接口及告警事件数据。

二、服务管理

服务管理由服务流程管理和服务业务管理两个子系统构成，用于 IT 系统的统一维护管理工作，遵循 ITIL 标准定制流程。系统由系列模块共同构成，主要包括：服务台、事件管理、问题管理、变更管理、配置管理、知识库管理等。同时接收来自监控管理子系统的实施监控信息，为运维管理提供数据支撑。图 315 为综合管理平台体系架构图。

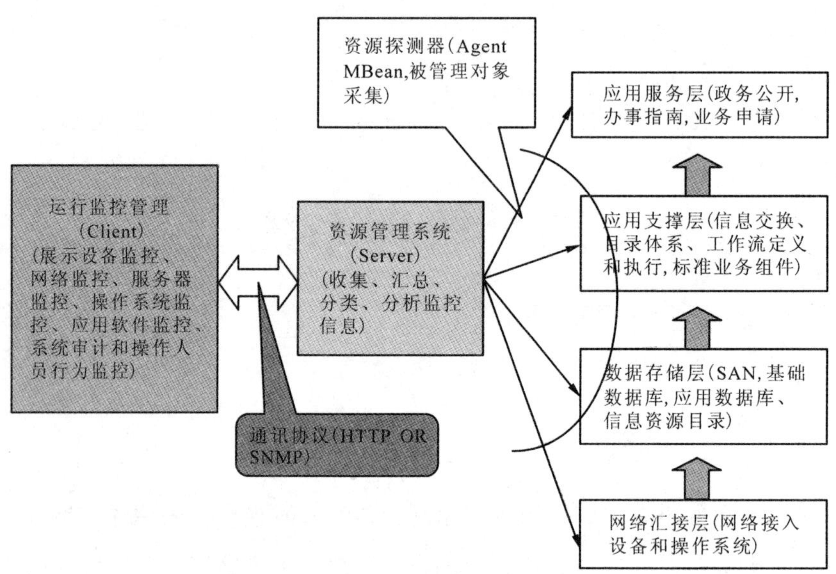

图315　综合管理平台体系架构

数字认证中心

为了保障林业基础信息网络和重要信息系统安全，创建安全健康的网络环境，保障和促进信息化健康发展，建立以 PKI 技术为基础的 CA 认证系统，实现基于数字证书的身份认证、通信安全和数据安全，解决计算机应用系统的身份认证和应用安全。

一、CA 系统的逻辑结构

以 PKI 系统为基础，以应用安全管理系统、应用安全服务接口为组成的应用支撑平台，形成连接 PKI 系统和应用安全系统的纽带，为应用提供的统一身份管理、统一权限管理、统一认证管理、统一安全审计、统一单点登录服务是本安全基础设施和安全应用的总体解决思路。

CA 系统逻辑结构图见图 316。

二、CA 系统的组成部分

认证中心(CA Server)。数字证书认证中心的核心，负责签发并管理证书和证书注销列表。

注册中心(RA Server)。接收并审核用户的申请信息，审核完毕后提交 CA Server；接收 CA Server 的返回信息并通知用户。

RA Toolkit。作为 RA Server 的开发工具包向外提供，允许用户根据自己的需求开发定制 RA Server，实现证书管理服务。

密钥管理中心(KMC Server)。负责密钥的生成、存储、归档、备份和恢复等管理功能，为 CA Server 提供签发数字证书所需密钥。

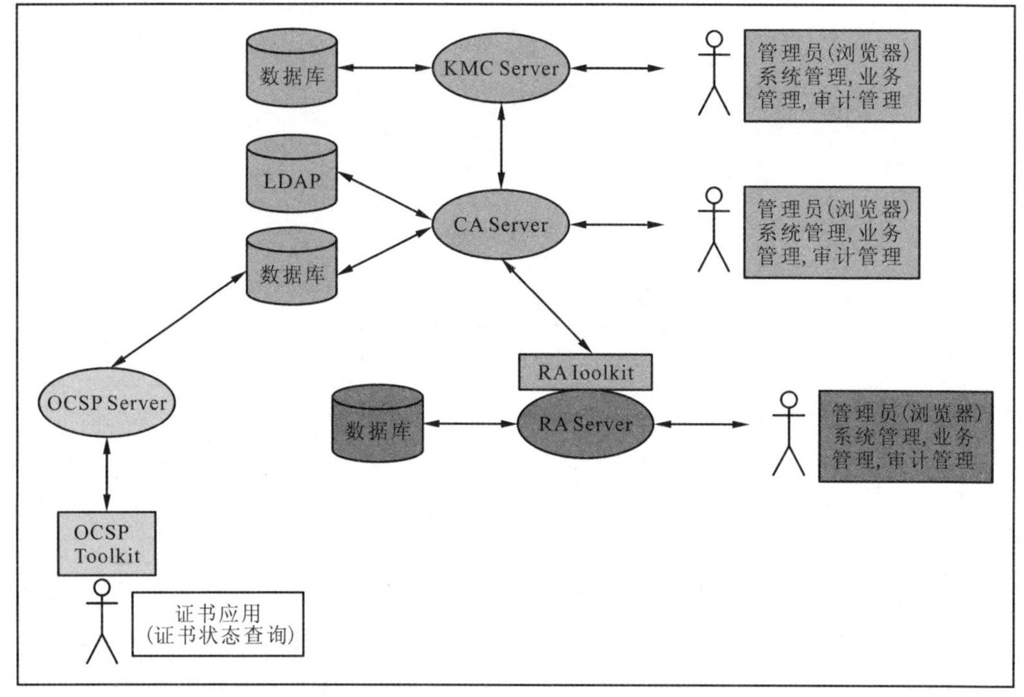

图 316　CA 系统逻辑结构

三、CA 系统的主要功能

证书处理要求。系统使用 XML 描述 X509 证书格式和内容，可根据需要配置签发证书的证书类别、语言种类、证书格式和证书内容。支持证书版本，支持 x509 v1/v3，支持用户 DN 采用各语种模式，支持自定义证书扩展项，支持 3 个扩展项。根据需要可配置签发各种用途证书，包括：邮件证书、个人身份证书、企业证书、服务器证书、VPN 证书、代码签名证书。

证书服务要求。CRL 证书吊销列表服务，配置指定 RA 的 CRL 下载地点及 CRL 发布时间。LDAP 目录查询服务，支持电子邮件、用户名和组织名的任意组合查询及模糊查询。

管理员管理要求。RA 管理员管理，包括初始化 RA 管理员申请、增加 RA 管理员、删除 RA 管理员。CA 管理员管理，包括初始化 CA 管理员申请、后续 CA 管理员证书申请、吊销 CA 管理员证书。

账号管理要求。个人账号管理包括注册信息、证书信息等管理。RA 账号管理包括 RA 账号申请、批准、吊销、额外管理员证书申请等。

策略管理要求。证书策略配置管理，高度灵活和可扩展的配置 CA 所签发证书的有效期、证书主题、证书扩展、证书版本、密钥长度、证书类型等方面。RA 策略配置管理包括语言、联系方法、证书类型、是否发布到 LDAP 等。CA 策略配置管理包括证书 DN 重用性检查、CA 别名设置等。

统计、审计与日志要求。统计各 CA、RA 账号证书颁发情况。记录所有 RA 与 CA 的操作日志。对所有操作人员的操作行为进行审计。

密钥管理要求。CA 密钥产生和存储(包括根 CA 和所有子 CA 密钥，支持软件与硬件)。CA 密钥管理、归档与备份。CA 证书的产生和管理。

附　录

全国林业信息化建设十大成果

1. 印发《全国林业信息化建设纲要》和《全国林业信息化建设技术指南》，成立国家林业局信息化管理办公室

2009年1月，印发《全国林业信息化建设纲要》和《全国林业信息化建设技术指南》，成立国家林业局信息化管理办公室。《纲要》和《指南》是指导全国林业信息化建设的纲领性文件，对促进全国林业信息化建设具有重大而深远的意义。信息办负责指导协调全国林业信息化和电子政务建设工作。

2. 召开首届全国林业信息化工作会议

2009年3月24~25日，召开首届全国林业信息化工作会议，确立信息化工作总体思路。贾治邦局长作了重要讲话。会议全程网络、视频发布，开创了林业会议先河。这次会议的规格之高、规模之大、形式之多样、内容之丰富、影响之深远，前所未有。会议的召开，标志着林业信息化建设开始步入全面加快发展的新阶段。这次会议确立了当前和今后一个时期全国林业信息化工作的总体思路，概括为一句话，就是“加快林业信息化，带动林业现代化”。这个总体思路的核心是抓住六个关键、做好六项工作、强化六项保障。

3. 征集并启用“林业信息化标识”

2009年2~3月下旬，征集并启用“林业信息化标识”。国家林业局在全国范围内组织开展了征集“林业信息化”标识活动。经过初选、复选、终选三个阶段的评审，评选出“林业信息化”标识一、二、三等奖作品。其中，被选中的一等奖作品名称为《飞翔的林业》，其构思巧妙，设计新颖，寓意深远，昭示着中国林业信息化建设走向更加美好的明天。

4. 公布首批全国林业信息化建设示范省

2009年12月，公布首批全国林业信息化建设示范省。示范省建设是全面推进林业信息化建设、提高林业信息化建设水平的重要举措。经初审、现场复审和最终综合评定等环节，按照点面结合、各具特色、分期分批、可上可下等原则，2009年12月确定辽宁省林业厅、福建省林业厅、湖南省林业厅和吉林森工集团为首批全国林业信息化示范省。

5. 正式成立国家林业局信息中心

2010年3月10日，中央机构编制委员会办公室印发《关于国家林业局信息中心机构编制的批复》，国家林业局信息中心正式成立。该中心为国家林业局正司局级单位，核定事业编制30人，下设6个处室，承担组织、协调、指导、监督、管理全国林业信息化建设和电子正务工作。

6. 全国林业系统开始进入无纸化办公时代

2010年4月1日，国家林业局综合办公系统开始试运行，6月1日正式启用，标志着全国林业系统开始进入无纸化办公时代。

7. 召开第二届全国林业信息化工作会议

2011年5月9～10日，国家林业局组织召开第二届全国林业信息化工作会议，总结“十一五”全国林业信息化工作，安排部署“十二五”及2011年林业信息化工作，提出了“统一规划、统一标准、统一制式、统一平台、统一管理”的基本原则。同时举办了第二届全国林业信息化高峰论坛和第二届全国林业信息化成果展，进一步加快了林业信息化发展步伐。

8. 正式启动智能林业首批国家物联网应用示范项目

2011年8月24日，国家批复首批国家物联网应用示范工程实施方案，标志着智能林业首批国家物联网应用示范项目正式启动。

9. 国家林业局政府网进入前十名

2011年12月2日，国家林业局政府网进入前十名。“第十届(2011)中国政府网站绩效评估结果发布暨经验交流会”在北京人民大会堂隆重召开，国家林业局政府网在本次绩效评估中，综合排名列73个部委网站第10名，首次进入前10名。

10. 建成运行林业资源监管试点建设等项目

2011年12月底前，林业资源监管试点建设等项目建成运行。在试点省范围内形成了集林地、湿地、沙地和生物多样性资源于一体的“全国林业一张图”。推进了中国林业网络博物馆、中国林业网络博览会、网络植树项目建设，国家网络森林医院开通运行，建设了国家森林防火指挥中心升级改造项目，江西等省区完善了省、市、县、乡四级联网的林业政务内网体系，辽宁省数字林业核心平台建成，吉林森工实施了“三网”融合项目，海南、吉林等省市先后建成省级生态公益林管护系统，河南林业信息网荣获“全国农业网站百强”称号，国家林业局移动办公系统上线运行，森林公园、国有林场、种苗基地、自然保护区子站群陆续开通，湖南省林木测土配方信息系统上线运行，北京市园林绿化局网格化管理应用取得新进展，使林业信息化由公共基础建设向林业核心业务拓展。

全国林业信息化建设重大突破

2009 年十大突破

1. 首部《全国林业信息化建设纲要》及《技术指南》发布实施

形成了指导今后一个时期全国林业信息化工作的纲领性文件，对促进全国林业信息化建设具有重大而深远的意义。

2. 全国林业信息化工作领导小组和国家林业局信息化管理办公室宣告成立

国家林业局各司局、各直属单位、各省级林业主管部门主要负责同志为领导小组成员，首次将林业信息化工作领导小组延伸至全国林业系统。国家林业局信息化管理办公室，负责综合协调、指导监管全国林业信息化和电子政务工作。

3. 首届全国林业信息化工作会议胜利召开

贾治邦局长代表局党组明确提出了“加快林业信息化，带动林业现代化”的总体思路。会议的召开，标志着林业信息化建设开始步入全面加快发展的新阶段。

4. 全国“林业信息化标识”正式推出

这一标识名为“飞翔的林业”，一龙一凤，盘旋腾飞，其构思巧妙，设计新颖，寓意深远，昭示着中国林业建设走向更加美好的明天。

5. 首届全国林业信息化建设成果展圆满举办

系统展示了全国林业信息化建设成就与经验，对《纲要》提出的八大行动计划做了全面解读。

6. 首届全国林业信息化高峰论坛成功举行

集中各方智慧和力量，共同推动林业信息化全面发展。

7. 国家林业数据中心进行大规模改造

完成了国家林业中心机房及网络改造工程，建成了设备先进、功能齐全、安全稳定的一流机房，首次对全国林业信息资源进行有效整合。

8. 首次《中国林业信息化发展战略》研究全面启动

这是林业系统主动适应全球信息化发展浪潮，满足国家信息化发展要求，推动现代林业科学发展而采取的重要行动步骤。

9. 首批全国林业信息化示范省建设正式起航

辽宁、福建、湖南、吉林森工被评为首批全国林业信息化示范省，成为全面推进林业信息化建设的重要举措。

10. 全国林业信息高速公路全面建成

国家林业局与各省级林业主管部门、各京内外直属单位联接成一个集文字、视频、语音为一体的全国林业专网，建成了全国林业信息高速公路。

2010 年十大突破

1. 中国林业网开通运行

整合了数以百计的业务司局、直属单位和省级林业部门网站，建成了首个国家林业政府网站群，打造了中国林业网上航空母舰，获得“中国政府网站领先奖”等殊荣。

2. 国家林业局首次开展信息化全员培训

连续举办 5 期培训班，国家林业局上至局领导，下至普通工作人员，进行全员培训，为国家林业局内外网应用和实现无纸化办公奠定了基础。

3. 国家林业局信息中心正式成立

信息中心与信息办两块牌子一套人马，下设 6 个处室，负责组织、协调、指导、监督、管理全国林业信息化和电子政务工作。全国设立独立信息化机构的省区达到 2/3。

4. 中国林业网络电视台成功建立

更加丰富了林业对外信息发布的形式，制作的节目数量多，质量优，受到各方面好评。

5. 国家林业局综合办公系统正式启用

标志着全国林业系统开始进入无纸化办公时代。办文周期由 3 周减为 1 周，每年节约纸张印刷费用 90%，大大提高了办文办事效率。

6. 全国林业信息化制度与标准发布实施

《全国林业信息化工作管理办法》等数 10 项信息化管理办法、标准规范先后出台，林业信息化逐步走上制度化和规范化管理轨道。

7. 首个全国林业核心业务信息化大型工程正式启动

作为《纲要》第一个行动计划的林业资源监管系统启动实施。中国林业网络博览会、网络博物馆、林中漫步和在线植树等陆续开通运行。网络森林医院、森林防火指挥中心、湖南测土配方系统、辽宁数字林业核心平台等成为一个个亮点。

8. 首次全国林业信息化示范省建设工作会议圆满召开

向首批示范省颁发了奖牌，宣布了首次中国林业网子站和各省级林业部门网站绩效评估结果，展示了新形势下各地林业信息化建设的新成就。

9. 首批国家物联网应用示范工程落户林业

国家林业局成为全国 6 个物联网示范单位之一，标志着林业信息化走在了全国前列。

10. 首部《中国林业信息化发展报告》出版发行

由此开始了年度报告的编撰工作，全景式地展示林业信息化的发展历程。

2011 年十大突破

1. 国家林业局移动办公系统上线运行

彻底打破了办公的时空局限，开启了林业系统移动办公新时代。

2.《全国林业信息化发展“十二五”规划》颁布实施

这是首个全国林业信息化的五年规划，确定了今后一个时期林业信息化的发展蓝图。大部分省区也颁布了相应规划。

3. 第二届全国林业信息化工作会议在沈阳隆重召开

会议层次很高、规模盛大，内容丰富、主题突出，形式新颖、富有创意，气氛热烈、成果丰硕，在全国林业信息化史上写下浓墨重彩的一笔。

4. 首次《全国林业信息化发展水平评测报告》发布

从建设、应用、保障等方面，通过科学系统的指标，详细反映了各地林业信息化进展情况，辽宁、湖南、北京名列前三名。

5. 首届全国林业信息化专家咨询委员会正式成立

一批在信息化领域具有重要影响的专家学者组成委员会，充分发挥对林业信息化的指导作用。

6. 首批林业专业网站群正式开通

森林公园、自然保护区、国有林场、种苗基地等子站群开通运行。信息援藏取得重大突破，西藏林业网正式开通，实现了全国省级林业网站全覆盖。

7. 中国林业网信息发布量、访问量大幅提升

每个工作日信息发布量由 100 多条提升到 1000 多条，日均访问量由 1 万人次提升到 30 万人次。形成了全社会关心林业、支持林业、参与林业的浓厚氛围。

8. 首届全国生态作品大赛成功举办

大赛受到社会各界的极大关注，征集作品 8000 多件，一大批优秀的文学、美术、书法、摄影作品脱颖而出，达到了弘扬生态文化、共建生态文明的目的。

9. 国家林业局政府网首次跻身前十名

国家林业局政府网整体功能明显增强，信息容量持续增大，访问量快速增长，办事与服务领域不断拓展，助推林业主体业务工作全面发展。

10. 林业信息化得到中央领导充分肯定

中央书记处书记、中央纪委副书记何勇同志视察国家林业数据中心、听取林业信息化工作汇报，并对林业信息化工作给予充分肯定。

我们三岁了
（代后记）

——在国家林业局信息办成立三周年纪念晚会上的致辞

我们三岁了！
今天，是一个特别的日子，
是我们信息办三周岁的生日。
回首三年走过的历程，
我们无限感慨，
我们无比自豪！

我们三岁了！
三岁，是一个多么可爱而美好的年龄！
就像一个新生婴儿，
即将离开母亲的怀抱，
怀着一颗赤子之心，
来到幼儿园这一走向社会的第一个驿站，
在欢乐和考验中一天天历练，
在憧憬和向往中一天天成长！

我们三岁了！
三年间，我们有过欢乐，有过鲜花，有过荣耀，有过沉甸甸的丰收；
三年间，我们有过失落，有过辛酸，有过泪水，有过道不尽的苦楚。
三年间，我们度过了一千多个日夜，每一天都发生着令人动容的感人故事；
三年间，我们创造了三十多项纪录，每一项都铭刻着大量心血的无悔付出。
三年间，我们怀着好奇而纯洁的眼光，尝试着，努力着！
三年间，我们张开希望而执著的翅膀，翱翔着，奋进着！

我们三岁了！
三岁，是一个充满希望的年龄。
正如一棵幼苗，
迎着朝阳，
颤落清晨的露珠，
奔向蓝天！

这，所有的一切才刚刚开始，
这，所有的一切都会成为可能！

我们三岁了！
挥挥手，我们告别过去，
无论昔日如何辉煌与荣光，
无论曾经多么坎坷与苦涩，
我们都轻轻地将它收藏在记忆里，
变成我们的永久财富！

我们三岁了！
昂首踏上新的征程，
再一个三年，
无论天晴日朗，
还是雨骤风狂，
我们都将义无反顾，
直前勇往。
到我们六岁时，
我们将告别幼儿园，
走向小学校，
迎接时代新的洗礼！

看，在扑面而来的信息时代浪潮中，林业信息化之舟在破浪前进！
听，在日新月异的现代林业大道上，林业信息化的汽笛隆隆轰鸣！

朋友们，
让我们举起酒杯，
为了林业信息化更加美好的明天，
为了谱写我们更加壮丽的历史诗篇，
为了各位同仁的身体健康，
让我们共同，
干杯！

李世东
2012年1月9日